人民调解的中国样本
（企业案例卷）

汪世荣　朱继萍　林　智　主编

浙江工商大学出版社
ZHEJIANG GONGSHANG UNIVERSITY PRESS

·杭州·

图书在版编目（CIP）数据

"枫桥经验"：人民调解的中国样本．企业案例卷／汪世荣，朱继萍，林智主编．—杭州：浙江工商大学出版社，2023.10
ISBN 978-7-5178-5634-4

Ⅰ．①枫… Ⅱ．①汪… ②朱… ③林… Ⅲ．①电力工业－工业企业－经济纠纷－案例－诸暨 Ⅳ．① D927.550.05

中国国家版本馆 CIP 数据核字（2023）第 150129 号

"枫桥经验"：人民调解的中国样本（企业案例卷）
"FENGQIAO JINGYAN": RENMIN TIAOJIE DE ZHONGGUO YANGBEN (QIYE ANLI JUAN)
汪世荣　朱继萍　林　智 主编

出 品 人	郑英龙
策划编辑	张　玲
责任编辑	张　玲
责任校对	韩新严
封面设计	观止堂_未　氓
责任印制	包建辉
出版发行	浙江工商大学出版社
	（杭州市教工路 198 号　邮政编码 310012）
	（E-mail：zjgsupress@163.com）
	（网址：http://www.zjgsupress.com）
	电话：0571-88904980，88831806（传真）
排　　版	杭州彩地电脑图文有限公司
印　　刷	杭州高腾印务有限公司
开　　本	710 mm×1000 mm　1/16
印　　张	21.5
字　　数	349 千
版 印 次	2023 年 10 月第 1 版　2023 年 10 月第 1 次印刷
书　　号	ISBN 978-7-5178-5634-4
定　　价	58.00 元

编委会

编写组

总　序

　　纠纷是社会生活中的常见问题，冲击、威胁着社会秩序。预防纠纷、化解纠纷是维系社会正常运转的需要，调解员的使命就是通过自己的努力，有效预防和化解纠纷。而通过选编案例的方式记录社会纠纷、反思调解过程、提高调解技巧，不仅可以引导当事人化解纠纷，教育大众更好地生活，还可以帮助有志于从事调解工作的人士学习调解技巧，成为助力广大调解员提升自我、精进业务的桥梁和渠道。《"枫桥经验"：人民调解的中国样本》呈现给读者的，就是调解工作形成的案例汇编。本丛书通过真实的案例、生动的叙事、饱满的细节，以事实的力量、语言的力量、逻辑的力量，让读者了解人民调解与基层社会治理之间的内在联系，品味"枫桥经验"的本质和精髓。在此，以作序为契机，谈谈自己对调解事业的几点认识。

一、作为一种文化，调解体现了"东方经验"中的"和合"精神

　　调解具有悠久的历史，是一项具有中国特色的非诉讼纠纷解决方式，被国际社会誉为化解社会矛盾的"东方经验"。通过调解的方式化解矛盾纠纷，充分体现了中国"和合"文化中的圆融通达智慧。"和"的本义为声音的相互应和，《说文》云"和，相应也"，引申为群己关系紧密，人与人之间相处和谐。"和"字具体展开，即为"和合"，涵盖社会生活的各个方面，如：家和万事兴、和气生财、政通人和、协和万邦等等。

　　中国传统社会重视通过调解化解矛盾纠纷，早在西周时期，青铜器铭文中已有对"调处"的记载，有"调人""胥吏"专门负责调停冲突、平

息诉讼。而《左传·郑伯克段于鄢》中也记载了颍考叔调解郑伯母子矛盾的故事：郑伯和共叔段是兄弟俩。由于母亲姜氏支持弟弟共叔段反对作为君主的哥哥郑伯，在平息共叔段的反叛后，郑伯扬言与母亲姜氏"不及黄泉，无相见也"。颍考叔向郑伯敬献贡品，郑伯赏赐颍考叔共同用餐。其间，颍考叔把菜中的肉挑拣出来，放在旁边。郑伯询问原因，颍考叔说：这些肉要带回家，让母亲品尝。郑伯深受感动，同时表达了自己对母亲的悔意。颍考叔提出，母子二人可以在地道中相见。在颍考叔的安排下，母子二人见了面，互相表达了相思之苦，最终和好如初。颍考叔可谓调解大师，不仅关切君王的生活，还具备高超的调解技巧，站在对方的立场看问题，创造性提出了化解矛盾纠纷的方案。试想，如果颍考叔不能设身处地，将自己对母亲的情感"代入"其中，又如何能够唤醒郑伯心中深埋的母子情谊？《左传》作者深入诠释了"郑伯克段于鄢"这六个字饱含的微言大义，多角度点评了这个调解案例：颍考叔将心比心，唤醒了郑伯"孝"的意识，因而值得褒扬（"颍考叔，纯孝也，爱其母，施及庄公"）；对于共叔段的反叛行为，应予以批判（"段不弟，故不言弟"）；郑伯不教育弟弟共叔段，使其酿成大祸，应受到贬斥（"称郑伯，讥失教也"）。

《郑伯克段于鄢》这篇文章广受后人重视，被清人吴楚材、吴调侯收入《古文观止》，广泛流传。从调解的角度解读，可以发现其中蕴含着深刻的"和合"思想。由此可见，优秀的调解案例需包含对矛盾纠纷的清晰记录，对争议焦点的准确描述，对化解策略的细致说明，对内在哲理的深入揭示，对调解效果的客观呈现，等等。此外，如果能从调解员的第三方视角对调解过程中的基本原则和变通分寸进行分析考量，对调解结果的合理性进行客观评价，那无疑对挖掘调解价值、揭示调解意蕴、丰富调解文化，具有更重要的作用。

二、作为一项事业，调解筑起维护社会稳定的"第一道防线"

当今世界正经历百年未有之大变局，传统性风险与现代性风险纵横交织，本土性风险与全球性风险相互叠加，如何有效化解基层矛盾纠纷，推进社会治理，已成为一项重要研究课题。基层群众自治制度是中国特色社会主义政治制度的重要内容，是基层群众参与社会治理的有效路径。"小事不出村，大事不出镇，矛盾不上交"，是"枫桥经验"化解矛盾纠纷的基本策略，也是基层群众发扬主人翁精神的重要体现。

遍布城乡的人民调解组织，既是化解矛盾纠纷的主力，也是维护社会和谐稳定的中坚力量。2022年，全国人民调解组织共开展矛盾纠纷排查667万次，调解各类矛盾纠纷892.3万件。人民调解是基层群众实现自我管理、自我教育、自我监督和自我完善的有效形式。人民调解坚持法、理、情相结合，以法为据、以理服人、以情感人，弘扬传统美德，维护公序良俗，是实现自治、法治、德治相结合的生动实践。

为了提升人民调解整体水平，《中华人民共和国人民调解法》明确规定：基层人民法院负责人民调解组织的业务指导。如诸暨市人民法院枫桥人民法庭不仅通过"四环指导法"（诉前环节普遍指导、诉时环节个别指导、诉中环节跟踪指导、诉后环节案例指导）对人民调解实行指导，还向前来起诉的原告发送《人民调解劝导书》，提醒其慎用诉权，劝导其首先选择人民调解的方式解决纠纷。对产生于互联网时代、信息时代，适合现代社会纠纷解决的"在线矛盾纠纷多元化解平台"特别予以推介，鼓励当事人选择简便、快捷、灵活和有利于关系修复的人民调解方式解决矛盾纠纷。通过人民调解的漏斗式过滤，大量民间纠纷得到及时有效调解，真正实现了矛盾纠纷的就地化解。2018年以来，枫桥人民法庭收案数量连续下降，人民调解的作用得到充分发挥。

三、作为一份工作，调解倡导当事人和平化解矛盾纠纷

首先，调解须建立在双方当事人自愿的基础之上。调解的首要任务是帮助双方平心静气地充分沟通和交流，发现彼此的共同利益，明确各自的关切重点，从而促使双方当事人产生调解纠纷的意愿，乃至强烈愿望。

其次，调解也是帮助双方当事人决策的过程，这也是最具创造性、挑战性的部分。调解需要照顾双方当事人的共同利益，并提高双方当事人的站位，实现"从非此即彼到折中认同"的认识飞跃。在调解员主持下，双方当事人谈判、协商，换位思考，发现问题症结，最大限度地挖掘多种可能性，并最终找到化解的方案，达成双方都能接受的协议。可以说，调解有利于避免信任危机，促进合作共赢；有利于坚持伦理法则，维护道德价

值；有利于通过理性和契约，增强双方当事人的幸福感。即便纠纷最终没有得到化解，通过调解程序亦能缓和双方情绪，教育当事人和平解决纠纷，这也是调解价值的体现。

最后，回访是调解的延伸，有助于及时掌握当事人的思想动态，确保矛盾纠纷化解不反弹。在调解后一个月内，调解员要通过电话、短信、微信甚至当面对当事人进行回访，询问调解效果、掌握履行情况、聆听调解评价等。回访是调解独有的程序。在回访过程中，调解员需要表达对当事人生活、工作的关心，对当事人在精神上适当予以鼓励、关怀和支持。当然，当事人对调解工作的肯定性评价，亦有助于提振调解员的信心，促使其持续改进调解工作，不断成熟、进步。

四、作为一种责任，调解有助于大众树立法治意识，维护公平正义

虽然调解追求快捷、低成本地化解矛盾纠纷，但这并不意味着"和稀泥"，忽视公平正义。在调解过程中要特别注重矛盾纠纷的依法化解、公正化解，严把事实关、证据关、程序关，注重法律效果和社会效果相统一，坚决抵制损害当事人权益或"和稀泥"式的"硬调""乱调"。在公平正义缺失的情况下，是不可能真正化解矛盾纠纷的。调解应在程序和实体上都体现公平正义。

首先，在程序上，要征得双方当事人的同意，以协商的方式解决争议。在调解前须对纠纷解决方式进行约定，签订调解申请书即表明双方存在调解意愿。倘若当事人认识不一，调解员要耐心向其说明调解的本质是协商、沟通、谈判，求同存异，达成一致。当事人对纠纷解决方式有最终的决定权，调解员引导当事人做出最佳选择。

其次，在实体上，如何解决争议，以什么条件解决争议，达成什么样的协议，应当是双方当事人协商的结果，不得违背当事人意愿。在调解过程中，调解员要注意引导当事人换位思考，综合考量利益、友谊、情感、安全等价值，坚持整体原则，杜绝简单化、极端化。要用发展的眼光看问题，给对方留下机会，给自己留有余地。合法是调解的基础，要把法律法规作为调解纠纷的主要依据，并尊重善良风俗。调解达成的协议要合情、

合理、合法。

最后，调解就是教育当事人诚信、守法的过程。有了调解经历，双方当事人将明白法律的权威、感情的珍贵、友情的重要，珍惜和睦的生活和社会关系。当其再次面对矛盾纠纷时，能寻求理性、平和的方式予以化解。

总之，调解是社会治理的重要内容，是矛盾纠纷多元化解机制的重要组成部分，是践行基层群众自治制度、加强行业治理的有效途径。赏识调解事业，才能更好推动其发展完善。《"枫桥经验"：人民调解的中国样本》总结、提炼了在"枫桥经验"指引下人民调解实践的典型经验和做法，立体化地介绍了人民调解工作，承载了坚持发展新时代"枫桥经验"的使命担当，是学习、践行新时代"枫桥经验"的重要参考资料，更是呈现人民调解事业的五彩画卷。衷心希望本丛书的出版发行，为公众提供了解人民调解事业的特殊窗口，为人民调解事业研究提供基础的史料，也为人民调解员学习掌握调解技能提供丰富的素材。

是为序。

西北政法大学教授、全国人民调解专家
浙江大学新时代枫桥经验研究院执行院长　

2023 年 5 月 30 日于诸暨

序

    国家电网有限公司是关系国家能源安全和国民经济命脉的特大型国有重点骨干企业，一直以来，坚持"人民电业为人民"的企业宗旨，一手抓夯实基层基础解决突出问题，一手抓创新工作机制提升工作实效，以实际行动创新发展"枫桥经验"，服务改革发展大局。早在2008年，公司就提出"小事支部解决、大事党委解决；小事不出班组，大事不出单位；矛盾不上交"的工作目标，旗帜领航扎实推进"枫桥经验"电力实践。通过落实党政主要负责人负总责、分管领导具体抓、其他领导"一岗双责"的责任体系，充分发挥各级信访维稳工作领导小组综合协调、组织推动、督导落实等的职能作用，扛牢"保一方稳定、促一方发展"的政治责任。通过与电网建设、政策处理等所涉地方政府、镇街村（社）开展党支部结对联建，构建各级良好政企关系。通过推行政策处理镇乡包干、警企联防联建、开展篮球联谊、设置施工现场居民投诉办公室等举措，有效避免和化解工程建设中的信访风险与涉电矛盾。通过创新开展"党员＋"责任区建设，发挥党员服务队联系群众、服务群众的优势，当好先行官、架起连心桥，赢得了群众支持和工作主动。

    作为国家电网公司的全资子公司、"枫桥经验"发源地的电网企业，国网浙江省电力有限公司坚持"人民电业为人民"的企业宗旨，在保障电力供应、推动能源转型、服务民生改善等方面发挥了重要作用，在坚持和发展新时代"枫桥经验"，践行"枫桥经验"化解涉电矛盾、参与社会治理方面做出了积极贡献，产生了很好的示范效应。促成出台《浙江省电力条例》，建立市县两级电力行政执法中心，依法保护电网安全稳定运行。成立市（县）级电力纠纷人民调解委员会，设立县公司电力综治中心和供电所综治分中心，整合应急联动、电力普法、信访接待、矛盾调解等功能，提升矛盾纠纷就地调解的内外协同能力。建立市（县、区）镇村三级农村用电规范化管理组织，形成"政府主管、供电指导、各方参与"的农村用电管理格局；按照"村聘镇管"原则培养农村电工队伍，合力维护农村供用电秩序；开展"枫桥式"数智供电所建设，积极探索"枫桥经验＋电力业务"综合智慧服务模式，让群众有更多的获得感、幸福感和安全感。《枫桥式供电所服务与管理规范》经中国标准化协会评审发布。

篮球与电网建设本来是风马牛不相及。但"电力老娘舅"巧妙地将它们联系在一起，依托浙江诸暨"篮球之乡"这一地方传统特色，通过与电网建设属地镇村举办篮球友谊赛，经过多次"切磋"，"天大的难事"终于顺利解决，成为电网和谐建设的一段佳话。

这是电力企业践行"枫桥经验"破解电网发展难题的一个典型案例。进入新时代，社会主要矛盾转化为人民日益增长的美好生活需要和不平衡不充分的发展之间的矛盾。电力与人民群众生活生产密切相关，由此产生各类矛盾纠纷在所难免。同时，随着电力体制改革不断深化，企业内部不稳定因素也不断涌现。当自发的、零散的、轻微的矛盾不能得到及时解决时，就有可能转化成自觉的、有组织的、严重的群体性对抗和网络舆情事件，影响电网的安全发展，危害社会和谐稳定。

党的二十大报告提出"在社会基层坚持和发展新时代'枫桥经验'，完善正确处理新形势下人民内部矛盾机制"，2023年是毛泽东同志批示学习推广"枫桥经验"60周年暨习近平总书记指示坚持发展"枫桥经验"20周年，我们坚定地扛起"枫桥经验"发源地使命担当，在浙江诸暨打造"枫桥经验"电力实践示范试点，凝练"党建引领、群众路线、法治思维、源头治理、网格智治"20字工作法，践行"人民电业为人民，矛盾化解在基层，专业服务到家门"的工作理念，喊响"一根电线连人民，一股电流暖人心"口号，实现电力公共设施共建、电力公共安全共治和电力公共服务共享的电力发展新格局。国网诸暨市供电公司结合区域特色选聘"群众公认、办事公道、业务过硬、服务过硬"的供电所台区经理担任"电力老娘舅"，建立供电所"1＋N"涉电矛盾调解机制，就地解决征地拆迁、企业用电、供电安全等群众反映强烈的热点问题和纠纷矛盾，并与西北政法大学合作，精心汇编《"枫桥经验"：人民调解的中国样本（企业案例卷）》，为企业参与基层社会治理提供样本。

《"枫桥经验"：人民调解的中国样本（企业案例卷）》中的案例都来源于供电所"电力老娘舅"的亲身经历，具有较强的指导作用。希望公司深入学习贯彻习近平总书记关于坚持发展新时代"枫桥经验"的重要指示精神，合力推进涉电涉企矛盾纠纷的系统治理、依法治理、综合治理、源头治理，展现新时代"枫桥经验"在企业治理中的新风采，为建设人人有责、人人尽责、人人享有的社会治理共同体贡献一份力量。

国家电网有限公司办公室　钟建华

2023 年 9 月于北京

目　录

第一章

妥善化解涉电纠纷

TUOSHAN HUAJIE SHEDIAN JIUFEN

青苗补偿起纠纷　悉心调解化干戈

　　枫桥镇依山傍水，风景优美，经济发达。近年来随着村居改造速度加快，崭新的小区拔地而起，枫桥镇也完成了全面的商业化改造，以香榧加工业和袜业为代表的乡镇企业生产规模不断扩大，居民、商业和工业用电量激增。在这种发展态势下，原有线路已难以满足城乡居民高品质用电的需求。经过专业技术人员实地测绘和论证，枫桥镇主网改造须增设一座 35 千伏的铁塔，以应对未来数年持续增长的用电需求。

　　铁塔架设涉及土地征用和地上青苗补偿等一系列政策性很强的问题。施工前，东白安装公司对铁塔建设需占用村民部分基本经济作物农田的情况已做充分了解：第一座铁塔要占用一块种植经济作物的土地，第二座铁塔占用的土地不涉及经济作物补偿问题。两座铁塔都建在村民王某的承包地上，两块地还分属不同类型，这就给后来的矛盾冲突埋下了导火索。

　　在建设第一座铁塔时，东白安装公司事前通过村委会与王某多次协商，并按照国家政策向王某支付了赔偿款，因此第一座铁塔建设很顺利。在第二座铁塔准备施工时，因征用的田地未种植青苗，东白安装公司便根据相关政策，给王某的赔偿金额少于第一座铁塔建设时所支付的。对此，王某很不满意，认为两座铁塔占用同样大的土地，就应该有一样多的赔偿款，于是坚决要求东白安装公司按照第一次的数额进行赔偿。

　　眼见第二座铁塔建设难以继续下去，无奈之下，东白安装公司便求助于枫桥供电所所长杨琪凯，希望他出面帮助解决这起纠纷。尽管这并非枫桥供电所引发的纠纷，但杨琪凯认为，作为属地供电所，只要是发生在自己管辖区域内的涉电纠纷，他都有责任和义务去帮助协调解决。由于工期较紧，东白安装公司向杨琪凯表示，万一协商不通，就只能联系派出所进行保护性施工了。

杨琪凯接手后，立刻联系了"电力老娘舅"陈仲立，两人分头去做东白安装公司和村民王某的工作。反复沟通后，王某仍旧坚持自己的诉求不退让，这让杨琪凯和陈仲立深感无奈。

电力赔偿是有国家标准的，不能想怎么赔就怎么赔。对于这一点，"电力老娘舅"们心里很清楚，也深知调解工作不是"和稀泥"，要公道公允，在支持王某合理诉求的同时，绝不能严重损害国家利益。鉴于王某的要求过于无理，"电力老娘舅"们的第一次调解未成功。

东白安装公司为了赶工期，在与村委会充分沟通后，联系派出所准备进行保护性施工。村委会对这一风波心里也有杆秤，认为东白安装公司的第二次赔偿金额已经很合理了，他们坚决支持东白安装公司进行保护性施工。

岂料施工设备刚刚进场，王某就带人到现场阻挠施工。眼见事态不断激化，负责维护施工秩序的派出所民警赶紧上前，耐心地对王某等人进行劝说。王某仗着人多势众，对民警破口大骂道："你们派出所跟供电所是'一家人'，肯定和供电所串通一气了！"王某的意图很明显，想通过这些招数混淆是非、制造舆论，欺骗旁边不明真相的群众一起干预执法。在这种情况下，民警如果不断然采取措施，现场事态将会失控。于是，民警果断出击，依法以涉嫌扰乱公共秩序和阻碍执法两个罪名，对王某采取了强制措施。

事情发展到这个地步，大大出乎王某的预料，他意识到了问题的严重性，开始不断地央求民警。王某家属也哭哭啼啼地到村委会去求情。村委会干部找到杨琪凯，希望他出面帮助协商处理。

杨琪凯觉得这个事情目前仍然属于人民内部矛盾。当事人王某由于法律意识淡薄，对架设铁塔征用田地的补偿期望过高，在情绪失控下做出了出格的举动，但还没到刑事层面。于是，他再次找到东白安装公司，东白安装公司明确表示，可以和王某达成谅解，不向对方提出工程误工赔偿的要求，但给王某的第二次赔偿金额须严格按照国家标准。

之后，杨琪凯与东白安装公司工作人员又赶到派出所，找民警协商。民警见东白安装公司已表示谅解，便对王某进行了批评教育，在王某认错之后便对他做了宽大处理。

这真是——

> 区区一件寻常事，
> 谁料纷争起萧墙。
> 亏得调解好娘舅，
> 面面俱到两不伤。

一箱两表起摩擦　娘舅调解表分家

诸暨市店口镇阮市村用户何甲与何乙原本是关系要好的邻居。供电所在整修电路时，按照统一规划以及实地勘测结果，将何甲与何乙两户人家的电表安装在何甲家院子里。两家人就这样相安无事过了不少日子。后来有一天，两家人因一点闲话闹起了矛盾，何甲便向供电所投诉，提出让供电所派人将何乙的电表移回他自己家里去。

"电力老娘舅"边宇忠接到投诉后，立即去了现场，想弄清楚两家的矛盾是由用电引起的还是另有原因。如果不是用电问题，而是其他方面引起的误会，他得设法给两家调解一下，尽力化解用户之间的矛盾。

一般来说，两家人闹矛盾，没必要把电表拿出来说事。但作为一个时常做群众工作的"电力老娘舅"，边宇忠心里很明白，用电关系到群众的日常生活，电表信息与群众的家庭支出息息相关，他们有事没事就会去看看墙上的电表，做到心中有数。就算两家人关系再要好，另一家时不时地敲开邻居家门去查看自家的电表，久而久之，也会令对方感到不悦。何况，两家已经起了摩擦。在此情形下，且不说一方时常觍着脸进人家院子查看电表时感到难为情，另一方见了一定也没有好脸色。原本不大的矛盾，说不定因为这些迫不得已的接触，又闹出一些新的不愉快，使原有矛盾进一步激化。

村庄上的人，祖祖辈辈生活在一个地方，彼此在生产劳动和生活交往上都有着千丝万缕的联系。有些问题表面上看起来微不足道，实质上却牵连着一些说不清道不明的纠葛。原本要好的两家人出现一丁点矛盾，可能都需要很长时间才能化解，所以有些矛盾不及时处理，说不定还会成为邻里间永远的疙瘩，甚至闹成世仇殃及儿孙。

想到这些，边宇忠有心想细致地做做双方的思想工作，修复一下两家原本不错的感情。虽然这些事儿并不属于他的工作范畴，但长期做群众工作养成的习惯让他把这些与己无关的事儿也当成自己分内的事儿。

然而，经过几天的接触，从两家人说话口气上——一个坚决要求供电所把电表移走，另一个扬言再也不踏进对方家一步，边宇忠意识到两家还真有点誓不两立的架势。

边宇忠思忖了一番，认为这时候调解两家矛盾并不算太好的时机。于是，他打消了说和的念头，尽量保持不偏不倚的态度，以免自己话语不慎，让两邻里引发新的口角。比如，在何乙面前，边宇忠只字不提何甲要求供电所移走何乙家电表的事；在何甲面前，他也丝毫未透露何乙坚决要挪回自家电表的狠话。

移表勘察时，边宇忠只是轻描淡写地分别向两户人家表达，供电所的服务也或多或少存在一些问题，就像村庄上这样一家管两户甚至多户的集中安装计费电能表（以下简称表计），虽然便于供电所统一查验、校对和维修，却给用户造成了事实上的不便。特别是邻里之间，若真的出现一些用电上的差错，肯定会带来一些无谓的猜忌，造成关系不和。边宇忠表示，自己回去一定会向所里如实反映这些问题。

回到单位后，他将此件事情的前因后果认真地向领导做了汇报，并提议今后在村庄上安装表计时，能分开就尽量分开，这样既符合村民的生活习惯，也避免邻里产生矛盾后给工作带来的被动。他的意见被所里采纳，并作为一条推广经验获得了充分肯定。

这真是——

电力娘舅有心人，
小事大事都认真。
跑来跑去不厌烦，
群众满意才心安。

施工场地酿车祸　多方协调皆满意

2021年，枫桥镇为推进美丽乡村建设，对区域内电力线路进行改造。东白安装公司是负责该电力线路改造工程的施工方。8月8日凌晨4点多，某村村民潘某骑三轮车去集镇出售自家种的蔬菜，途经诸暨市枫桥镇广场路1号电缆井施工现场（老区卫生院附近一条小弄堂）时发生了翻车事故。

这是一条仅限一辆汽车通行的小路。当时，东白安装公司在施工前用五六十厘米长的电缆管做了一个简单护栏。因道路狭窄，视线不好，加之年龄大了反应比较迟钝，潘某骑到护栏跟前才发现前边是电缆井开挖的施工场地。为了紧急避险，她连人带车侧翻倒地，导致左股骨颈骨折，当时便无法站立行走。被人发现后，潘某被紧急送入医院做手术，进行左侧人工关节置换术治疗。

事故发生后，鉴于已经造成人员受伤和车辆受损，作为施工方的东白安装公司立即表明态度，力主通过司法途径解决纠纷。但潘某家人可能是担心官司打不赢，或者觉得为这事上法庭太丢人，他们表示枫桥镇是"枫桥经验"的发源地，提议双方坐下来协商解决。

出于尊重受伤村民本人以及其家人的意愿，东白安装公司对这一提议表示接受。而枫桥供电所也被供电公司指派以中间人身份参与调解，枫桥供电所所长杨琪凯和"电力老娘舅"陈仲立一同出面协调这起纠纷。

陈仲立接到任务后，与事故现场电缆井的施工人钱某、当事人潘某以及潘某家人进行了多次沟通，并查看了现场事故照片、医院出诊记录等，了解了事件的详细经过。理清头绪之后，陈仲立便一直与潘某家人保持联系，以便随时了解情况，进行沟通。

一开始，因双方赔偿金额差距较大，调解迟迟未能有实质性进展。潘某的小儿子楼某看事情一直被搁置着，心里很生气，便开始不断地拨打 95598 全国电力服务热线。据陈仲立估算，潘某家人拨打 95598 热线不下 50 次——大年三十晚上最后一个电话是潘某家人打的，正月初一第一个电话也是他们打的。

2022 年 3 月，杨琪凯、陈仲立又与东白安装公司和施工人钱某进行了多次沟通协商，通过两人的共同努力，双方当事人再一次回到调解桌前。这次，潘某家人还委托枫桥镇"老杨调解中心"的调解员作为全权代表参与调解。

"老杨调解中心"是诸暨市枫桥镇以调解员杨光照个人命名的品牌调解工作室。他们接手了这件事之后，对事故情况进行了核实，初步计算后提出了赔偿数额，但东白安装公司与施工人钱某对此赔偿数额均不认可，双方无法达成一致。看到双方各不相让，为打破僵局，陈仲立便提出了自己的想法："如果当初通过法院诉讼解决这件事，无论赔偿数额判多少，我相信你们双方都只能接受。我们现在是通过调解协商解决，既然是协商，就要有相互退让的空间和可能，不能一味坚持自己的立场不松口。任何一方提出自己的诉求，都必须有理有据，让对方觉得合情合理；即使有点不合理，也一定得合情；不合情呢，就一定得合理。你们受害方是相信"电力老娘舅"，才坚持要我们出面居中调解，如果一直这样拖下去没完没了，那不如折返回去走司法途径解决好了。"

听"电力老娘舅"这么一说，潘某家人首先表示可以让步。经过进一步沟通，双方在此次道路交通事故责任的划分上取得了共识，为进一步打开局面奠定了良好的基础。接着，潘某家人又对赔偿数额提出要求，但钱某对此有异议。陈仲立见状再次就赔偿数额亮明自己的观点，双方当事人尽管都没有最终表态，但态度上都有所松动。

会后，陈仲立将调解情况反馈给所长杨琪凯。杨琪凯又与东白安装公司、施工人钱某联系，就赔偿数额进一步沟通。陈仲立也先后与潘某小儿子楼某就赔偿问题沟通了 30 余次。昨天沟通不好，今天再来，今天沟通不了，明天继续。在大家的不懈努力下，双方最终就赔偿数额达成了一致，签署了事故赔偿调解协议。

双方签订协议后，枫桥镇人民调解委员会对潘某与钱某进行了回访，双方对调解过程和结果都表示非常满意。

　　这真是——

施工差点出人命，
不走司法愿调停。
人民信任老娘舅，
枫桥经验扬美名！

线路改造移电杆　两邻拆墙众人夸

　　墨城坞村开展新村建设，实施路基改造工程，要对原输电线路进行规范化改造。在输电线路的电杆移位过程中，需要把一根电杆安置在村民甲某和乙某两家的院门前。因为这是一根进户杆，除了甲某、乙某两家门前的位置外其他没得选。但这地方原本就不宽敞，现在又要加塞进一根相当碍事的水泥电杆，将来两家车辆都没法正常出入了。所以，对电杆立在两家院门前一事，两家人都坚决不同意，更不用说要立在谁家门口了。对此，供电部门虽多次协调，但都没有解决，路基改造工程也因此无法施工。眼见一根电杆闹得修路停工，姚江供电所便委派"电力老娘舅"寿卢均前去试一下，看能否解决此事。

　　因为这件事，两家人在情绪上与供电部门相当对立，在这个节骨眼上无论换谁去协调都会感到很棘手。尽管事情难度很大，但寿卢均还是迎难而上，毫不犹豫地接受了这个任务。他在心里给自己打气说："不管多么困难，总得去试一下，不试怎么知道结果如何呢。"

　　接受任务后，寿卢均与施工方负责人先去现场进行了勘察。寿卢均发现，无论在哪家门前立电杆，无论如何设计电杆的方位，都无法为两家车辆出入留出足够的空间。那么，在无法改变这根电杆位置的情况下，如何使它尽量不占用两家人的门前空间呢？

　　寿卢均在现场拉着卷尺，对每一处地面翻来覆去地进行测量，脑子里也在不停地琢磨着……经过仔细计算，一个大胆的想法浮现在他的脑海中——可以将甲某没有盖房的一侧围墙拆一个缺口，将电杆立在围墙中间，然后加固修复，这样就可以避免电杆立在两家门前的种种弊端。

可是，他又转念一想，将人家一垛整整齐齐的围墙拆开，即使过后修复得再好，那也多出了一根电杆啊！如果将来要加院棚，这电杆肯定既碍事又难看，搁谁也不会轻易答应！退一万步说，这个办法再绝妙，甲某的工作又该怎么去做呢？

思量半天，寿卢均觉得不妨先将自己这个不太成熟的想法跟村干部们交换一下意见，看能否得到他们的认可和支持。于是，寿卢均去了村书记家，刚好，村主任正在跟村书记商量这事儿。于是，寿卢均乘机将自己的"拆墙竖杆"方案给两位做了介绍。村书记和村主任听后表示，只要利益相关的两户村民同意，村里将全力配合供电部门工作。

得到村干部的承诺后，寿卢均马不停蹄地去了甲某的家，向对方谈了自己的想法。甲某听完后，果然把头摇得像个拨浪鼓似的，表示无法接受。寿卢均见甲某虽然表示不同意，但态度并不强硬，就苦口婆心地对他说："新村建设是为全村人办的一件大好事，现在为立电杆的事吵来吵去，把输电线路拖得推进不下去，日久天长就会耽误大家的好事。如果你能退一步，大伙肯定都会给你竖大拇指的。为了让两家门前保持原来的空间，我反复丈量之后觉得也只有这个办法还算可行，你是否可以再考虑考虑？"

听了这一番话，甲某没有吭气，这让寿卢均觉得有戏。他又接着说："当然，你这也是为全村用电做出了牺牲，不能让你家出了地方又吃亏。我已经跟村书记和村主任说了，如果你同意这个施工方案，村里负责拆补墙体，一切费用都由村里承担。我也可以向你保证，墙体整修完成后，绝对让你满意。"经寿卢均一番掏心掏肺的劝说，甲某最终松口答应了这个方案。

做通甲某工作后，寿卢均又立即前往乙某家，将自己的方案、村里的意见以及邻居甲某的表态一股脑儿倒给对方，并对他说："说句老实话，将一根大电杆立在人家的围墙里面，怎么说也不是一件令人舒服的事儿。但是甲某为了全村人用电，为了你们两家日后和睦相处，非常大度地同意了这个方案……这是甲某为了保留你们两家门前的空间做出的牺牲。"

寿卢均一说完，乙某立即说："立电杆，改造输电线路原本就是有利于全村人的大好事，谁也不想把这事弄黄了，既然他已经同意了，我还能有啥意见嘛。

就按你们说的办吧。"

谁也没想到，原来预想十天半月可能都谈不出啥效果的棘手事儿，在寿卢均的协调下，三槌两梆子就圆满地解决了。当天下午，供电部门便开始组织施工，修路的压路机也轰隆隆地开了过来。

大家都夸赞说，寿卢均这个"电力老娘舅"把"背靠背""面对面"的调解方法运用得炉火纯青。寿卢均却谦虚地说："三句好话哪能当钱使，哪个人也都不是傻瓜。唯有把工作对象当自己兄弟，将心比心，就是铁树也能开花。"

这真是——

> 一根电杆墙中加，
> 看似不像好办法。
> 要是知晓其中妙，
> 便会击掌将它夸！

积怨日久难消除　别开蹊径息事端

　　灵山坞村是著名的银杏摄影基地，诸暨市政府计划将这个村建设成精品村。为配合市政府实施决策，供电所从 2018 年开始对全村 680 多户人家的入户电表进行更新改造。然而，杨甲某、杨乙某以及杨丙某三家因用电纠纷迟迟无法解决，他们的入户电表没能按计划及时进行更新改造。

　　事情的原委很简单。杨乙某要装潢自家房屋外的走廊，觉得杨甲某家的电线布设在自己家的墙上很是碍眼，便向杨甲某打了声招呼，说自己家要装修，让他想办法把电线移走。过了一两天，杨乙某见杨甲某没有动静，便自己动手把线剪掉了。当时，杨甲某正在家喝酒，当他弄清楚是杨乙某剪了他家的电线，导致他家没电时，立即火冒三丈，在走廊处吵吵嚷嚷闹得不可开交，最后还拨打 110 报了警。虽然 110 民警对两家都进行了批评教育，但并没有彻底解决这事。两家反而由此结下了解不开的大疙瘩。

　　辖区内出现了邻里用电矛盾，供电所当然得委派"电力老娘舅"去熄火解决矛盾，这个重担就落在了石浩的肩上。

　　石浩去了灵山坞村，先是找他熟悉的村电工一起去了杨乙某家。经过现场勘察，他发现杨甲某的房屋与杨乙某、杨丙某两兄弟的房屋依次处在同一条直线上。杨甲某、杨乙某两家的电表被安装在杨丙某家的房屋外墙上，杨甲某家的电线从电表里拉出来后就必须经过杨乙某家屋墙。现在，杨乙某将这部分电线剪断了，杨甲某用电就受到了影响。

无论有什么理由，随意剪断邻居的电线，肯定是不对的。查看现场之后，为保证杨甲某家正常用电，石浩马上安排供电所的抢修人员帮杨甲某家接了临时线路。随后，石浩与杨丙某开始协商接线的方案。

石浩提出将电线从杨丙某的房屋后面绕过去，但仍要过杨乙某家的后墙。对此方案，杨丙某没有异议。当石浩与杨乙某商量时，杨乙某也是同意的，但他的妻子却坚决不同意让这线从自家屋后墙走。最终，这个方案被否决了。

于是，石浩又提出立杆架线路的方案，但得在杨乙某家门前挖坑立杆。与杨乙某商量后，他倒没有异议。正当石浩和灵山坞村副书记一起前去杨乙某家门前勘察情况、准备立杆时，杨乙某妻子再一次表示反对。理由是这根电杆距离她家房屋太近，她推开窗户就会看到屋外竖着一根电杆，这样会挡了她家的风水，不吉利！

其实，电杆立起来后，推开窗户只能看到高出来的两米多的电杆，但杨乙某妻子就是不同意。三方商定的方案一而再，再而三地被杨乙某妻子否决掉，其他邻居都很不高兴。三家人在巷道中竟然推推搡搡地动起手来，石浩赶紧将大家劝开。

看三家邻居闹成这样，石浩决定另辟蹊径，寻找可以立电杆的地方。经过观察，石浩发现不远处田埂倒是可以立杆，虽说架线距离远了点，但完全可以避开这几户人家。他找到田埂的主人，先探了探对方的口气。然而，田埂的主人也有自己的考量，他直言不讳道："如果是给我家通电，在我家田埂上架杆当然可以。但这件事跟我家没关系，如果我同意，万一他们三家说我有偏向，又一起来找我的事，我反倒惹了一肚子不高兴，你说我这是何苦来着？"

尽管吃了闭门羹，但石浩觉得这村民说的，话糙理不糙。不过，三家人之所以会产生纠纷，主要是因为不愿意牺牲个人利益，倒也没有不准对方使用线路的恶意。如果有人表现出高姿态，让出田埂为他们解决分歧，这三家应该不会出来挑事的。想到这儿，石浩决定再去做做田埂主人的工作。

经过多方了解，石浩搞清楚了，这户人家夫妻俩都是附近一家纺织厂的工人，白天不在家。于是，他又不辞劳苦地找到纺织厂，设法见到这对夫妻，但他们都表示不愿蹚这浑水，不同意在他家田埂上立电杆。

为了做通这对夫妻的思想工作，石浩求到了工厂老板那儿，请他出面帮助做做工作。老板虽然被石浩热心服务的精神打动，但也一口回绝了：虽然人家夫妻俩是自己工厂的工人，但这毕竟是人家家里的事，他还真是不好开口。

一个礼拜六，石浩打听到夫妻俩休班，于是第三次上门拜访，与他们商量这事。进了门，石浩无意中发现他们家屋内的电线有点凌乱，便拿出随身带的工具，一边帮主人整理墙上凌乱的电线，一边和主人拉着家常，不一会儿就把墙上的电路整理好了。就在石浩蹲着收拾工具的时候，男主人感动地说："大伙都夸'电力老娘舅'为大伙服务不辞劳苦，要不是我亲眼所见还真不太相信。你三番五次上门，甚至跑到工厂里找我，我真是服了你们这些'电力老娘舅'了！这样吧，你现在就喊人来挖坑立杆，不就是根电杆嘛！"

没想到男主人这么痛快地把事情答应了下来！石浩欣喜若狂，很快约来了施工队立杆架线，使得入户电表更新改造工程画上了圆满的句号。

这真是——

> 一根电杆连万家，
> 用电方便你我他。
> 难得一片爱民情，
> 感动村夫让田埂！

修整树木惹纠纷　秉公协调不护短

2022年7月份的一天，草塔供电所的工作人员巡查电力线路安全情况时发现，西青线路段上有些树木的枝丫已经影响到了电力线路的安全运行。发现这个问题后，工作人员很快在现场展开了修剪、清理工作。

这是一棵普通的树，生长地点距离公路有三四十米，附近也没有田地与人家。因为这树并不是珍贵树种，又长在村外坡头，工作人员也没想太多，便直接开始对枝条进行修整。这时候，一村民模样的人骑三轮车路过。这人把停在路边的工程车前前后后地看了看，并没有上前阻止工作人员修剪，反倒在一旁悠闲地观看起来。

不一会儿，工作人员就将树干上一些影响电力线路安全运行的枝条修整完毕。这时，这个村民才慢吞吞地走过来称，这棵树是他家的，工作人员没有得到他允许就把他家的树修得乱七八糟，必须照价赔偿。工作人员看到面前这个突然冒出来的主人，一时儿有点发蒙，又听他索要赔偿，便问他应该赔多少。这人倒也不说赔偿多少，只是拦住工程车不让离开。工作人员见对方那副不依不饶的样子，觉得遇到麻烦事了，便立即给"电力老娘舅"许译文打电话求助。

接到求助电话后，"电力老娘舅"许译文立刻前往现场。到达现场后，他先查看一下树木的修剪情况。这棵树只是寻常树种，不属于经济林木，并且工作人员也只对它的枝条进行了修剪，没有砍断树干，因而对整棵树没有太大损坏。这时，对于树木赔偿情况，许译文心里已经有数了。

站在一旁的施工队工长，把许译文拉到一边悄悄地说："咱们得搞清楚这个人的底细，别是个过路的骗子！"其实，赶往现场途中，许译文遇到了一些村民，从他们那儿已经了解到，这拦路索赔的人的确是这棵树的主人。查看完现场之后，许译文便与一直守在现场的树主人攀谈起来，试图弄清对方的真实想法。他询问道："你既然看见有人在锯树，为什么不立即制止呢？"对方回答道："我那阵儿正在地里忙着干活，邻居说有人开着车在盗挖我家的树，我当时啥也没想就跑了过来。到现场发现他们人挺多的，我一个人哪敢上前制止呀？"

许译文嘴里"哦"了一声，便随口问："树现在已经被锯了，你想赔偿多少？"该村民语出惊人："我家这棵树值钱就值钱在上面那些枝条上，因为长得稀奇古怪，几年前那些买景观树的曾出价 5000 元要买。现在长了几年，应当远远高出这个价格吧？"

许译文一听，这完全超出了他的预想啊！细细琢磨了一下，他想明白了：这村民看到锯树的是电力部门，想借他家"景观树"被破了"相"这个名，趁机狮子大开口，讹一笔钱。

许译文指着树下那些枝丫，诚恳地对这位村民说："你看，我们锯下来的也只是些枝条，没有大的树干，'破坏'是根本谈不上的。我们很真诚地向你道歉，也愿意给予你合理的赔偿，但希望你也是真诚的，不要抱着讹人的态度。如果你一味地狮子大开口，这事儿就没法谈了。"好说歹说，这个村民同意少赔一点，但也明确表示少不到哪儿去！

施工队工长看到村民胡搅蛮缠，又不让工作人员离开，无奈之下就向附近派出所求助，希望民警能帮助解决问题。

警车来了后，接警的民警见周围看热闹的村民比较多，不利于双方商量着解决问题，于是就把双方连同村干部一起请到了派出所。在警务调解室里，民警给村民讲了许多道理，并告诉他说："电力部门工作人员清除危及电力设施安全的树木，这是符合法律规定的，每个公民对此都有协助的义务。在这个过程中，有什么问题，大家可以协商解决。如果趁机无理取闹，使电力部门的生产和工作不能正常进行，那就构成违法行为，要予以治安处罚的，严重的还要追究刑事责任。"请来调和的村干部，开始还碍于本村人的情面，一直替这位村民说话，但听了民警的一番话后，觉得民警说得很有道理，转而也劝说这位村民息事宁人。

这时，许译文站出来说话了。他公允地说："我们办任何事情，都应当让人民群众满意。对于不合理、不合规、不合法的要求，我们当然不能纵容。但是，对群众的合理诉求，还是要给予充分考虑的。这棵树长在地头地脑，修剪成啥样都无关紧要，但作为景观树出售，肯定是有点影响的。如果我们在施工前，把群众工作做得更为细致一些，征得了群众同意，也不会闹得这么个兴师动众的结果。所以，我觉得应当给予树主适当的赔偿。"

见"电力老娘舅"在这种场合居然还替自己说话，村民很是感动，便爽快地答应了施工队的赔偿方案，高高兴兴地跟着村干部回去了。一场纠纷在很短的时间里得到了合情合理的解决。

这真是——

> 修整大树惹麻烦，
> 得理饶人理不偏。
> 只要心中有群众，
> 秉公协调不护短。

抢修惹恼喜宴客　人性执法和为上

2015 年 2 月 25 日（农历正月初七）上午 9 点，店口供电所接到西何自然村一位用户的停电报修电话后，立刻派抢修车赶去处理停电故障。

对于此类突发性停电故障，抢修工作自有一套程序。一般来说，抢修人员会先检查附近的变压器，若一切正常再排查线路问题。就这样，抢修人员沿线一步步排查，最后到了 1 千米开外的一座小山上，发现电杆上两只"支路令克"（跌落式熔断器）已跌落了一只，致使三路线中的一路断了电。这是很常见的故障，但要抢修就必须先返回将变压器断电，然后再严格按程序进行更换工作。

抢修人员返回村头将变压器断了电，正准备坐车去山上抢修线路时，意想不到的事发生了。村口突然冲过来五六个人，责问抢修人员，为什么要停他们的电？抢修人员向他们解释了事情的原委，但他们根本听不进去，嘴里还骂骂咧咧地说："他们村（西何自然村）停电，关我们村（亭凉树下村）什么事！你们知不知道我们正在办喜酒？赶紧送电，要是不送电，你们谁都别想走！"

原来，有故障的只是西何自然村这一路线，另两路线依然通着电，所以亭凉树下村没有停电。当抢修人员将变压器断电时，亭凉树下村的一户人家正在办喜宴，那么多客人正在吃饭喝酒。这一停电，喜宴的一切流程都不得不停了下来。办喜事遇上人为停电，搁谁也不会高兴的。现场人多嘴杂，有人的火气就被噌噌地鼓动上来。于是，五六个青壮年便一路找到了村头，恰巧遇到了准备上山抢修线路的工作人员。他们坚决要求抢修人员立即为亭凉树下村送电。这一要求没有得到肯定答复后，他们便开始对抢修人员推推搡搡，一时间出现了撕扯的局面。混乱中，抢修人员躲进了车里，但这伙人仗着在自己村头，气头之上居然把抢修人员从车里拉出来，劈头盖脸地一顿乱打……

有一些看热闹的村民见事情闹大了，赶紧打电话报了警。不一会儿，派出所民警就赶到了现场，制止住了五六个人的违法行为，并将操办喜宴的男东家"请"进了派出所。

村庄里大年初七办喜事遇上了停电，还闹出了事带走了男东家，这事情如果处理不好有可能导致事态进一步扩大。店口供电所副所长杨亦泰接到消息，感到了事态的严重性。杨亦泰非常了解当地习俗，如何让这个涉及村民情感的事件尽快得到稳妥处理，让大伙打心眼里认可"人民电业为人民"，这对他来说是一个艰巨的考验。杨亦泰通知"电力老娘舅"钱志军火速赶去协调，用最短的时间妥善处理此纠纷。接到通知后，钱志军很快赶到了村里，约上亭凉树下村的村书记、村主任一同赶往派出所协调此事。

在路上，钱志军与两位村干部沟通时表示："虽然这是一场村民无理干扰施工并故意伤害抢修人员的恶劣事件，但毕竟事出有因。当时，抢修人员也不知道村里有人家办喜事，莽撞中拉了电，虽没大错，但毕竟闹得全村人都不高兴了。我先代表我们抢修人员向村民们道个歉！其他事情，我们到派出所看情况再定。"听钱志军这么一说，两位村干部反倒觉得有些愧疚了，自己村的人打伤了人，"电力老娘舅"没说怎么处置肇事者，反而先赔礼道歉。于是，他们也表示一定好好协助，妥善处理此事。

到派出所后，钱志军看到抢修人员的伤情并不是很重，就对派出所民警说："我们这些同志虽然在冲突中受伤了，但都是轻伤。我建议，这事还是人性化处理吧。一来，村民办喜宴突然遭遇临时停电，搁谁都会沉不住气的，也算情有可原；二来，毕竟是过年期间，家里又在办喜事，还是先把主家放回去吧。"看到钱志军这么大度和真诚，两位村干部也代表村民诚恳地向受伤的抢修人员道歉，并严厉批评了肇事村民的违法行为。

既然"电力老娘舅"提出不追究对方的责任，派出所也考虑到事出有因，就对肇事村民象征性地做出处罚，让当事人做完笔录就回家了。一件可能酿出更大事端的事件就这样被及时、妥善地解决了。

在事后回访中，钱志军主动联系了这位操办喜宴的男东家，代表供电所再次向他口头表示了歉意。这位村民也认识到了自己的问题，又主动找到钱志军，让钱志军带着他一道去给受伤的抢修人员赔礼道歉。

这真是——

大年初七摆喜宴，

谁料突然断了电。

打人反被对方保，

法不容情情可鉴！

水管渗漏闹纠纷　循序善导系铃人

2022年6月，用户张某拨打95598全国电力服务热线投诉，声称供电所工作人员在安装进户线时操作不当，安装的螺丝将墙壁内水管打穿，导致屋里漏水，造成了一定的财产损失，要求供电所赔偿他的损失。

接到投诉后，"电力老娘舅"方迪明立即赶到了张某家。据张某妻子说，她家新建房屋刚做完外墙粉刷，便有大片墙皮剥落，家里地面还有水迹遗留。对此，她一口咬定，是供电所工作人员安装进户线的螺丝把她家墙壁内水管打穿所致。

在农村，村民们都是各自建房，不像城市里都是由有关部门统一规划、设计和施工，因此农村各家各户的方位走向、外观形式、间隔距离等很难统一，更不用说经常会与用电线路建设产生冲突了。如果村民的房屋恰好建在用电线路上，而他又不愿意在自己家旁立电杆的话，就必须安装进户线，多数村民家采取的就是这种墙壁打孔穿入的方式。

听了张某妻子的一番"控诉"后，方迪明在现场仔细观察了一番，认为张某的投诉与事实有很大出入，便耐心解释说："你家确实有水迹，但这并不能证明是线路安装时打穿水管所致。根据墙外电线布置情况，供电所安装进户线施工时打穿水管的可能性几乎为零。你家里还装有通信线路和其他线路，有没有可能是这方面因素导致的呢？"

然而，任凭方迪明怎么解释，张某和他妻子都不认同，坚持认为是安装进户线所致。方迪明无奈地对两人说："向供电所索赔是要有根据的，不是你们要求赔偿就赔偿的。你们仅凭自己毫无根据的推测去投诉，是无助于问题解决的。如果你们坚持认为这是供电所施工不当造成的，可以找第三方机构做一个鉴定。如果鉴定结论说，是供电所的责任，那供电所肯定会赔偿的。"

这之后，张某向方迪明反馈说，自己联系不到第三方鉴定机构。方迪明把情况向供电所领导汇报，于是由供电所出面，委托第三方鉴定机构对张某家漏水情况进行了鉴定。

然而，还没等鉴定结论出来，张某又拨打95598热线投诉，用这种方式给供电所施压，并营造供电所故意拖延处理的假象。为了安抚张某的情绪，方迪明多次登门解释、劝说："既然已经请了第三方鉴定机构，我们大家都耐心等等，看鉴定结论怎么说。关于责任问题，谁说的都没有第三方鉴定机构出具的鉴定结论有权威性。"

没几日，第三方鉴定机构的鉴定结论出来了，认定张某墙内水管漏水与供电所安装进户线没有因果关系。然而，张某夫妻俩对这个结论并不认可，在继续拨打95598热线投诉的同时，还时不时拨打方迪明的电话纠缠不休。为了说服张某夫妻，方迪明先后邀请了村干部和张某的亲戚、朋友，去张某家做工作。张某夫妻俩虽不承认第三方鉴定机构的鉴定结论，但也没能拿出确凿证据证明是供电所的责任。再加上，周围邻居私下纷纷议论说，他们夫妻俩这么闹的目的是想让供电所承担他家外墙粉刷的费用。这些闲言碎语让张某夫妻羞愧难当，但事情闹到这份儿上已没台阶可下。于是，张某夫妻向方迪明提出了一个更为离奇的要求："水管漏水可能不是电力部门的原因，不用你们电力部门赔偿了，但你们要把经过我家墙上的所有电线都移走，不要安在我家墙上了。"为此，他们又不断地拨打95598热线投诉。

由于张某家前面就是公路，没有合适的地方立电杆，而且，他家用电也要通过这条线路，拆走他家墙上的所有电线，他家用电也没有办法解决啊！

为了让张某夫妻认识到自己的要求其实是损人不利己的，"电力老娘舅"方迪明多次找张某夫妻面谈，做他们的思想工作："从实际操作上讲，如果旁边还有房屋，我们可以帮你们把线路移走，放到别人家，但是现在确实没有可以移的地方。再说，把电力线路全部拆掉，你家的电怎么接？所以从电路设计层面上讲，确实没办法移走。"

对于有些人来讲，好话说了千千万，不如用他们自身的利益来说事。听"电力老娘舅"讲清楚利害关系之后，张某夫妻俩再也不说拆电线的话，也不再拨打骚扰电话了。

这真是——

明知无理偏讲理，

恶意投诉藏猫腻。

义正词严好娘舅，

诤言惊醒梦中客！

邻里交恶留后患　精心协调息事端

　　2018 年下半年，诸暨市暨南街道街亭行政村下的西佳山自然村，有一户人家一直向供电所申请安装电表。供电所的"电力老娘舅"陈鹏君接到申请后就去现场查看，发现这户人家周围共有五户邻居，可以有五条线路通道为其接线。按理说，线路通道是充足的，安装电表可选余地很大，应该很快就能完成安装。然而，这事却拖了许久，其中，有申请者甲某自己的原因，比如甲某常年在外务工，家中无人居住，但更主要的是，看上去"富余"而且"通畅"的五条线路通道其实并不"畅通"。当陈鹏君逐一走访这五家，想与他们协商给甲某家安装电表之事时，出乎意料的是，竟没有一家愿意给甲某"借道"，其中一户居然还是甲某的小叔子。

　　陈鹏君觉得很纳闷，于是向村民打听其中的缘由。原来，甲某是外地人嫁到了这个村的，丈夫已经死了十多年，甲某现在基本不在村里住。之前，甲某夫妇没有处理好邻里关系，尤其是甲某，性格强势且爱贪小便宜，处处算计别人，几乎到了无人待见的地步。在甲某装电表这件事上，这五户邻居像是事先商量好了一般，都不同意其线路经过自家的屋墙。

　　甲某与邻居之间关系如此紧张，即便不走周围邻居屋墙上，通过电缆或者立电杆的方式为甲某家接线，也还是要占用这五户人家的土地。所以如果他们坚决不同意，甲某家也就无法顺利安装电表，这样看来还是要继续做这五户人家的工作。于是，陈鹏君又约上村干部、镇领导多次前去协商，怎奈甲某与邻居之间积怨很深，协调工作毫无进展。

按理说，自己把邻里关系搞得乌烟瘴气，闹得电表都没法安装，甲某应该好好反思反思，尽量配合"电力老娘舅"的调解工作，去好好修复一下邻里关系。然而，甲某不仅丝毫没觉得自己有什么问题，反而指使女儿不断拨打95598热线，投诉浬浦供电所"不作为"。

僵持了半个月之后，陈鹏君想重点做一下乙某的工作，因为西佳山自然村的电表都集中安装在甲某家前面的乙某家屋墙上。于是，陈鹏君约上村干部、村电工以及台区经理一起前往乙某家。到了乙某家后，大家苦口婆心地劝说了很长时间，碍于情面，乙某当时并没有拒绝。于是，陈鹏君赶紧在乙某家屋墙上给甲某家安装了电表，让甲某家接上了电。

然而，事情并没有就此了结。仅仅过了一个月时间，乙某就拨打12345政务服务便民热线投诉，称甲某家的电表线路破损存在安全隐患，而且在他家屋墙上安装甲某家电表会破坏自家墙体，要求立即派人拆除！

突然再起事端，一时间让陈鹏君"丈二和尚摸不着头脑"，他赶紧向村民打听原委。原来，甲某这人得了便宜还卖乖，觉得这次没向任何人低头，就顺顺当当把电表装上了，有点得意忘形，还在邻居面前说了几句风凉话。这惹得乙某很不高兴，于是就拨打了投诉热线。

陈鹏君很无奈，只得前去查看情况，现场勘察后发现甲某家的电表线路确实存在安全隐患，但显然是被人蓄意破坏过。因为没有证据，他只好默默将线路修复好，拍照留证，并把照片上传到12345网站上。由于乙某在宁波工作，也不经常在村里住，陈鹏君无法与其当面沟通，只能通过电话告知已修复线路。

谁知道，过了两个月，乙某又一次投诉要求拆除甲某家电表。这次投诉的理由是，甲某家电表安装在他家屋墙上，不仅破坏了墙体而且有安全隐患。其实，安装电表只需两颗小钉子，对墙体并不会产生什么影响，显而易见乙某想以此为借口移除甲某家电表。因为这事，乙某打了不下5个12345投诉电话。每打一次，"电力老娘舅"就向他耐心解释一次。

之后，乙某从外地回来，又开始打12345投诉，称村里集中安装在他家屋墙上的电表箱要掉了，有安全隐患。抢修人员赶到现场发现，电表箱的表后线确实被人全部钩了下来！陈鹏君知道，这个事情不能再一味地迁就下去了，于是严肃地对乙某说："电表安在你家院子里，你就有守护的义务。每次都是你回家后出现了问题，我们有理由认为这是人为破坏，而且你的嫌疑最大！任何事情有再一再二，没有再三再四。扯电线事情不大，却也是破坏电力设施的行为。根据《中华人民共和国电力法》规定，任何单位和个人不得危害电力设施安全。如果再发生这样的事情，我们将会诉诸法律手段！"可能是这句话起作用了，自这以后，乙某再没有打过投诉电话了。

至于甲某家电表使用情况，陈鹏君事后了解得知，在电表安装好的一年多时间里，甲某一度电都没用过。于是，陈鹏君对甲某说："根据相关法规，长期不用电的零电量电表是可以拆了销户的。你再不用电，我们就要把电表拆掉了。"听了"电力老娘舅"的话后，甲某赶紧把其中一间房屋借给了住在村上的妯娌去养鸡，每个月能用那么十度八度的电，以此来保住她家这个好不容易才安装上的电表。但愿电表安装的曲折经历能让甲某对睦邻友好的道理有些领悟。

这真是——

千年修来隔墙住，
邻里关系重如山。
寻常行事不靠谱，
装表风波教训深！

施工泥水进民居　尽职尽心做理赔

　　2019年初，店口镇侠父行政村下的长澜自然村进行农村电网改造。由于土建工程和供电安装工程施工的缘故，在一个大雨天，雨水灌入村民石某的住宅，屋内积水一米深，房屋墙壁和屋内家具都有不同程度的损害。为此，石某向供电公司索要高额赔偿。

　　接到调解石某与供电公司之间纠纷的任务后，"电力老娘舅"钱志军立即前往现场勘察，并向村干部、石某、施工队等涉事方了解事情经过。仔细查看现场之后，钱志军发现，石某的房屋进水后，地基并没有下沉，但墙面脱落，部分家具浸水。对此，石某提出了高额赔偿要求。

　　关于石某房屋遭雨水浸泡的原因，施工队与设计部门是公说公有理，婆说婆有理。施工队认为，他们是严格按照图纸施工的，是设计部门的设计有问题，才导致雨水倒灌电缆井，发生了这起事故。这件事情的责任并不在他们，不应由他们赔偿。设计部门则认为，是施工不当造成的，跟设计图纸没有关系，应当由施工队出面解决并给予赔偿。

　　钱志军还从村民处了解到，村上经济生产合作社的很多技术人员不是本地人，像石某就是进村包地务农的外地人。因为石某不是本村村民，所以对于石某与供电公司之间的纠纷，村干部也不太愿意介入。就这样，由于石某索赔要求过于离谱、施工队与设计部门在责任上互相推诿、村干部调解不太主动，一来二去，原本早能坐下来说和的事儿就这么被搁置下来。

搞清楚这一切后，钱志军决心尽力妥善地解决这起纠纷，不能因为石某是外乡人就不公平对待。他决定采用"背对背"调解法，分别出击，一一去做涉事方的工作。钱志军先是花了整整两天时间，仔细研究了相关的设计图纸，他发现设计部门的技术人员设计时没有考虑现场的地势差，导致电缆井管道高出周围民居的地平面许多。遇到大暴雨，地面雨水进入电缆井管道之后，会顺着电缆井排水管道流入第二个电缆井，然后冲开井盖涌出地面。石某房屋附近有一个电缆井，雨水正是从这一井口流出后漫进他家里的。

发现设计问题后，钱志军赶紧联系设计部门的负责人，与他们沟通："我已经发现是电缆井管道的设计缺陷导致雨水倒灌进村民的房屋，这个责任你们必须承担，而且是主要责任，当然施工队也有责任，但是次要责任。所以，我建议你们还是接受调解为好。"

钱志军有理有据的分析让对方无法辩驳。事后，设计部门的技术人员夸赞道："钱志军这个'电力老娘舅'太厉害了，居然能看出我们设计图纸有缺陷，这实在令我们没有想到！这也是我们第一次因图纸设计缺陷支付赔偿款。"

与设计部门沟通之后，钱志军又前往石某家再次查看损失情况。钱志军分析，漫进石某家的雨水有从电缆井溢出的，也有通过其他渠道积聚在房屋周围的。这些雨水因未及时疏通、排出而最后都漫进他家。也就是说，房屋进水有设计部门和施工队的责任，也有石某自己的责任，如房屋所处位置地势较低、房屋周边防水设施过于简陋等等。关于损失情况，石某家的家电设备都没有损坏，只有一些家具泡了水需要维修，墙壁浸泡后需要重新粉刷，总体上损害并不大。

当石某仍以进水后地基下沉，要重新加固房屋为由，狮子大开口地提出高额赔偿要求时，钱志军耐心地劝他说："我刚才已经查看过了，雨水漫灌，对方肯定是有责任的，但你家房屋地势低、周围排水不畅，这也是客观原因。更何况你这儿的损失并不像你说的那么大。至于地基下沉问题，这不是你说下沉就会下沉的，那是要专业机构出具鉴定结论的。你也知道这鉴定不仅麻烦，而且结果也不一定让你满意。既然对方两家都同意赔偿，我建议你也稍作退让。"

说通了石某，也做通了设计部门的工作，施工队却依然得理不饶人，坚决不承认自己有过错。钱志军严肃地对他们说："虽然电缆井管道设计有问题，但施工过程中，你们把电缆井管道封好了没有？如果你们的工作没有纰漏，雨水又怎么会从你们负责施工的井口溢出来呢！"听钱志军这么一说，施工队顿时无言以对。

最后，在钱志军的不懈调解下，设计部门和施工队同意共同承担对石某的赔偿责任，并对相关问题及时进行整改。这起三方当事人纠缠很久的矛盾纠纷就此"案结事了"。

这真是——

电井设计有疏漏，

暴雨倒灌淹民居。

娘舅精心做调解，

讲情理案结事了。

飓风刮倒输电塔　说服塘主传佳话

2020年3月下旬，诸暨市发生强对流天气，许多电线电缆在大风中被摧毁，全市输电线路因此损失很大。

位于诸暨市姚江镇下章村的一座输电铁塔被飓风吹倒，塔体不慎落到旁边的甲鱼塘中。甲鱼塘塘主、下章村村民裘某拨打95598全国电力服务热线投诉，称甲鱼属于特种养殖，输电铁塔倒塌在水塘中，把他养的甲鱼砸死了许多，并且铁塔浸泡在鱼塘中造成水质变化，导致一些没被砸死的甲鱼也病死了。裘某表示自己这次损失极大，损失金额达七八十万元，要求供电公司予以赔偿。

接到投诉后，铁塔主管单位绍兴供电公司立即做出了回复，指出裘某提出的七八十万元损失只是他自己估算的，确切的损失数据要由第三方鉴定机构做出损失评估并出具证明，才能据此商议赔偿事宜。但不知什么原因，裘某一直没有委托第三方鉴定机构对自己的损失进行技术评估，赔偿这件事情便暂时被搁置了起来。

其后，绍兴供电公司要在原铁塔旁立新铁塔，急需处理倾倒在水塘中的铁塔，便联系姚江供电所协助解决这起纠纷。因为"电力老娘舅"方迪明对当地情况比较熟悉，姚江供电所便派他来处理此事。

方迪明接受任务后，心里一直在琢磨：裘某之所以不请第三方鉴定机构做评估，极大可能是因为他觉得评估结论不一定能支持自己提出的赔偿要求。裘某一直没提出处理铁塔的要求，是觉得只要铁塔在那儿放着，谁要拉走就必须给他个说法，没必要急于摊牌。现在，供电公司终于主动找上门了，裘某恐怕是不会轻易让步的。

方迪明又去现场进行仔细查看，认为裘某说铁塔砸死了他的大多数甲鱼，是夸大其词了。甲鱼生长在水塘四周泥沼之中，铁塔倒塌肯定会砸死一些甲鱼，但不会造成大量死亡。按照裘某的说法，他在甲鱼塘里投放了1000只甲鱼苗，当时已经长到了1斤左右。如果按照当时市场上1斤甲鱼价格为七八十元来计算，他的索赔金额并不过分。那他是不是真的投放了这么多呢？方迪明决定以裘某在塘内投放的甲鱼苗数目为突破口。

方迪明前后三次上门去和裘某攀谈，想摸清对方的实际情况，但对方一直坚称投放了1000只甲鱼苗。无奈，方迪明只好向村里熟悉情况的村民打听，看能不能获取一些有价值的信息。由于方迪明经常为村民提供各种电力服务，积累了比较深厚的群众基础，在村里有很好的人缘，对于他提出的问题，大家也都愿意讲实话、说实情。在交流过程中，有甲鱼养殖经验的村民告诉方迪明，裘某的水塘面积很小，按照推算，一次只能投放四百来只甲鱼苗。还有村民告诉他，铁塔倾倒确实造成了鱼塘设施损坏，而且塔体一直浸泡在鱼塘中造成塘水变质，也影响到了甲鱼的正常生长，但即便把这些损失都计算在内，裘某的损失也远不像他说的那么多。

了解到这些情况后，方迪明又一次来到了裘某家中。这次，方迪明的态度依然非常诚恳，但已然心中有数。首先，他向裘某宣讲了国家的赔偿政策，指出裘某未能及时提供损失的鉴定证明，才使得赔偿之事一直拖到现在，并规劝对方应当实事求是地提出个人诉求，漫天要价肯定不利于问题的最后解决。

看到方迪明为自己的事情，前前后后跑了不少路、费了不少神，何况自己平时也得到过方迪明不少帮助，裘某觉得很过意不去，终于说了实话："我在鱼塘里的确没有投放那么多甲鱼苗，实际投放了六七百只，成活的有三四百只。铁塔倒下来砸死了一部分，剩下的后来被我捞出来卖了些钱。情况就是这样，你给我算算看咋赔偿合适，我都听你的。"

方迪明见对方跟自己讲了真话，也充分考虑到裘某的利益，对甲鱼塘损失做了估算，但因为与裘某之前提出的赔偿金额差距甚远，怕他接受不了，半天没好意思说出口。裘某见状便自己报了一个数额，这个数额竟与方迪明估算的差不多。见两人最后竟然不谋而合了，方迪明不禁笑了起来……

　　就这样，在"电力老娘舅"方迪明的再三努力下，裘某放弃了此前要求过高的赔偿金额。绍兴供电公司对方迪明的调解工作给予充分肯定，并按协商金额向裘某做了赔偿。

　　这真是——

飓风刮倒输电塔，

塔倒鱼塘有王八。

一样账算两样情，

娘舅解扣人人夸！

兄弟为地争高低　娘舅出面化干戈

受农耕文化的深刻影响，中国乡村在很多方面仍保留着情理交织的熟人社会印记。比如亲戚邻里之间的矛盾纠纷，外人很难插手解决，但如果是家族长辈或者是他们认可的有威望的人出面，一些看起来很难解开的疙瘩就会迎刃而解。下面给大家说的这起用电纠纷，正是因为"电力老娘舅"请了当事人的亲娘舅出面，最终得以成功化解。

2021年9月，洪坞自然村村民应永某拨打95598全国电力服务热线反映，供电所在洪坞自然村靠山位置架设电杆所占用的土包，是他本人承包的土地，并不是申请新增电表的用户应位某的土地，故要求将该电杆予以移除。

接到投诉电话后，"电力老娘舅"石浩先查看了用户应位某的新增电表申请表，随即又赶到现场查看核实情况。令他惊讶的是，应永某与应位某居然是亲兄弟！原来应位某在洪坞村靠山的位置新建了一座房屋，故向供电所申请新增电表。工作人员前去现场查看时发现新建房屋较为偏僻，周围没有左邻右舍，也没有低压电杆。应位某要正常用电，就得新架设一根电杆。

工作人员前后左右地考察了一番，看中了一个荒土包，想把它作为立杆的地方，于是向当事人询问："这块地是你家的吗？"应位某回答说："这是我家的地，是没用的荒地，可以用来立杆。"于是，工作人员就在那架设了一根电杆，为应位某接上了电。

电杆立完之后一段时间，皆风平浪静。但过了不久，不知什么原因，应永某突然拨打 95598 热线投诉，说这块地归他家所有，要求将电杆限期移除。一块巴掌大的荒土包，两兄弟都扬言是自己家的，闹得鸡飞狗跳，都不念手足之情了，这让负责协调此事的石浩感到很无语，但眼前最要紧的是先搞清楚这块土地的归属问题，才好着手解决这起纠纷。

石浩第一个想到的是村干部，于是请来了村书记，但村书记也说不清楚。因为那是小山上的一块荒地，当时也没有契证、林权证等，再加上，周围土地划拨时几易其主，两兄弟的土地又几乎紧挨在一块，所以根本说不清这块荒地是谁的。

无奈，石浩只好打电话给土管局，想看看土地登记资料上是怎么填写的。然而，土管局当初的登记并不详细，查了半天依然没有结果。石浩又找两兄弟询问，可谁手上都没有土地使用权属证明。找不到有效证明，这件事就说不清了。尽管石浩从小到兄弟之情、大到国家大政方针，苦口婆心、好言相劝，但两兄弟仍争执不断，还从吵嘴发展到动手，闹得不可开交……

为了协调好两兄弟的关系，化解他们的矛盾纠纷，石浩也是想尽了招数，最终他决定邀请双方的亲属一起来调解这个事儿。通过与村书记沟通，石浩得知两兄弟有一个亲表兄叫张某，此人与兄弟俩关系都比较亲密。于是，石浩联系上张某，请他参与调和应位某与应永某两人之间的矛盾。张某不仅来了，还带来一张字据，里面的内容涉及这个荒土包，从其中表达的意思来看，这块地应该属于应永某。

看到证据确凿，应永某更加得理不饶人，要求供电所立即将电杆移走。石浩和张某都劝说应永某，希望他能念及手足之情，给兄长提供用电便利，不过是一小块荒地，不要过于计较。尽管应永某将"电力老娘舅"为这件事来回奔波的辛苦都看在眼里并心怀感激，但仍然不愿让步，不同意兄长将电杆立在他家地上。

看这两兄弟之间的疙瘩一时半会儿也解不开，石浩便继续在村里走访，与村民一起拉家常，看能否找到破解之道。当他得知这两兄弟的老房子原来是连在一起的，应永某家的电就是从哥哥应位某家里走的，就对应永某说，兄弟俩本是同根生，完全没必要把关系闹得那么紧张，希望他们能够换位思考，做弟弟的也要体谅哥哥的难处。但这番说辞还是没能打动应永某。

为了找到一个突破口，接下来的十几天时间里，石浩一直去和他们拉家常。在一次聊天过程中，他了解到兄弟俩有一个外甥在杭州，便要到这个外甥的号码，给对方打电话，看他能不能帮着做些劝说工作。这位外甥却说，两个舅舅吵了很多年了，也不知道究竟为了啥，做晚辈的也不好去调解。

石浩就问："那你这两个舅舅还有没有其他长辈？"这位外甥告诉他，两个舅舅上面还有一个舅舅。石浩一听，心想只要有个上辈人就好说话了，便对这位外甥说："要不你把你这个'舅公'请来，大家一起把你两个舅舅之间的矛盾解决一下。要不然，这事儿一直放在那儿，不知哪一天他们又得吵嘴、干仗。"这位外甥倒也痛快，没几天就请来了两个舅舅的亲娘舅。

应氏兄弟的亲娘舅坐下来弄清事情的来龙去脉后，对这两兄弟严加训斥道："亲弟兄咋能闹得像仇人？你家的电也是从你哥哥家过的，现在让你哥哥在你土地上立根电杆有什么关系？你不让他立电杆，他把你的电线也弄掉，看你怎么办？就这么大点事情，闹得大伙看你们的笑话，还让'电力老娘舅'前前后后忙活，你们自己想想这像话吗？"

被亲娘舅一顿训斥之后，兄弟俩没敢再说话，见此石浩趁热打铁继续劝说。最终，这兄弟俩握手言和，表示不再为此事纠缠。一起亲兄弟之间闹腾不休的矛盾纠纷，就这样在"电力老娘舅"和亲娘舅的共同努力下得到了圆满解决。

这真是——

一根电杆占土地，
兄弟两家闹意气。
亏得娘舅齐出面，
成全一桩和美事。

前嫌未释生怨气 真诚道歉换笑颜

2014年12月间，直埠镇赵源村有一位用户联系姚江供电所反映自家门口的接户线很乱，说他马上要为儿子办婚宴，到时会有很多亲戚朋友到场，自家门口这些凌乱的接户线不仅有安全隐患，还会影响车辆通行，要求姚江供电所派人将接户线整理一下。

收到用户申请后，姚江供电所副所长倪赞刚将工单交给了一位姓钱的师傅去处理。经实地查看，钱师傅发现，这户人家的接户线很难整改。因为要整改，就必须在一位70多岁老人的房屋墙壁上走线。钱师傅找这位老人沟通过，老人非常固执，坚决不同意在他家房屋墙壁上加支架，也不说明理由。钱师傅没做通工作，所里又派了一位陈师傅去做工作。陈师傅与老人接触后，同样表示事情很难处理。此前，因为"借道"通线的事儿，村书记和村主任多次去与老人沟通，连电视台记者也来劝过老人，但老人的态度非常坚决，大家都无功而返。

看到事情这么复杂，倪赞刚这位"电力老娘舅"决定亲自出马，带着陈师傅去了现场。经过现场勘察，倪赞刚发现这位用户家的接户线乱得一塌糊涂，的确如他反映的那样，存在严重的安全隐患。之前，倪赞刚并不在这一区域工作，看到眼前这种情形，他萌生出一个大胆的想法，何不趁此时机，把这个村的接户线彻底整理一下。根据现场勘察的情况，如果立杆架线会使原本并不宽敞的巷道更加窄小，对此村里的绝大部分村民都不会同意。因此在墙体上架线应该是最好的办法，但这样就绕不开那位老人家。

倪赞刚先前到现场勘察时就发现，这位老人有五间新房并排在一起，要安装接户线就无法越过老人的房子。因为老人不同意在墙上安装支架，目前这条接户线就悬空挂在村里小路上，平日里只能用一根毛竹临时支撑着。

看到这些情况，倪赞刚便亲自跑到老人家中，跟老人商量说："老人家你也看到了，现在电线用一根竹竿支撑，这样有很大的安全隐患。电线的高度太低，随时会被行人车辆碰到，从而带来危险。"接着，他又给老人讲了一通安装电线支架对墙体一般不会有太大损害的道理。然而，老人态度相当坚决，表示不同意安装。就这样，倪赞刚和陈师傅与老人的初次沟通没有取得成功。

这时，准备办喜宴的那位村民再次打电话催促，说他家正在布置村道的装饰，这些低垂的电线已经影响到婚宴的准备工作了，他希望"电力老娘舅"能提前做好电线整改工作。时间紧迫，于是倪赞刚邀请了那位要举办婚宴的村民一起上门，再次尝试去协调。在这次沟通中，倪赞刚终于知道老人不愿意在自家房屋墙上安装支架的原因了。

原来，供电所当初曾在老人的房子上安装了支架以支撑接户线，后来老人装修房子时向供电所反映想把接户线暂时拆除，方便粉刷外墙。可是，当时接电话的工作人员对老人的态度很不好，也没有积极地配合老人做这些事情。老人一气之下就自己把支架拆掉，造成了目前接户线悬挂在小路上的局面！

老人一气之下的举动也招来一些不明真相的村民抱怨，认为老人是故意和左邻右舍过不去。老人听到这些误解自己的话更是气不打一处来，索性一不做二不休，不允许再在自家房屋墙上安装支架，还放狠话说，只要自己有一口气，就不和供电所打交道！

了解事情的前因后果后，倪赞刚代表供电所向老人真诚地表达了歉意。这时，办喜宴的那位村民也在一旁劝解，希望老人能大度一些，都是街坊邻居的，自己儿子要结婚了，村里接户线这么混乱，不仅客人们的车没办法停放，还影响了外村客人对他们村形象的看法。

通过这次交流，倪赞刚发现，老人并不是一个不讲道理的人，只是以前供电部门服务不周伤了他的心。过了两天，倪赞刚再次上门，并带了一本安全用电的宣传小册子给老人的孙子。这次，倪赞刚并没有急于提安装支架的事儿，而是先与老人拉家常。聊天过程中，倪赞刚得知老人是从东白湖的陈蔡水库搬过来的，便与老人谈起了陈蔡水库附近的风土人情。聊热乎后，倪赞刚又向老人表达了自己刚刚调到这边工作，真心想为当地百姓做点实事的想法。此时，倪赞刚感觉到老人态度缓和很多，便请他再认真考虑考虑这事。老人没像之前那样态度强硬地直接拒绝，只是说，他和两个儿子商量过后再答复。

　　只过了一天，老人便打电话给倪赞刚，表示同意在自家楼房墙壁上安装支架。在电话里，老人对倪赞刚说，这次自己最终同意，主要是觉得他这个"电力老娘舅"心里还是有群众的。人心都是肉长的，再怎么着也不能把事情做绝。

　　这件事让"电力老娘舅"倪赞刚深有感触，他认为只要将心比心、坦诚相待，用真诚和真心去打动用户，就一定会得到用户的认可和信任。

　　这真是——

> 全村用电线路乱，
> 前嫌未释多埋怨。
> 娘舅真诚代认错，
> 将心比心换笑颜。

私动电表接错线　娘舅细究解纷争

　　2017 年，祝家村村民甲某拨打 95598 全国电力服务热线反映，在没有增添任何家用电器的情况下，自家电费最近两个月莫名其妙地飙升，与之前几个月的用电量相差很大，要求派工作人员到现场检查，并退还他家多缴的电费。

　　"电力老娘舅"楼春新接受任务后，立即前往该村民家了解情况。在与甲某交流后，他发现甲某家的电费这两月确实涨幅过大，而且，这种情形是在其邻居装修后出现的。楼春新猜测，可能是邻居装修时接错了线路，导致两家电表"互换"。因为邻居在装修房子，家里用电量是比较大的，而甲某家本应保持着原来的耗电量，但因换了邻居的电表，就"承受"了邻居装修房子的高耗电量。

　　猜测归猜测，还是要眼见为实。楼春新去现场勘察了一番，果然，两家电表的表后线接错了！从两家的表后线互换到用户投诉，已经过去了三四个月，这就意味着有三四个月的电费差了。楼春新给他们查了一下，之前的只有 10 元左右差额倒也无所谓，但有一两个月差额比较大。于是，楼春新就去协调，让少缴电费的邻居给多缴电费的甲某贴补一些，尽快把这个问题解决掉，避免产生新的矛盾。

　　尽管事实就摆在眼前，但邻居对此并不认可，说："怎么可能会出现这种情况呢？即使接错了，我家里也没有用这么多电呀！你们是不是搞错了？或者是电表出了故障？要不要把电表卸下来测试一下？"楼春新早已料到这种情况，他非常肯定地告诉那位邻居，电表没有故障；如果有，电表上的指示数字会出现乱码。更何况，这批电表都是新换的，出厂时也经过了严格检测。他先安抚邻居和甲某，让他们不要着急，也不要互相埋怨，他会去验证这件事的。怎么验证呢？那就是把两个表计的表后线换过来，等过一个月后再看两家的电费情况。

对于楼春新的方案，两人都表示同意。在两人的见证下，楼春新把两个表计的表后线换了过来，待一个月后，三方再坐在一起协商这件事情……

一个月后，楼春新从缴费系统中把邻居装修前后两家的电费清单、换表后线之后两家的电费清单都打印出来，确定是表后线互换导致两家电费出现异常之后，才把这两人请到了一起。

楼春新把装修前后以及换表后线之后一个月的电费清单摆在了两人面前，让他们认真比对，并对他们提出的疑问一一做了解答。事实胜于雄辩，如果说邻居之前还存有疑虑，当对比了这前后时间的电费清单，又听了楼春新有理有据的分析后，他不得不承认，的确是把电表"互换"了。

然而，在明确电表互换的问题后，邻居又提出，这是电表安装太近引起的，与自己无关，供电部门应该承担责任。对邻居企图推卸责任的做法，楼春新给予了驳斥："不同户的表计安装在一处不是你推卸责任的理由！表计被安装在一处的用户很多，为什么别家没出问题你家出问题了？说到底这是你自己卸装表后线所导致的，如果你是找供电部门做这事，说这是供电部门的责任还说得过去，但事实上不是这样。虽然这不是供电部门的责任，但供电部门有义务替你们算清这笔'糊涂账'。"听楼春新把道理讲得这么透彻，邻居一时间也无话可说了。

最后，当楼春新提出要对甲某做出补偿时，邻居心服口服地表示认可，很痛快地偿还了甲某多缴的电费。

这真是——

接错电线惹告状，
丢下一笔糊涂账。
电力娘舅巧对接，
两家用户心里亮！

莽汉锁路惹事端　熟人搭桥促调和

　　倒臼岗自然村距相泉村有近 1.5 千米的山路，该村几十户人家用电主要依赖主村配变 0.4 千伏单相供电。由于该条线路上的电杆高 7—8 米，山中的树木极易从线路中穿过，加之导线又细，每逢异常天气，倒臼岗村频频发生断线事故，抢修难度又非常大，对村民们的日常用电影响极大。

　　为了改善村民的用电环境，村"两委"讨论后，向枫桥供电所提交了整改此线路的申请。为落实此工程项目，供电所决定为倒臼岗自然村架设一条 10 千伏线路，工程耗资 130 万元左右。施工前，考虑到施工方案及施工线路走向会影响村中榧农的经济利益，供电所施工队专门到村里与村"两委"协商，确定由村"两委"出面处理政策问题。待村"两委"落实好线路通道后，供电所施工队再进场施工。

　　然而，在准备进场施工之时，麻烦事出现了，榧农何某将岭岗入口到他榧林的一条机耕路用钢管链条封锁住，不允许施工队的车辆和器械等进入。施工队见此情形，立即打电话给"电力老娘舅"何校勇，请他协助解决。

　　接到电话后，何校勇立即与村"两委"联系，村里给他的回复却是，村干部无一人能和何某沟通。经了解，何校勇得知，村干部不愿意与他沟通也是事出有因。此前，何某因土地问题与村里有过矛盾，虽经法院调解把问题解决了，但何某仍对村干部持有很大成见。再加上，这个何某性格刚直，脾气也很火爆，说一不二，一般人还真不敢轻易去和他打交道。

何校勇听到这些话，感到有点棘手，但是事情总得解决吧。于是，他与村"两委"反复讨论研究，在这个过程中，他遇到了何某弟弟，听人说他弟弟是原来的村支书，便想请他出面帮助解决他哥的问题。刚把想法说出来，何某弟弟就连连摆手，原来早在何某弟弟任村支书时，兄弟俩就已反目成仇，现在两家人已经不往来了。

不过，何某弟弟告诉何校勇，他哥哥在镇上有一个好朋友赵某，若能请这个人出面调和，说不定能劝动他哥哥。正巧何校勇也认识赵某，于是他找到了赵某，希望他能出面与何某沟通。赵某是个爽快人，二话没说就拿起手机联系了何某，并介绍说何校勇和自己是好朋友，想登门拜访，希望他能给点面子。

这时是9月份，恰逢当地采摘香榧的时节。白天去找何某时，见他忙于采收香榧，一直没得空，何校勇便等到天黑才登门拜访。一进门，何某倒是很热情，给何校勇让座递水，倒不似别人说的那么凶巴巴。何校勇坐下来后，两人随口拉了些家常，谈了香榧收成……谈着谈着就聊到正事上，话一说开，何校勇终于了解他为什么会阻挠施工了。

原来，何某从多个农户手中将山地买下后，开挖了一条从岭岗入口至何某香榧基地的道路，还对路面做了水泥硬化处理。村上有些干部看到何某干起了这么气派的事，不但不支持他创业，还背地里处处给他找碴儿，于是，何某就和这些人闹翻了。这次供电所整改线路，电线、铁塔、基础材料等都要经这条路运送，这会对自己出资修建的道路产生很大的影响，有可能导致路面破损。这么大的事，施工前居然没有一个人同他打招呼。"所以，我不可能让你们就这样从这条路上过的。我如果一声不吭，以后哪里还有脸面在村里待下去？"他气愤地说道。

待何某发泄完怨气，平静下来后，何校勇这才和风细雨地给何某宣讲相关用电政策，也把解决村民用电问题的急迫性告知了何某，指出如果倒白岗村无法按时通电的话，不仅无法保障村民们的自来水供应，还会直接影响村民们在春茶期间的炒茶工作。他希望何某能为村民着想，舍小家顾大家，同时也向何某承诺，如果施工过程中对路面造成损坏，施工队会进行补修完善的。

经过何校勇一番苦口婆心的劝解，何某终于松口同意施工队进场施工，但要求施工队完工后对岭岗至何某榧林之间的道路路基进行完善。考虑到何某的要求并不苛刻，何校勇爽快地答应了。

次日早晨，何某拆除了岭岗入口处的钢管链条，施工队顺利进场，开始了正常施工。

这真是——

　　　　　　　一条山路静幽幽，
　　　　　　　看似无声却有声。
　　　　　　　莽汉锁路惹事端，
　　　　　　　娘舅苦劝露心声。

信息提醒引投诉　虚心道歉成朋友

姚江供电所长期提供一项便民服务——为独居、腿脚不便的老人或者不熟悉线上缴纳电费操作的居民，提供上门收取电费服务。一般情况下，工作人员会在上午上门收取电费，下午回供电所将信息录入电力缴费系统。由于收费与入账存在时间差，常常引发一些细心用户的质疑。

某日，供电所工作人员到一户老人家中收取 10 元电费，尚未返回所里入账，由于系统设定原因，用户这时仍然收到了催缴电费的提醒短信。这位老人不太会使用手机，每次电费都由隔壁的女婿代缴，但老人缴费绑定的手机号码，却是在外办厂的儿子余某的。余某收到提醒短信后，特意嘱咐妹夫尽快去把电费缴了，省得老人不住地念叨。妹夫缴纳电费后，也及时给他回了信息。然而，余某的手机依然多次收到催缴电费的短信。他那会儿正忙于其他业务，手机里却不断传出短信声，心里很是气恼，便一通电话打到了 95598 全国电力服务热线，投诉姚江供电所工作人员重复收取电费。

供电所张班长收到投诉后，连忙给用户回电了解情况。听完余某诉说后，张班长误以为是用户签订了智能缴费协议后未能提前存入足额费用所致。原来用户签订了智能缴费协议，就需要提前往账户存入足额电费，系统在次月电费出账后便会自动扣除费用。若账户内没有提前存入足够费用，即使电费已经缴纳，系统也会向用户发送短信提醒欠费了。张班长便向余某详细解释了智能缴费协议中涉及电费缴纳的条款。

听完张班长的解释，余某表示，智能缴费协议不符合用户缴费习惯，不能接受。一般都是先用电后缴费，哪里有先缴费后用电这个说法。于是，余某再次拨打95598热线进行投诉，还提供了张班长解释智能缴费协议的通话录音。

其实，余某并未签署智能缴费协议，其手机收到的催缴短信也并非智能缴费协议所致，而是供电所工作人员上午上门收费、下午入账的时间差所致。阴差阳错，余某跟自己从未签署过的智能缴费协议条款较上了劲，一时间闹得不可开交。为此，供电所工作人员先后5次登门向老人赔礼道歉，还向余某解释了事情的始末，以期得到用户谅解。

然而，余某却表示，现在已经不是区区10元电费的问题，而是电力系统推行的智能缴费协议中针对用户的条款是"霸王条款"，用户有权利要求其改进。对于余某提出的意见，供电所表示要向上级部门反映做进一步研究。按说，不大的一件事，到此也完全可以息事宁人。但余某认为，尽管10元电费微不足道，却让周围的人误以为自己是为了这点小钱在闹腾，使其声誉受到了影响，当场拒绝了供电所工作人员的回复和道歉，之后也拒接供电所打给他的所有电话。为了彻底打开余某的心结，同时吸取工作教训，供电所专门指派"电力老娘舅"方迪明继续跟进，尽力化解与余某之间的误会。

方迪明接手此事后，先是从自身工作的角度将用户反映的问题审视了一番，认为用户的确不是为区区10元电费而纠缠不放，解决这个问题的关键恐怕还是电力服务工作本身需要进一步改进、完善。比如，采用智能缴费方式后，绑定的手机时常会收到提醒短信，这些短信的内容和频次，一方面容易让人产生误会，另一方面会令用户心情不悦。设身处地地想，谁愿意自己的手机不断收到"你已欠费"或者"请赶快缴费"的信息？此外，代缴过电费后几个小时内，系统还不断向用户推送欠费的信息，难怪余某大为光火呢。反复思考之后，方迪明通过单位向上级部门提出修改短信内容的建议，比如，在提醒短信里增加"如已缴纳电费，请忽略此短信"的内容。另外，提醒短信也不能一直滚动推送，要降低推送频率，如此才能减少用户误解。

随后，方迪明再次登门拜访余家老太太，向老人家解释事情缘由，率先取得了老人的谅解。当得知其子余某平日很少回家，方迪明也不嫌麻烦，专门跑到余某工厂与其面对面沟通，并表示自己对余某的意见非常重视，已经及时向上级反映。看到面前这位"电力老娘舅"如此恳切，余某态度也有所松动，但还是拒绝撤回投诉。

方迪明知道，对方多半还是觉得电费这点小事让他搁不住面子，要打开他的心结还需要为对方提供一个台阶。第二天，他打听到余某有个很要好的同学，于是找到这个人，通过他约余某出来一起聊聊天。不管怎么说，老同学的面子还是要给的，余某便欣然赴约。谁也没想到，大家见面一聊就是整整两小时，宾主皆欢之下，区区投诉也就成了过眼云烟。

不打不相识，余某与方迪明还因此成了很要好的朋友。不久前，余某的工厂因为扩产需要增加变压器，第一时间就向方迪明咨询并寻求帮助。方迪明当然义不容辞。从申请到安装，跑前跑后，短期内就帮余某完成了扩产的电力保障工程，让余某对供电部门的服务赞不绝口。

事后，方迪明感慨地说："在这件事情上，我们的解释工作原本就是有失误的，甚至让事情变得更为复杂。而且，在对方情绪不稳定的情况下，不能就问题说个不停，这时他肯定没心思听你讲那些大道理，甚至还会产生抵触情绪。我们只有先让用户的情绪缓和下来，再多去找找我们自身工作的失误，体现出沟通交流的诚意，才能让用户觉得我们是在推心置腹，而不是假意推诿。用我们的真挚情谊打动对方，原本棘手的问题就会迎刃而解。"

这真是——

> 十块电费小事端，
> 信息提醒惹人烦。
> 虚心道歉即改进，
> 换得用户心喜欢！

更改方案顺民意　深入家户做工作

2019 年初某天，一大早刚刚上班，店口供电所就涌进来了十几位村民，大家你一言我一语、七嘴八舌地要向"电力老娘舅"陈永锋反映问题。陈永锋有些不明就里，对他们说："请大家先静一静！有啥话一个个说，这样吵吵嚷嚷，我啥也听不明白。你们是一个村的吗？如果是一个村的，问题又是同一个问题，能不能让一个人代表大家说一下，说完后其他人再补充。"

这时，一位村民高声说道："是的，我们都是阮市镇青山岭村的，一起来反映我们的用电问题。大家如果没意见，就让我来做代表把情况说一下吧。"

听了这位村民代表的诉说后，陈永锋才搞明白，这 16 位村民来供电所是要解决生活用电无法接入的问题。

陈永锋与村民们进一步沟通后得知，青山岭村的电网改造工程于 2017 年开始动工，历经一年多已基本建成，现在要将村民们的生活用电接入电网。其他村民都没有什么问题，只有这 16 户村民因为线路通道、电杆架设、配变安装位置等，不愿意接受供电部门的用电接入方案，所以生活用电问题迟迟未能解决。为此，村民们向村里反映了多次，要求帮忙解决。

因为涉及这 16 户村民的用电接入方案是上一届村干部与供电部门商量后定下来的，现在村干部已换届，找上一届村干部去解决这个问题显然不合适，这一届村干部又不愿意接手这块"烫手山芋"，于是，他们能躲就躲、能推就推。最后被村民们找烦了，他们就对村民说："你们去找供电部门，这接入电网是他们的事儿，他们有责任为你们解决。"听了这些相互推诿的话，村民们觉得实在没有办法可想，就一起来到供电所集体投诉。

了解这些情况后，陈永锋觉得，这件事村里能推诿但"电力老娘舅"不能推诿，于是先劝村民们安心回家等待，之后立即将情况向所领导做了汇报。

所领导一听，村里电网改造都已完成，竟然还遗留这么个大问题！于是，供电所专门针对这个问题召开了会议，分析原因并讨论解决方案。

在会上，大家都认为之所以会出现这样的问题，一方面是因为 2017 年青山岭村的电网改造工程动工时，村里没及时与供电部门沟通，以至于电力基础设施建设与居民房屋建设没能同步设计、同步实施，如果当时同步了，也会减少生活用电接入的很多麻烦；另一方面是由于村干部换届的缘故，虽然这 16 户村民对新的用电接入方案有意见，但新一届村干部既没有及时将情况反馈给供电部门，也没有积极出面沟通解决，以至于这些村民的用电接入问题一直得不到解决，而这又激化了矛盾。

针对村民们反映的问题，店口供电所积极行动起来，制订了解决方案并立即抓紧安排落实。首先，店口供电所要求陈永锋积极与青山岭村"两委"取得联系，争取新一届村干部的支持和帮助，并查清这 16 户村民用电的具体情况，了解和掌握他们每个人的诉求及顾虑，并对他们的想法和意见逐个进行分析，寻找与方案的最佳结合点。

其次，店口供电所派出工作人员前往现场进行勘察，并根据前期调查访谈的情况，从兼顾施工可行性与村民诉求角度出发，拟定了供电方案，然后委派工作经验丰富的"电力老娘舅"与村干部、16 户村民就方案进行讨论和沟通，充分听取大家的意见，尽力使方案获得大家的认可。之后，店口供电所对这 16 户村民的用电接入方案及施工方案多次进行修改、不断优化，最终解决了这 16 户村民的用电接入问题，保障了他们正常的生活用电。

尽管这一事件很快得以解决，但"电力老娘舅"还是进行了深刻的反思，认为基层的某些特殊情况比如村委会换届等可能会使电力服务工作出现推进迟缓或暂时搁置的情况。如果坐等用户上门，只能让问题积攒成结，不仅影响了群众生活，还会激化矛盾。"电力老娘舅"心里要时刻装着群众，随时走进村居，及时了解群众的诉求，这样才能为千家万户提供优质的电力保障服务。

这真是——

干部换届未衔接，
原有方案一旁搁。
电力娘舅顺民意，
亲自上门去解决。

书记也有烦心事 四面楚歌难煞人

2022年11月份，岭北镇孚家湖村有位村民拨打95598全国电力服务热线投诉供电所乱拉电线。经了解得知，璜山供电所的台区经理在11月份去岭北镇孚家湖村更换表计时，村书记的父亲告诉他，自家的表计一直安装在旁边邻居家，由于两家产生过一些矛盾，想将表计移到自己家中来。供电所工作人员到现场勘察后发现，虽然可以将这位村书记家的表计移出，但无法从距离他家最近的电杆直接拉线接到家中，须借助另一邻居家的楼房墙壁作为支撑点，这意味着要在这个邻居家的外墙上安装支架。在别人家房屋外墙上安装支架，当然要征得人家的同意。但是，这位村书记的父亲事先没跟这家邻居商量好，就让供电所施工队进场施工，结果惹出了新的邻里矛盾。

被村书记家重新架线打搅的邻居是一对母女。表计移位施工的当天，母女俩在外面打工干活，家中无人，回家后才发现村书记家的电线安装在自家的外墙上。母女俩很不高兴，直接打了95598热线，投诉供电所未经她家同意乱拉电线，要求立即派人予以拆除。

接到投诉后，"电力老娘舅"祝其新把工单派给一个台区经理。台区经理前去调解这个事情时，这母女俩的火气依然很大，听到台区经理讲那些邻里要和睦的话时，毫不客气地怼他："我们一点也不想和那家人'和睦相处'，最好是不要和他家扯上一点关系！这房子是我家的，我只有一个要求，把他家的支架从我家墙壁上拆除，就是不让他家的电线过！"

任凭台区经理好说歹说，母女俩都丝毫不让步。台区经理没辙了，便把这一情况反映给祝其新。祝其新向供电所主管营销的副所长做了汇报，副所长与这个台区经理再次去该用户家调解。然而，该用户依旧固执己见，坚决不同意村书记家的电线从自己家过，要求拆掉外墙上的支架。

两次调解无果之后，副所长和台区经理借到岭北镇孚家湖村勘察现场之机，特意向左邻右舍了解情况，得知这位村书记的父亲与周围邻居的关系都不好，不光是一两户人家对他有意见。可即便不受大家待见，他也是供电所的服务对象呀！因为这对母女是线路末端用户，如果她们不愿意，要给村书记家接电就只能另想他法了。

副所长和台区经理提出安装地下电缆这一方案，但安装电缆所需的电缆井以及槽沟都得村书记雇人开挖。祝其新将此方案告知了村书记，村书记对自己父亲的固执也很无奈，表示他会尽快回去做老人的工作。

不过，祝其新到现场勘察后发现，安装地下电缆这一方案并不可行。因为地下电缆要从村书记屋后过，他家屋后是条很窄的水泥路，路另一边紧邻一户村民。要安装地下电缆就得开挖路面，那户村民能否同意呢？向村书记了解相关情况时，村书记表示，自己父亲与这户人家也闹过矛盾，可能很难做通这户人家的工作。

副所长和祝其新再次前往现场勘察，发现村书记家前面还有一条线路，可以拉到他家另一面墙上，但距离较远。副所长和祝其新将此方案与这位村书记商议，提出在线路中间增加电杆来保证稳定性和安全性。村书记回话说，这个方法他自己也想过，但他父亲当时坚决不同意，觉得这样走线很难看，如果将线路接到与邻居共用的那面墙体上也许他父亲还可以接受。副所长和祝其新表示，如果是这样，他们去与邻居协商，也希望村书记回去再做做父亲的思想工作，眼下最要紧的是解决他家的用电问题，至于解决方法那是不可能十全十美的。

副所长和祝其新又一次前去旁边邻居家沟通，耐心地和这位邻居说："书记屋后那户人家不同意在他家附近挖电缆井，现在已经没办法走地下电缆。我们想和你商量，看看能不能在你家和书记家中间那堵墙上安装个支架，让线路走过去？"这位邻居爽快地说："线路可以拉到中间的墙上，但是支架要装在书记家那一侧。"

祝其新将与邻居沟通的结果告知了村书记。之后，村书记反复劝说他父亲接受这个安排。然而因为老人与邻居家有矛盾，他虽然同意将线路接到双方共用的墙体上，但要求将支架安装在墙中间。

祝其新心里清楚，邻居之所以同意将线路布设在共用墙体上，是考虑到"电力老娘舅"工作实在不易，但绝对不会同意将支架安装在两家的墙中间。为了攻下解决这个问题的最后堡垒，祝其新自己去村书记家里给他父亲做工作，规劝老人说："我们为你家通电一直协调四邻做工作，你不能也给我们出难题呀。再说了，这是给你家接电，为什么不可以将支架安装在自己家这一侧呢？"

然而，祝其新絮絮叨叨说了半天，村书记的父亲仍固执地认为四邻都与他家作对，一直不愿做出让步。眼见供电所施工队要进场了，祝其新赶紧联系村书记说："我们的施工队已经在岭北镇了。情况已经和你们反复说明了，反正也是你们自己家用电，你们看支架这事儿怎么处理？我建议支架还是打到你家这一侧墙上。"因为父亲的固执，村书记觉得很过意不去，便爽快地答应说："好，就这么定了，老人的工作由我设法去做，你们不要管了。"

于是，施工队当天就将村书记家的线路安装完毕。

这真是——

> 书记也有烦心事，
> 四面楚歌难煞人。
> 事到临头终决定，
> 不必难为电力人！

言语不当惹矛盾　真挚道歉释前嫌

　　2022 年某日，牌头供电所接到一起椒山坞村村民周某的网上投诉，大意是供电所施工队在椒山坞村进行高压施工时，在未与他沟通并征得他同意的情况下堆放器材，损坏了他的农作物。周某虽未要求供电所对他的利益损失进行赔偿，但措辞严厉地指责施工人员素质低下，要求施工人员给他赔礼道歉。

　　如果情况属实，这事情的确比较严重。供电所立即派"电力老娘舅"杨勇到椒山坞村去处理这件事。

　　接受任务后，杨勇第一时间赶到了椒山坞村，向周某及周边群众了解实情。而后，杨勇还去施工队找涉事工作人员，与其交谈。最后，杨勇综合各方面情况做出判断：施工人员的确在未与周某沟通并征得其同意的情况下堆放器材，并且损坏了周某的农作物。虽然是为了施工需要，但没征得周某同意还损坏了农作物，这就违反了施工管理规定。更重要的是，在周某找到施工队反映此事时，个别工作人员在对方言语的刺激下也出现了出言不逊的情形。

　　电力施工过程中，经常出现损坏地里农作物之类的事儿，所以一定要事先与村民沟通协商好，依法依规做出处理，以免引发事端。杨勇很清楚，施工队工作人员有很多是外聘的，尽管接受过培训，但因入队时间长短不一，在个人素质和群众工作经验等方面参差不齐，面对和处理这类涉及群众利益的事情时，难免产生这样或那样的问题。但眼前不是总结经验和教训的时候，出了问题就得及时妥善解决，不能让群众因为这事儿对电力企业产生抵触甚至对立情绪。因此，当务之急是向周某真诚地道歉，倾听他的诉求，取得他的谅解。

于是，杨勇找到了周某，为施工队在施工时的不当行为向周某道歉，同时，也向他解释了其中原因，希望能得到他的谅解。然而，尽管杨勇言辞诚恳，态度真诚，但周某的情绪仍很激动，他对杨勇说："我不接受你的道歉！你们工作人员态度太差劲了，损坏我田里农作物不说，我说了几句，他还冲我嚷开了，这哪里像一个'电保姆'，倒像一头气势汹汹的'电老虎'。我告诉你吧，这事儿不解决好，你们就别想继续施工，我还要继续投诉。"

杨勇明白，施工人员几句不中听的话，已经给周某造成了不小的伤害。如果不妥善地处理，不仅会给电力企业形象造成不良的影响，还会直接影响到整个施工进程。所以，尽管周某表现得很抗拒，但杨勇仍旧耐心、细致地做周某的思想工作，并向周某保证供电所一定会严厉地批评涉事工作人员，并对他做出处理。

在沟通过程中，杨勇也注意到，虽然农作物被损坏，但周某只字未提赔偿的事儿，便问周某："你对处理这件事还有什么要求，尽管提出来，我们可以一并商量解决。"周某依然很愤怒地说："我的要求你还没听明白吗？那个冲我喊叫的工作人员必须向我道歉，否则我不会罢休的。"

杨勇一听释然了，立即回所里把情况向领导做了汇报。供电所领导非常支持他的工作，迅速与施工队联系并沟通好。最后，杨勇领着涉事工作人员上门向周某当面赔礼道歉。俗话说，伸手不打笑脸人。周某见状也不好再说什么了，表示可以谅解，一件因施工引起的涉电纠纷就这样平息了。

这件事情处理完后，杨勇觉得，为了今后能尽可能少地出现这类矛盾，应该好好总结经验、吸取教训，于是向供电所提交了一份汇报。在汇报中，杨勇总结了四条经验教训：

一是对施工要有周密的前期预判，严格按照要求施工；对施工造成用户利益损失的，一定要及时与用户沟通并做出处理；遇到脾气暴躁的用户，不应当"以暴制暴"，要耐心细致地做工作，以免激化矛盾。

二是供电部门工作人员（包括外聘人员）代表的不是个人，而是电力企业的整体形象。一个人的工作方法和态度，将会直接影响用户对电力企业的评价。因此，供电部门工作人员必须始终坚持"人民电业为人民，矛盾化解在基层，专业服务到家门"的理念，及时处理好用户的各种诉求，维护电力企业在用户心目中的良好形象。

三是处理电力矛盾时，要充分发挥团队的力量以及各部门通力协调的作用。当周某强烈要求当事人上门道歉时，如果不是供电所领导全力支持和协调，单凭个人力量是很难使事情顺利解决的。

四是在电力营销或者施工中，工作人员要根据客户的需求及时调整自己的工作方法，真正把"电力"与"人民"紧密地联系起来，让客户真真切切感受到"人民电业为人民"并不是一句口号，而是热心贴心的服务态度和扎扎实实的工作作风。

这真是——

一句好话三冬暖，
不要赔偿索道歉。
电力娘舅为人民，
有错即改心坦然。

托请办事没成效　娘舅出面解疙瘩

2016 年，从事水果种植业的周某在陈宅镇某村租了一块山地，兴办了一个叫作"晓丹果业"的种植基地。为了保证基地生产用电，周某根据供电部门的规定，向璜山供电所申请了一台专用变压器。但要安装这个变压器，还得同时架设一条电力专线。根据现场情况，这条电力专线要从100多米外的高压线上引下来，需跨越一个养猪场的上空，这就避免不了要征得养猪场老板张某的同意。

周某是璜山人，在陈宅镇也算是一个外乡人。周某初来乍到，并不认识这位养猪场老板张某，于是便四处托人向他说情，想征得他的同意。但张某不知从哪里听说高压线有辐射，担心这条专线经过自己的养猪场上空会对猪产生辐射伤害，从而影响到自己的生产效益，所以坚决不同意从猪场上空拉线。周某先后找了多人，得到的都是同一个回绝理由。一来二去，周某的申请就失去了时效，他只好提交第二次申请。

周某第二次申请安装专用变压器之后，又四处托人向张某求情，以求得张某"网开一面"，解决自己基地的用电问题。无奈，张某始终不松口，一两句话就把中间人打发走了。于是，周某的申请又因张某的阻挠再次失效。

两次通过中间人与张某沟通失败后，周某有些绝望了，很长一段时间闷闷不乐，几乎都丧失了经营基地的信心。但前期已经投入了这么多资金，就此放弃吧，周某心有不甘，于是又一次向璜山供电所申请安装专用变压器。

这次，周某打听到璜山供电所的"电力老娘舅"任炉军与张某是邻居、朋友，于是便请他出面帮忙协调。一听是这么个事，任炉军欣然应了下来。

任炉军与周某交流后才得知，周某一直是托别人与张某沟通，自己一次都没有与张某面谈过，不由得调侃他说："你呀，看上去挺精明，与人交往却是个大白丁！你想要让张某同意，你为什么不亲自去养殖场找他，争取与他面谈一下呢？"周某嗫嚅着说："我开始倒是想去找他，但不认识他，担心他不见我或者见面一口回绝了，以后再也不好请人说和……"

任炉军不以为然道："那你托了这么多人，张某还不是每次都拒绝了。你如果亲自找他，人都有见面之情，说不定效果要好得多。刘备请诸葛亮还三顾茅庐呢，你咋就这么老实呢。"说完，他拍了拍周某的肩膀说："你这次算是找对人了，我和张某是邻居，不看僧面还要看佛面。再说，啥辐射不辐射的，我这个专业电工还能不知道这点科学道理？"

事不宜迟，任炉军和周某说完这番话，便直接去了养猪场找张某，一见面就向对方说明了来意。张某看到自己的老邻居——这个专门帮人办事的"电力老娘舅"亲自登门拜访，也是明人不说暗话，直接说出了自己的担忧："听说高压线辐射太厉害，万一影响了我养的这些猪，我的损失岂不太大了？"

任炉军听后，原来是这个理由，就对老邻居解释说："你听谁说的？这绝对是一种误解！高压线确实有辐射，但那点微弱辐射，也是电磁辐射。如果要对人体产生影响，那它的时变频率要达到3000赫兹以上。我们国家交流电的时变频率才50赫兹，这怎会产生危害？你可能要问时变频率是啥，这是个专业术语，你也没必要知道。你只要记住，因为达不到3000赫兹，高压线根本不会对猪产生电磁辐射。照你听来的这个歪理邪说，我们供电所的工人是不是都不敢去上班了？说到这一点，我们每个人拿的手机有辐射，那为啥国家不取缔！"

听了任炉军这番话，张某将信将疑地问："真是这样吗？那为啥还警示大家远离高压线？"听张某这一说，任炉军哑然失笑，向他解释说："高压线没有辐射，但产生的感应电场或磁场会使人产生感应电流从而造成触电，所以需要保持安全距离。比如，1千伏以下的安全距离是4米左右，1千伏到10千伏的安全距离是6米左右。高压线在设计施工时，对安全距离也都有严格的要求，已充分考虑对生态环境和人体的影响，需要经过严格的检测和验收才能投入运行。说句玩笑话，除非你自己不按警示要求非要往上面扑，否则，你只管放一百二十个心好了。总之，我们引这条专线时，会严格遵守安全距离要求，绝对不会让你养殖场的猪受到影响的。"

任炉军这一番通俗易懂的解释，消除了张某的担忧，但张某又说："你是这方面的专业人士，又是老邻居，你这么一说，我听懂了。但这个周某，一直都是托人与我说事，我还从没见过他本人，是不是根本没把我放在眼里？"

任炉军替周某解释道："他是个外乡人，也是个老实人，之前担心不认识你，怕来找你被拒之门外。你也设身处地为他想一想，异地创业不容易啊。"听任炉军这么一说，张某也释然了。

第二天，任炉军安排周某与张某见了面，两人坐在一起喝茶、聊天，之后又互留了电话。几天之后，周某的电力专线顺利架设，专用变压器也通电运行了。

就这样，一个拖了近两年的"历史性难题"，经"电力老娘舅"出马，几通电话，一次上门，它就彻底解决了。

这真是——

笃信熟人能办事，
活扣拖成死疙瘩。
能人求了一大堆，
不敌娘舅几番话。

电力安全要保障　依法处置是良药

　　"人民电业为人民"是电力企业践行"枫桥经验"的生动写照，这意味着电力企业的一切工作都要围绕着维护人民利益这一主题展开。但人民利益是人民的根本利益，而不是与人民的根本利益不符合的个别人的利益。有人认为，他是人民的一分子，他的个人利益就是人民利益，经常把个人利益凌驾于人民的根本利益之上。对于这种错误的认识和做法，我们决不能姑息迁就，要坚决依法处置，该出手时就出手，以捍卫法律所确立的人民的根本利益。大唐供电所就曾经严格依法处理过这样一起涉电矛盾。

　　西苑村村民吴某的花木基地位于 10 千伏线路的丰木 2883 线、宋家 2881 线的运行区域内，花木基地中有 50 多棵景观松树。多年下来，基地有些树木已触及或穿越上方电力线路的导线，严重威胁着电力线路的安全运行和正常供电。

　　要特别说明的是，丰木 2883 线的运行区域内有一重要电力用户——陶朱初中。每年中考保供电期间，大唐供电所运检班都会花费大量的精力来维护该线路的安全运行。早在 2015 年，大唐供电所相关运行人员就多次与吴某沟通，要求其修剪碰触电力输送导线的树木。但吴某不仅拒绝修剪整理树木，还提出无理赔偿要求相要挟。

　　2018 年 5 月，大唐供电所决定，必须铲除这颗严重影响供电安全的"毒瘤"，消除电力线路安全隐患，确保沿线用电安全和正常供电。然而，鉴于吴某的强烈抵制态度，如果贸然行事，强制进行修剪，必然会引起冲突、激化矛盾，甚至可能发生肢体冲突。这样做既达不到目的，又会将事态扩大。那么，如何顺利去解决这一矛盾呢？

为了有效处理这件事情，大唐供电所所长黄新龙认真思考了很久，还召集同事们讨论，征集好的建议，最后决定借助第三方的力量，先用"文火"煨一煨。

黄新龙先是找到吴某的朋友，与他一同做吴某的思想工作。黄新龙劝解吴某说："你也清楚树木触碰线路之后引发的后果，一旦引起电路故障，沿线各用户受损不说，你也会被追责，自己可以去查一查相关规定。再说了，你现在的情况也违反了《中华人民共和国电力法》。按照规定，供电所有权对树木进行修剪或砍伐，而你不仅不配合还处处刁难。你说应该不应该？"虽然黄新龙已经把利害关系向吴某讲明，朋友也劝他不要一意孤行，但吴某依然态度坚决，不同意修剪他的树木。

这一招不行，那就得联合当地政府部门再加"一把火"。

于是，黄新龙向街道领导汇报了吴某花木基地里的树木对上方电力线路产生威胁的险情，请求街道出面与他进行沟通。街道领导很重视，立即派人联系吴某，与吴某沟通协商。但吴某仍不听劝解，并表示如果供电所修剪或砍伐他的树木，必须赔偿他3万元。否则，谁也别想动他的树木一根枝条，谁动他就跟谁拼命。

眼看吴某油盐不进，把供电所和街道的劝解都当成耳旁风，黄新龙决定拿出最后一招，请求派出所出面依法解决。

黄新龙向工业新城派出所详细汇报了吴某花木基地的树木对电力线路所造成的安全隐患，并指出吴某拒不配合供电所修剪树木的行为，已经严重违反《中华人民共和国电力法》第五十三条规定。按照法律规定，要由政府部门责令强制砍伐或者清除。工业新城派出所对此事高度重视，对大唐供电所的工作也表示全力支持。

随后，工业新城派出所依法传唤了吴某。执法民警先向吴某说明，供电所修剪碰触了电力线路的树木是依法履职行为，然后指出，吴某提出的高额赔偿要求没有法律依据，是无理要求。即便如此，吴某依然不同意供电所修剪树木。无奈之下，大唐供电所与派出所协商后，决定依法开展修剪工作，并确定了具体日期。依法修剪时，派出所将安排专人在所里待命，以便随时出警协助供电所施工。

2018年7月某日，大唐供电所组织运检班相关人员15人，会同大唐镇陶朱街道的工作人员于早上8点30分开始进场，修剪和清理吴某花木基地中已触及或穿越丰木2883线、宋家2881线的树木。到上午12点，供电所工作人员顺利完成了清理任务，其间没有受到任何阻挠。事后，吴某也没有滋事。

通过此次事件，"电力老娘舅"黄新龙有三点感受：一要用心，对有问题、有困难、有矛盾的事件，要用心思考，制订出详细的解决方案、步骤和计划，要考虑到其中可能出现的困难和问题；二要讲理，要充分利用可用的资源，及时与当事人沟通，向当事人摆事实、讲道理；三要依法处置，不要与无理取闹的人发生正面冲突，如果遇到无法解决的问题，要充分利用法律武器保障电力安全。

这真是——

> 国家电力有立法，
> 岂容随便去践踏？
> 敬酒不吃吃罚酒，
> 人民利益比天大！

晓之以理天地宽　动之以情入人心

　　这些年，大家都在感叹，电力行业的服务是越来越好了。然而，就在电力行业服务水平不断提升的同时，各种新形式的矛盾纠纷也在不断出现。如何有效地解决这些矛盾纠纷，对电力行业仍然是一个考验。在"电力老娘舅"俞铁瑛看来，要处理好各类矛盾纠纷，就要用心、用情与用户沟通，只要真心实意付出，就会打动用户，取得良好的效果。

　　在农村涉电政策处理工作中，不仅要考虑人情世故，还需要找到问题产生的根源、找准问题解决的切入点，之后只要"理到情在"，涉电矛盾纠纷就很容易化解。在陈宅镇大罗村网改施工过程中，俞铁瑛就遇到了一件难缠的事儿，但经过他的不懈努力，这件事最终得以圆满解决。

　　事情的起因是，网改架线时要固定一根拉线，需要在村民吕大伯家的农田里立一根电杆。然而，吕大伯出于自身利益考虑，死活不同意在自家田里立这根电杆。事情看似简单，但既要使电力施工顺利进行下去，又要搞好与吕大伯的关系，不让矛盾激化，就不那么容易了。如何做好这项涉电政策处理工作呢？这确实是个考验。但对"电力老娘舅"俞铁瑛来说，处理各种疑难问题已经是家常便饭了，遇到再难的事儿都要迎难而上。

　　俞铁瑛是璜山供电所高压运检班员工，从事电力工作已有30多年，也是供电所的资深"电力老娘舅"，目前的主要任务就是做好群众的涉电政策处理工作。接受解决与吕大伯家矛盾的任务后，俞铁瑛明白，这只能反反复复地做用户的思想工作，跟用户摆事实、讲道理，让他们明白农村电网改造是一项公益事业，主要是为了改善村民的用电环境。如果大家都阻挠电力施工，电网不升级，改造就没法完成，村民们将来的用电质量就会越来越差。到时连正常用电都不能够保证，又该怎么办呢？

于是，俞铁瑛找到了吕大伯，耐心地解释和劝说。终于，吕大伯松口了，对俞铁瑛说：“这些大道理我也懂，农村电网改造是集体的大事情，都是为了大家好。但是，也不能为了保障大家利益，而不顾我个人的损失吧？我也不是不让立这根电杆。不过，为大家的事让我家遭受损失，是不是应该有点补偿？”

俞铁瑛一听，立马向吕大伯表示：“在你家地上立杆是为大家，其实也是为你家，但这的确给你带来了损失，供电所为此也制定了赔付标准。”

吕大伯听俞铁瑛这么一说，也干脆把话说到明处：“刚才你跟我讲这么多道理，那你听听我说的有没有道理。你们在我的承包田里立一根电杆，占用田地的损失不算，也给我以后种田带来了很多麻烦，最起码收割机不能用了，这个损失怎么算？你们的政策只是一次性赔偿青苗损失费，这方面的间接损失并没有算进去，所以，我是完全不能接受的。”

听了吕大伯的赔偿要求后，俞铁瑛认为事情还是有转机的，又耐心劝解道：“吕大伯，我十分认同你所说的话，也明白你为此做出的牺牲，但你这牺牲是为了让大家的用电环境得到改善，是为村集体做出了贡献，大家都看在眼里，对你也是非常感激的。我认为，与你这点间接损失相比，你为此在村上获得的认可和尊重显然更重要。再说了，其他人都很爽快地同意了按标准赔付，只有你还在提这要求那要求的。原本你做出了牺牲，大家都会记你的好，你这样一闹岂不是好事白做了？你这牺牲和付出不就没价值了吗？我和你也算是亲戚，你就卖我个面子吧。若是连你的工作都没法做通，我怎么去说服其他人啊！”

最终，在俞铁瑛动之以情、晓之以理的劝解下，吕大伯同意了施工队在自家农田里立电杆，也接受了供电所的赔付标准，大罗村的网改施工也得以顺利推进。

这真是——

同样一根电线杆，
前后认识不一般。
晓之以理天地宽，
动之以情入人心！

细心经理观端倪　孝义儿媳代缴费

2021 年 6 月，璜山供电所的"电力老娘舅"祝其新通过系统监测到，陈宅镇陈宅村的一位用户拖欠电费已达 900 余元。对该用户的情况，祝其新比较了解，家中就住着一位老人，根本不可能使用大型用电设备，怎么会拖欠这么多电费呢？为了消除心中的疑虑，他立即赶往用户家中一探究竟。

这户人家确实只住着一位老太太，家中近年也没添置什么大型用电设备，就那几件家庭常用的电器，根本不可能产生那么大的用电量。那这笔大额电费是怎么产生的呢？与老人沟通时，她也挺纳闷，但说不出所以然，只是反复对祝其新唠叨："你们也看到了，我一个老太太根本不可能用这么多电，到底什么原因，我也不知道，你们得帮我查出来。"

祝其新决定仔细排查一下老人家里的线路和家用电器，帮老人找出电量异常的原因。忙活了大半天，祝其新终于发现了问题所在，原来老人家里有个电器有漏电问题。幸亏及早发现，否则就不仅仅是在金钱上遭受损失，稍有不慎还可能会有性命之忧。

原想这一安全风险被祝其新及时发现并主动排除了，没有给用户造成更大的损失，这事儿就可以高高兴兴地画上一个句号了，谁料想却招来了用户不愿意缴费的大麻烦。这位老人认为，既然这些电是"漏掉"的，那就不是自己"用掉"的，既然自己没"用掉"这些电，那就不应该由自己去缴纳这笔钱。听了老人这番不应当支付这笔电费的歪理，祝其新一时间哭笑不得。

祝其新只得耐心地向老人宣讲了一通有关电力的政策规定，明明白白地对她说："如果是入表前线路漏电造成的损失，肯定由供电公司负担。但线路入户后，用户家里电器漏电、线路短路等造成的损失，是用户自己的责任，因此这笔电费肯定得如数缴纳。"

祝其新讲了半天，但这位老人家根本不认可，还认死理道："不是我烧饭烧水用的，我就不该缴这个电费。你们定这么些规定，都是为了多收钱，为什么不可以改改，让老百姓少缴点钱？"讲理的遇上一个不讲理的，祝其新最终也无话可说了。

祝其新心里也明白，老太太那是心疼钱，觉得自己没用电却要缴电费，很"冤枉"。既然老太太一时转不过弯来，不愿意接受自己说的道理，就下次再讲吧。祝其新打算先将此事放下，等过几天再去做老人的工作。

几天后，祝其新又一次前往这位老人家中，心想老人冷静了几天也许会想明白其中的道理，谁料老人的态度还是那么坚决，说不是她用的电就不能交这个钱。之后，祝其新去了一次又一次，但都被老人"怼"了回去。

因为面对的是一位年迈老人，祝其新要拿捏好说话的分寸，讲究方式方法，不能让老人为这事生气或想不通。万一她身体出了状况，有个三长两短，搞得四邻不安，那真是一波未平一波又起了。对老人来说，祝其新登门陪着聊家长里短可以，但一说到缴电费，老人就闭口不言了，铁了心似的不愿付这笔电费。祝其新见这种情形，估摸着老人的思想短时间内很难改变，便决定改变策略，找其亲属做做工作。

祝其新四处打听，找到了老人的儿子家，恰好老人的儿子儿媳都在家。于是，祝其新动之以情，晓之以理，向老太太的儿子儿媳讲明，用户无故拒不缴纳电费，供电所是可以开停电通知单，让用户无法用电的。之所以没采取停电措施，主要是考虑到老人年事已高，处理问题不能心急。再加上，电费大多是由于电器漏电而产生的，用户没有主观过错，一时不能接受也情有可原，所以，供电所的处理还是以说服讲理为主。

祝其新继续做老太太的儿子儿媳的工作，说："我都来了很多次，老太太一直都是这么个态度，拖着不愿缴电费。这次想请你们帮忙说服老人，积极配合电力部门的工作，主动把这笔电费缴上。如果你们觉得不合理，也可以走投诉渠道，我们肯定会依规受理，给用户一个说法的。如果一直这样拖下去不解决的话，我们最后也只能依规停电了，到时闹得街坊四邻看热闹，老人可能还会因此置气生病，你们说这是图啥嘛……"

老太太的儿子儿媳见"电力老娘舅"为了这件小事三番五次登门，一次次无功而返，心里觉得很是过意不去。虽然老人仍然不愿意缴纳电费，但她儿子儿媳是明白人，完全认可祝其新所说的道理，也为祝其新认真负责的工作态度所感动，当场替老人缴了电费。

这真是——

心中常揣一杆秤，
尽心尽力为群众；
不怕麻烦做工作，
金石为开皆高兴。

私将单相变三相　甘愿认罚又认错

2018年2月23日，浬浦供电所值班人员在查看专门监控用电实时状态的"用电采集系统"时，发现"用电采集系统"出现线损异常情况，值班人员立即通知低压服务班班长孙伟杰，请其协助查清台区内各线路的运转情况。

经初步排查，孙伟杰确定是外浦村这个台区出现了线损异常情况。要搞清楚具体原因，必须到现场检查，才能确定究竟是设备故障还是有人窃电。

于是，孙伟杰与"电力老娘舅"黄信祥前往外浦村进行实地调查。

孙伟杰与黄信祥对外浦村的电力用户很熟悉，进村后逐家逐户一一排查。在检查到一半用户时，孙伟杰与黄信祥发现一村民正在新房内进行装潢。一般来讲，装修机械大都需要三相电，而一般用户家中使用的都是单相照明用电。两人还未进屋，他们就从安装在廊檐下的电表上发现了端倪，果然有一路私接的"三相电"插板正在表外运行。

对于一般用户来讲，他们并不具备将单相电私自"转换"为三相电的专业知识。那么，这户人家究竟是请人私下修改了线路，还是本身多少懂点用电知识而自己动手改装的呢？按照法律规定，这属于"窃电"行为，是违法的。当然，如何认定以及处理还要根据具体情节依法来定。为了确定户主是否故意为之，孙伟杰与黄信祥便向该村民详细问询，了解情况。

谁知道，该村民听到孙伟杰与黄信祥解释他家的"三相电表"的线路属于私接电线后表情愕然，随即向两人如实讲述了整个过程。据该村民讲述，他家电表外的电线是在地暖铺装完之后接上的。因为后面的装修施工很多都需要用到三相电，给他家安装水电的工人说自己会接线，临时用几天没问题。于是，在不清楚也不了解的情况下，自己也就稀里糊涂地同意水电工把线接上了。

在与该村民谈话过程中，孙伟杰、黄信祥见对方态度比较诚恳，言辞间并没有掩饰和狡辩，故初步判断该村民不像是故意窃电，只因不懂电力法规，贪图装修施工方便，就轻率同意装修工人违法接线。

不过，无论懂与不懂，私接电路已经造成"窃电"，对用户得严肃教育，并根据有关法规做出相应处罚。于是，黄信祥向该村民宣讲相关法律规定，告知他按照《电力供应与使用条例》第三十一条规定，在电表外私接三相电已构成"窃电"，属违法行为。依照《中华人民共和国电力法》第七十一条、《供电营业规则》第一百零二条规定，对违法行为，除追补已经盗用的电费1500多元之外，还须同时处以电费的3—5倍罚款。

听了黄信祥耐心细致的宣讲，该村民明白了自己行为的性质和后果，当即表示愿意接受经济上的处罚，并希望"电力老娘舅"能原谅自己这次的错误。

鉴于该村民属于初犯，认错态度诚恳，违法情节显著轻微，且能够积极配合查处，又考虑到事出有因，也符合从轻处罚的有关规定，孙伟杰与黄信祥商议后，决定对该村民从轻处罚，即按电费的3倍予以处罚。该村民对此处罚结果没有异议，同意如数缴纳罚款。

在完成了追补电费、罚款、拆除私接电线后，黄信祥不失时机地对该村民进行安全用电的宣传教育，并提醒他用电必须申请，绝不能私拉乱接。

鉴于装修施工后续还得用电，黄信祥建议该村民向供电所提交一份电力增容申请表，最迟三天内就可完成装表。该村民对这样的处理很理解也很满意，但担心时间太久会拖延家中装修进度，便询问他俩办理"增容"是否麻烦，是否能快一点。

孙伟杰和黄信祥商量后觉得，如果抓紧一些，一天内也可以争取办成这件事，就答应了村民的请求。第二天，该村民按时赶到供电所，一进门就遇到了正在等待他的"电力老娘舅"，"电力老娘舅"帮他到有关科室提交了电力增容申请。

不到半天时间，澧浦供电所就批准了申请，随即安排施工队为他安装好了安全、合法的三相电。

这真是——

> 私将单相变三相，
> 诚恳认错得原谅。
> 娘舅人性化处理，
> 双方心情皆欢畅。

新村建成电入户 架设电杆出事端

处于草塔供电所服务区的五泄镇五泄村规划了一块新宅基地，总共可以建造 12 栋房子。五泄村向草塔供电所提出申请，要求新增一条低压线路，以满足新住宅区内村民的基建和生活用电需求。

草塔供电所接到五泄村的申请后，立即上报运检部门。运检部门批准之后，草塔供电所便组织设计单位与村里一起规划设计电力线路。双方经过协商，决定将这条低压线路架设在最前面一排房子门口的小路与大路的交接处。

之后，草塔供电所上报工程预算，在运检部门审批完成后，施工班与村干部一起对低压线路进行定位，以落实施工方案。就在这时，村民李某站出来阻挠，表示不同意在自己房子附近立电杆。为了确保施工按设计线路方案进行，草塔供电所的"电力老娘舅"章炳辉便与五泄村村主任一起去协调这事儿。

找到李某后，章炳辉告诉他："这个线路方案是供电所、设计单位与村里共同商量后确定的，经过了多次论证，考虑到了方方面面的情况与村民们的需求。现在马上开始施工了，不能再随意更改。就拿你家附近立的这根电杆来说，我们当时就考虑到你家门前以及视线的实际情况，特意将电杆的位置移到你家与邻居家屋基的中间，使低压线路距离你家房子 6 米多，既保证了安全距离，又不会影响你建造房子，还能满足你家的基建和生活用电需求。"

尽管章炳辉有理有据，但李某并没有被打动，依旧不同意将电杆立在自己房子附近，反驳说："你们为什么要把电杆立在这儿？其他家房子附近也可以立杆嘛。有这么多可以选择的地方，你们为什么偏要选这个地方？"听了李某的话，章炳辉反问道："如果人人都像你这样不同意把电杆立在自己家附近，那你认为这电杆还能立在哪儿呢？"

见李某嘴唇嗫动半天也没有说出话来，章炳辉接着说："你不要以为这线路可以按你想象的随意布置，走不了这边也可以走那边。要是这样，我们根本不用花那么多时间、精力去讨论了。架设你们村上这条线路，既要考虑你们建房的规模、布局，还要兼顾安全、便利和节约的原则。你也看到了，附近有电杆的并不止你们一家，其他人都对线路规划表示认可，为什么你就不同意呢？"

章炳辉劝说李某时，村主任也一直在旁边敲边鼓，他对李某说："事关这么多户人家，还是不要太计较。否则，耽误了工期，大家乔迁新居的好事也都耽搁了。"

就这样，章炳辉苦口婆心地与李某沟通了很长时间，但他仍旧表示不同意立杆。事情到了这一步，章炳辉与村主任都颇感无奈，于是打电话给村书记，请村书记过来一起说服李某。村书记到达现场后，三人一起再做李某的思想工作。说了半天，李某还是不同意。村书记见状，便毫不客气地对李某说，"全村人都像你这样，都不愿意让电杆立在自己家附近，你说说这电线怎么进村？按照最初设计，这根电杆的最佳位置正好是你家屋子前边。你想想，出门就看见一根电杆舒服不？为了照顾你家，供电所和村里反复研究，还增加了施工难度，才把电杆移了位，放到了小路口那边。人嘛，都应当讲点理！如果当初知道你现在这个态度，就应该不变设计，直接把电杆立到你家屋子前！"

李某一听，原来这件事背后还有这么多曲折，顿时觉得理亏，便没敢再吭声。

这个时候，章炳辉又开口了，依然和风细雨地说："建新房是大家的一件大喜事。你一味拦着不让竖电杆，大家没法按原定计划建房子、迁新居，到时大伙儿都把这账记在你头上，你以后在村里还有脸见大家吗？"听章炳辉说到这儿，村书记趁机插话说："多余的话不说了，你再不同意，我们就按原设计方案，把电杆立到你家房屋前面去，不能因为你一个人耽误了大家的好事。"

本来就觉得自己理亏，听村书记这么一说，李某立马示弱说，自己当初真的没想到电杆移位会这么麻烦，既然是这样，还是按供电所和村里的规划设计，把电杆立在现在规划的位置上吧。

就这样，在村书记和村主任的助力下，章炳辉终于把这块"拦路石"搬开了。

他感到高兴的同时也深深体会到，基层电力服务工作离不开基层干部的支持，遇到难题一定要积极寻求他们的帮助，众人拾柴火焰高嘛！

这真是——

新村规划要建设，
进村电杆没处搁。
热心感化刁难人，
换得四邻笑呵呵。

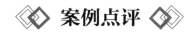

案例点评

百炼钢化绕指柔："电力老娘舅"妥善化解
涉电纠纷的"枫桥经验"

朱继萍（西北政法大学教授）　项楚（西北政法大学硕士研究生）

　　"枫桥经验"是以预防和化解社会矛盾纠纷为切入点所形成的基层社会治理样本，自20世纪60年代初产生以来，经历了改革开放、新时期、新时代等不断创新发展的历程，现已确立为我们党领导人民创造的一套行之有效的基层社会治理方案。新时代"枫桥经验"的精神和理念已经贯穿各行各业，包括电力企业。国网诸暨市供电公司凭借"枫桥经验"发源地的地域优势，率先开始了电力企业践行新时代"枫桥经验"的探索，形成了电力企业的"枫桥经验"。"电力老娘舅"们通过调解妥善化解涉电纠纷的一个个鲜活事例就是生动写照。

一、妥善化解涉电纠纷是电力企业践行新时代"枫桥经验"的主题实践

　　"枫桥经验"是基层群众在预防和化解社会矛盾纠纷过程中所形成的典型经验。在党的领导下，抓基层、打基础，紧紧依靠广大群众，就地解决矛盾纠纷；坚持预防在先、工作在前，努力把不稳定因素解决在基层，解决在内部，解决在萌芽状态；力争早发现、早报告、早控制、早处置，是"枫桥经验"的典型做法，用大家耳熟能详的一句话来说就是"小事不出村，大事不出镇，矛盾不上交"。

从党的十八大开始，我们开启了新时代中国特色社会主义建设的伟大征程，这是在习近平新时代中国特色社会主义思想指导下，为实现中国式现代化和中华民族的伟大复兴继往开来的时代。新时代的"枫桥经验"以人民为中心，坚持党的群众路线，为实现中国式现代化，聚合和发挥基层社会治理的力量和智慧，通过系统治理、综合治理、源头治理、依法治理，化解各类基层社会矛盾纠纷，实现基层社会平安和谐的目标追求。

企业治理是基层社会治理的基本单元。企业是参与基层社会治理的重要主体之一。企业在经营过程中经常会遇到各种矛盾纠纷：有企业内部的，如企业与职工、职工与职工之间的矛盾纠纷；也有企业外部的，如企业与外部、企业职工与外部的矛盾纠纷。将新时代"枫桥经验"运用于企业治理，不管是内部的还是外部的，解决这些矛盾纠纷时都要系统谋划、通盘考虑，充分调动企业员工的积极性，密切联系社会各方面力量，依法积极和主动地去处理，尽可能把矛盾纠纷消灭在萌芽状态。

电力是经济社会发展的重要能源，是国民经济的基础产业。一直以来，国网诸暨市供电公司坚守"公共服务者"的准确定位，以"电保姆"自居，不做"电老虎"。为承担好基层社会治理单元的政治责任和社会责任，在解决地方经济社会发展面临的电力供需困难过程中，国网诸暨市供电公司积极践行"枫桥经验"，以人民为中心，为了人民，依靠人民，坚持走群众路线，妥善化解电网发展中电力企业内外部的各类矛盾纠纷，为实现诸暨百万父老乡亲从"无电用"到"有电用"、从"用上电"到"用好电"提供稳定、可靠的保障。

为把"枫桥经验"的核心内涵融入国家电网，国网诸暨市供电公司在现代企业治理结构之中嵌入了企业综治平台，将"和谐电力、和谐企业"作为目标，坚持"人民电业为人民，矛盾化解在基层，专业服务到家门"的理念，通过理念结合、专业契合、岗位融合，全面整合各方资源，做到社会治安联防、重点工作联动、治安突出问题联治、服务管理联抓、基层平安联创、矛盾纠纷联调。

国网诸暨市供电公司成立了电力综治中心，下设"三室一队"，即电力调解室、电力警务室、信访接待室和电力党员服务队，整合应急联动、信访接待、矛盾调解等功能；还成立了电力纠纷人民调解委员会，依托司法部门、调解志愿者联合会等第三方力量，聘请律师、调解志愿者和相关领域专家，合力化解各类涉电矛盾纠纷；此外，选聘了群众信任、业务过硬、经验丰富的供电所一线员工担任"电力老娘舅"，及时化解涉电矛盾纠纷，维护社会稳定。

二、"电力老娘舅"是电力企业妥善化解涉电纠纷的基层主力军

自 2013 年以来，国网诸暨市供电公司在积极探索新时代"枫桥经验"的电力实践过程中，提出了"党建引领、群众路线、法治思维、源头治理、网格智治"20字工作法。要落实 20 字工作法，就必须进一步夯实基层组织，壮大基层工作力量，强化基层基础工作，通过多种途径有效地开展矛盾排查，将苗头性、倾向性问题予以过滤，避免矛盾发生；对已经发生的各类矛盾纠纷，积极主动地通过调解有效化解，真正做到将矛盾纠纷控制在源头、化解在基层。为此，国网诸暨市供电公司打造了一批冲在化解涉电矛盾纠纷第一线的排头兵——"电力老娘舅"队伍。

浙江一带将有威望、讲公道的年长者称作"老娘舅"，国网诸暨市供电公司将群众信任、业务能力过硬的一线员工聘为"电力老娘舅"。"电力老娘舅"有电力专业知识，工作经验比较丰富，善于摆事实、讲道理，大多还是"生于斯，长于斯"的本地人，熟悉当地风土人情，因而深得群众的信任。他们在各自的工作区域，针对不同的服务对象，通过密切联系用户、定期上门沟通、及时发现并解决问题等，在公司和客户之间架起了"连心桥"，是国网诸暨市供电公司践行"枫桥经验"过程中一支素质过硬的基层队伍。

改革开放已 40 多年，我国社会的主要矛盾已转化为人民日益增长的美好生活需要和不平衡不充分的发展之间的矛盾。在电力建设和服务过程中，除了企业与职工、职工与职工之间的矛盾纠纷外，电力公司经常面对的"治理风险"是企业与用户之间的矛盾纠纷，如果处理不好，不仅会损坏企业的声誉，还会妨碍企业的事业发展，甚至影响地方的稳定发展。

为了妥善解决企业与用户之间的涉电矛盾纠纷，国网诸暨市供电公司建立了以"电力老娘舅"为基础力量的多元矛盾纠纷化解机制。出现涉电矛盾纠纷时，先由"电力老娘舅"到工作区域进行现场调解；"电力老娘舅"调解不成功的，电力调解室以及其他调解力量再行介入。"电力老娘舅"、综治中心调解员以及其他调解力量，秉承功能互补、优化资源配置的原则紧密衔接，有效、及时地化解涉电纠纷。从本书选编的"电力老娘舅"妥善化解涉电纠纷案例中，我们可以看到，无论是协商青苗补偿、改造线路还是处理投诉，哪个地方出现了涉电纠纷，哪个地方就有"电力老娘舅"的身影，他们总是在第一时间赶到现场，有条不紊

地开始现场勘察、访谈调查等一系列工作，之后通过各种途径、想尽各种办法去做用户的工作。正是由于他们锲而不舍的努力，很多涉电纠纷才能够妥善化解。

"电力老娘舅"队伍作为国网诸暨市供电公司化解电力矛盾纠纷的基础力量，其妥善化解涉电纠纷的探索实践，是国网诸暨市供电公司践行新时代"枫桥经验"，坚持党的群众路线，以人民为中心，一切为了人民、一切依靠人民的有力彰显。

三、真诚、耐心、公道是"电力老娘舅"妥善解决涉电纠纷的重要法宝

涉电矛盾纠纷情况多样，有些看似寻常但因日久天长早已积水成渊，还有些看上去并无大碍但其实利益纠葛盘根错节。但无论情势如何复杂、任务如何艰巨，"电力老娘舅"秉持"真诚、耐心、公道"的原则，都能有效及时地化解这些矛盾纠纷。在他们看来，真诚是真正的捷径，耐心是成功的关键，公道是最大的面子。

真诚就是真心实意，坦诚相待，以心换心。在人与人的交往过程中，只有真诚，才能打动和感动他人，得到他人的信任。对"电力老娘舅"来说，真诚对待用户，设身处地为用户着想，赢得用户的信任和支持，是解决涉电矛盾纠纷的制胜法宝。如《言语不当惹矛盾　真挚道歉释前嫌》中，"电力老娘舅"到村里处理村民的网上投诉时，不仅自己多次向村民道歉，还带着涉事的施工人员上门向村民赔礼道歉。村民为"电力老娘舅"这番真诚所打动，最终表示谅解。又如《晓之以理天地宽　动之以情入人心》中，为保障网改架线工程顺利进行，说服吕大伯同意在他家农田里立电杆，"电力老娘舅"一次次找吕大伯做工作，苦口婆心地解释和劝说。在"电力老娘舅"一番努力下，吕大伯最终同意立电杆，并接受了供电所的赔付标准。

电力企业为用户提供优质服务，耐心是关键，尤其是面对涉电矛盾纠纷时。很多涉电矛盾纠纷看似简单，但因当事人不愿意妥协或者彼此之间积怨已久等，实际上很难解决，需要"电力老娘舅"一而再，再而三地给当事人做工作，这个过程甚至要持续几个月。在这个意义上，"电力老娘舅"之所以能够妥善化解矛盾纠纷，是因为他们的耐心，也就是坚持不放弃的决心。如《积怨日久难消除　别开蹊径息事端》中，"电力老娘舅"为了能够立杆架线，不厌其烦、不辞

劳苦多次到村民家里、上班的工厂给夫妻俩做工作，最终打动了这对夫妻，使他们同意在自己地里立杆架线。又如《前嫌未释生怨气　真诚道歉换笑颜》中，"电力老娘舅"面对老人坚决拒绝在其房屋墙壁上走线的情形，先后多次上门做老人的工作，在村干部甚至媒体记者都没能动摇老人念头的情况下，最终做通了老人工作。

"电力老娘舅"要妥善解决涉电纠纷，除了真诚、耐心外，还要公道。在"电力老娘舅"陈仲立看来，公道是最大的面子，他在解决施工现场发生的翻车事故赔偿纠纷时，就是凭借公道赢得了当事人的信任，使争议双方很快就赔偿数额达成一致。要做到公道，就要尊重涉事双方，不偏不倚，只有这样，当事人才会信服，老百姓才会认可。如《施工泥水进民居　尽职尽心做理赔》中，"电力老娘舅"通过研究图纸和勘察现场发现了设计和施工中存在的问题，据理力争维护了受损害一方的权益；《修整树木惹纠纷　秉公协调不护短》中，"电力老娘舅"在处理施工人员因公损坏村民景观树时，没有一味护短，对于村民的得理不饶人也没有过于苛责，而是公允地提出应给予村民一定的赔偿。正是这些公道的做法，让"电力老娘舅"赢得了村民们的尊重和支持。

四、善用巧用并不断创新调解方法是"电力老娘舅"化解涉电纠纷的应对之策

妥善化解涉电纠纷，除了要做到真诚、耐心、公道外，还需要善用巧用并不断创新调解方法。纠纷在本质上是一种利益冲突，其根源是人的需求。需求不同，调解方法当然应该有所不同；矛盾纠纷是多元的，调解方法也应该多样化，恰当的调解方法能取得事半功倍的效果。"电力老娘舅"在妥善化解涉电纠纷时，通过自己的摸索形成行之有效的调解方法且不断创新，如背靠背调解法、换位思考法、重点突破法、模糊处理法、事实验证法、亲朋疏导法、联合调解法等等，并将它们活学活用于各种涉电纠纷化解之中。正是凭借这种本领，"电力老娘舅"才成功地化解了一个又一个涉电纠纷。

在调解过程中，若是一上来就让双方面对面，很容易发生争执。要先听一方诉苦，让其泄了心中的火气，待拉近彼此之间的距离，然后再与他讲理；等与两边都谈妥后，再让双方在一起协商，直至大家握手言和，这就是背靠背调解法。只要纠纷当事人是两人以上的，"电力老娘舅"都会使用背靠背调解法，这也是

他们最常用的调解法。

有些矛盾纠纷，即便供电公司没有什么责任，"电力老娘舅"在调解过程中也会换位思考，从为客户着想的角度做出妥协和让步。如《抢修惹恼喜宴客　人性执法和为上》中，"电力老娘舅"面对村民无理干扰施工并故意伤害抢修人员的恶劣行为，就运用了换位思考法，考虑到村民家里正在办喜事又是在过年期间等一系列因素，请求派出所对村民宽大处理。

"熟人文化"是中国传统文化的延续。在这种文化氛围中，人们遇事最先想到并求助的是亲朋好友，也就是说，与陌生人相比，人们更信任亲朋好友。"电力老娘舅"在化解涉电纠纷时，在自己努力多次却无法说服当事人的情况下，经常会使用"亲朋疏导法"。如《细心经理观端倪　孝义儿媳代缴费》中，老太太无理拒缴电费，"电力老娘舅"除了一遍遍做她的工作、耐心向她宣传解释相关的政策法律外，还打听并找到老太太的儿子儿媳，通过向他们释法明理，最终解决了老太太拒缴电费问题，这里使用的便是"亲朋疏导法"。

还有些涉电纠纷，因为缺乏让当事人信服的证据而迟迟得不到解决。"电力老娘舅"为了拿出有说服力的证据，也是想尽了各种办法。如《私动电表接错线　娘舅细究解纷争》中，"电力老娘舅"为了说服当事人，通过互换表后线进行前后电费比对试验，试验结果令当事人无话可说，也使得这起涉电纠纷很快得以解决。此外，在《一箱两表起摩擦　娘舅调解表分家》中，"电力老娘舅"还运用了"模糊处理法"，使得两家邻居因移电表引发的纠纷得以顺利解决。

在涉电矛盾纠纷中，用户的诉求并非都合理合法，对那些不合理也不合法的诉求也不能一味姑息迁就，该依法处理的也要严格依法处理。如《电力安全要保障　依法处置是良药》中，为保证电力安全需要修剪吴某花木基地的树木，对此吴某先是拒绝，后又提出无理的赔偿要求。为此，"电力老娘舅"先找了吴某的朋友做他的工作，后又请街道出面与吴某沟通，但都没有打动或说服他。无奈之下，"电力老娘舅"只好请派出所出面依法解决。在派出所的大力协助下，供电所顺利完成了修剪吴某花木基地树木的任务。

总之，在国网诸暨市供电公司弘扬新时代"枫桥经验"的实践中，"电力老娘舅"作为奋战在基层一线的排头兵和主力军，以他们的真诚、耐心和公道赢得用户的信任和支持，通过善用巧用并不断创新调解方法妥善化解各种涉电纠纷，身体力行地发扬光大电力企业的"枫桥经验"。

第二章

全心提供优质服务

QUANXIN TIGONG YOUZHI FUWU

话说两件蹊跷事　略表一片爱民心

　　"枫桥经验"在诸暨已深入人心，各行各业都在创新和发展新时代"枫桥经验"。至于"电力老娘舅"践行"枫桥经验"、助民为乐的故事，那真是说也说不完。陈玲就是电力企业践行"枫桥经验"的新生代中的一员。

　　陈玲在暨阳供电所从最初的抄表员、收费员到现在的台区经理，已经工作了十多个年头，磕磕绊绊一路走来，从最初什么也不懂的小丫头到现在已成长为能独当一面、处理形形色色矛盾纠纷的"电力老娘舅"了。

　　陈玲经常翻看弘扬"枫桥经验"的品牌调解工作室——"老杨调解中心"调解矛盾纠纷的案例，深深体会到居民事无小事，只有把居民的事当回事，动之以情，晓之以理，才能得到居民们的理解和配合。所以，要做好"电力老娘舅"，不仅要有丰富的工作经验、娴熟的调解技巧，还要有一颗为民服务的真诚之心。

　　在陈玲管辖的范围内，每个表箱的显著位置都张贴了她的小名片，上面留着她的手机号码。照陈玲的话说，这是为了方便用户在第一时间找到"电力老娘舅"，反映他们的生活用电问题。因为这个"电表箱名片"，陈玲经常会接到一些投诉电话，其中处理的两件"蹊跷"事，让她记忆犹新。

　　一天中午，陈玲接到了桂花园一个用户通过"电表箱名片"打来的电话，诉说她家这个月电费特别高，她觉得一定有问题，继而发了一顿牢骚。陈玲耐心听完，挂了电话便第一时间赶到现场。她检查之后发现，本单元402室与501室的表后线粘在一起了！这样一来，两家的用电就混在一起了。这电费可咋算呢？

只能是分摊了，但怎么分摊呢？又没有什么好办法去估算这两家的用电量，电费如何分摊也没有什么依据。

面对眼前的难题，陈玲没有乱了阵脚。她把两户人家叫到一起，如实向他们解释了表后线粘连的事儿，建议大家坐下来好好讨论一下电费如何分摊的问题。一听是这么个事儿，两家人倒是坐在了一起，但都"摆事实"说自家用电量不多，不愿多分摊电费。501室户主说，他们家很少住人，几乎不用电的；402室户主则说，他们家烧饭都不用电磁炉，电用得很少……说来说去，这电费究竟如何分摊，两家人还是统一不起来，一时之间僵持不下。

这种结果，陈玲早已预料到。她不急不躁喊来同事把他们两家的表后线重新整理接好，之后又换了新的空气开关。把这些事儿处理好后，她才和风细雨地对两位户主说："这件事情虽然是个意外，但也未必是件坏事。楼上楼下的，邻居们白天各忙各的工作，回来吃饭之后又熄灯睡觉……可能做了十多年的上下楼邻居，都没说过一句话。一根电线把你们两家连在一起，这不是缘分是什么？今天咱们不讲电费分摊这事，大家都回去从邻里关系的角度考虑一下，下次我再来听听你们的意见。这件事总归是要有个解决方案的。"

过了几天，陈玲估摸着这两位户主考虑得比较成熟了，于是再次上门协商电费分摊的事。可能是陈玲上次说的话对他们有所触动，这次双方的语气都比较缓和，没有为谁多分摊谁少分摊争得脸红脖子粗，但对如何分摊还是没能达成一致。这次调解又无功而返。

第三次上门前，陈玲是给自己打足了气的。她不住地念叨：我是一个"电力老娘舅"，是代表供电公司来解决问题的，要做好中间人，对用户要态度诚恳、话语暖心……进了门，等她说完那些劝解、开导的话后，两位户主大概觉得为这事儿让陈玲跑了几趟、费了这么多口舌挺不好意思的，于是爽快地同意了陈玲提出的一家一半平均分摊的方案。这事情就这样顺利解决了。

还有一件小事，也让陈玲记忆深刻。江东新村一位用户通过"电表箱名片"打来电话，说她江东新村的房子两年前就卖掉了，但还是断断续续被扣了几笔电费，总共有四百多元，希望陈玲帮忙把这些钱要回来。

陈玲一听，这个事情不大却有点棘手，主要是时间长了，现在的户主不知道是个怎样的人。陈玲有些忐忑地拨通了户主的电话号码，向她表明身份，讲清事情的缘由。这位户主姓张，她一口咬定说电费都是自己缴的，是绑定了银行卡代扣的，户名也已过到自己名下，别人怎么可能替自己家缴电费呢？如果真出了这样的问题，那也是供电公司的责任而不是她的。说完，张某啪的一声挂了电话。

陈玲明白，网上扣费绝对不可能出现同时扣用户两笔电费的情况，于是再次联系张某，好说歹说，对方总算同意约时间对账。

为了营造一种融洽的气氛，上门前一天晚上，陈玲特意买了水果、牛奶作为小礼物，与"原户主"一起来到"现户主"的家里。敲开门后，张某板着脸没有一点笑容，很勉强地让她俩进了门。进门后，她看见陈玲手上拎了一大袋东西，不好意思地换了副笑脸。客套了几句话，陈玲拿出了事先准备好的收费明细跟她一笔一笔地核对，清单上的数目明明白白，手机上的账单也清清楚楚，笔笔都是对得牢的。张某碍于情面，或许更多的还是看在陈玲为用户热心服务的诚意上，很愉快地退了电费，还客客气气地送客人出了门。

在台区经理身边，类似的事儿经常发生，那么怎么去处理呢？用陈玲的话说，要有一颗真诚的心，踏实做好本职工作，耐心听取用户意见，积极化解用电矛盾，努力打造好"电力老娘舅"这张金名片。只有这样，才能与用户的心贴得更近，让诸暨这片天更蓝，风更清。

这真是——

话说两件蹊跷事，
略表一片爱民心。
娘舅本是好亲戚，
用户才是自家人！

不推不诿不喊冤　帮一帮二再帮三

经济要发展，城市要建设，就免不了有征迁。"征迁"这两个字说起来很容易，实施起来却很难。不说村、街道和政府相关部门的那些繁杂的前期工作，就说后期安置用电这事儿，中间出现的新问题、新情况，要着手解决起来也是费尽周折。有时候，即便有些事儿不是电力部门该管的，也不得不去协调。总之，不管分内还是分外，只要到了将"群众利益无小事"奉为信条的"电力老娘舅"这儿，那就是他们分内的事儿。

2015 年，由于三环线东复线的建设，草塔镇杭金七村下面的杨方自然村有 22 户人家被征迁了。村里在安置这些拆迁户时，将其中的 21 户人家集中安排在一个较大的安置小区，只有村民杨某一家被单独安排在了离安置小区 1 千米外的东复线一侧的山坡地。虽然没能与大伙儿安置在一起，显得有些孤零零的，但杨某并不介意，似乎对他自己选的山坡地还挺满意。

安置地方确定了，杨某就开始着手在新屋基上造房。在放样（为便于施工在现场把图纸内容按照比例画出来）过程中，杨某发现了一个大问题——院基边墙上方竟然有一条 10 千伏的高压线掠空而过，而且距离地面只有 11 米多。杨某要造的房子是三层半，高度在 15 米左右。房屋超出了高压线近 4 米，距离又这么近，在建造过程中肯定会碰到高压线的！杨某立刻到镇里汇报情况，让镇政府协助解决这一问题。

高压线，那不是谁想挪就可以挪的。镇政府也感到无能为力，就让杨某直接向供电所反映，这毕竟是与电力有关的事儿。

周旭军是草塔供电所的"电力老娘舅"，他不仅一直负责该安置小区的电力工程，还兼任镇农电办副主任之职。周旭军是草塔镇本地人，比较熟悉当地的情况。接到杨某的反映后，草塔供电所就把这件棘手的事儿交给了周旭军来处理。

这件事的确与电力有关，但又可以说与电力无关。为什么这么说呢？因为高压线布设在先，房子规划在后。当初安置杨某时如果考虑到高压线的位置，就不会出现这个问题。现在，虽然杨某把事情反映到了供电所，但这高压线也不是供电所想移就能移的。

周旭军思来想去，觉得解决这个问题的最佳方案还是把杨某的房子后退 15 米。改变房屋位置不仅牵涉规划部门，还牵涉城建部门，虽说也不容易，但确实已是最经济、最有效的解决办法。于是，周旭军一次次出面与规划部门和城建部门沟通协商，最终将杨某房子的选址调整到距离高压线 15 米外的地方。

房子可以建了，周旭军以为杨某的事儿就此解决了，自己终于能够松口气了。谁料，这只是个开头。

第二天，周旭军刚上班，还没来得及在办公室坐定，杨某又来了。周旭军看见杨某后很诧异地问道："建房的事儿不是给你解决了吗？"杨某说："那事儿是解决了，可我这建房得用电，你们得给我想办法接线呀。"

在周旭军看来，杨某这次提的属于供电所职责范围内的合理诉求。之前本不属于供电所职责范围内的事儿，"电力老娘舅"都积极帮忙解决了，对于现在这个合理诉求更会设法帮他解决。而且，比起杨某提出的临时建房用电要求，周旭军想得更长远、更周到——他想把杨某将来的生活用电问题也一并解决。

周旭军到杨某建房现场查看，发现临时建房用电引线的难度还挺大。最初，他尝试从 1 千米外的安置小区为杨某引电，但后来发现距离远不说，还得绕行房屋、道路，根本没法实现。于是，周旭军与村"两委"、镇农电办协商，以杭金七村的名义为杨某申请了一个基建表，从农电线路上引电为杨某解决基建用电问题。

基建用电问题解决了，周旭军又开始考虑杨某一家日后的生活用电问题。供电所运检部门工作人员与周旭军多次前往现场进行勘察，一起商量对策。最后，综合大家意见，周旭军决定从集中安置小区的分支箱专门接一根电缆，然后利用高压线的线杆架设一条低压线，来为杨某家接电。为确保杨某一人住就能正常用电，周旭军又提前为杨某申请了一只电表。真可谓该考虑的都考虑了，能考虑多细就有多细。

从屋基移位到基建用电，再到生活用电，看似简单的三步，背后却暗藏着制度与流程的制约，以及村民、村方、镇方和供电所四方的统筹协调。"电力老娘舅"周旭军经过几个月的奔波忙碌，克服重重阻力，终于使杨某这件涉电矛盾得以圆满解决。

这真是——

枫桥经验不虚传，
主动服务揽麻烦。
只要用户得满意，
帮一帮二再帮三！

宁肯自己担风险　带电作业换表计

　　按照电力有关规定，供电企业不仅要对用户的表计不定期进行检查，还要按规定时间，定期校验、更换用户的计费电能表。对于更换表计，经常有用户不理解，觉得表计看上去运行很正常，没必要更换，甚至担心更换新的表计可能会使用电量增加等等。

　　此外，草塔供电所服务的区域以轻纺产业为主，分布着很多纺织类家庭小作坊。这些家庭小作坊的加弹机（生产袜子的机器）、织布机等，一旦开机，就得 24 小时连续供电，不能停电。以加弹机为例，一旦停电，正在生产流水线上的加弹丝就会全部断掉，一台加弹机的损失会达到三四千元。如果加弹机多，损失就会更大。正因为如此，每当草塔供电所工作人员要为纺织类家庭小作坊更换表计时，都会遭到用户的强烈抵触。

　　"电力老娘舅"王文峰主要负责抄电表、收电费、装电表这几项工作。因为经常面对和处理这类纠纷，所以王文峰积累了比较丰富的经验。为践行电力"枫桥经验"，为用户着想、让用户满意，减少纺织类家庭小作坊因停电遭受的损失，王文峰设计了三个方案：一是等全村电力线路停电检修时，趁这空当去更换这些家庭小作坊的表计。因为这种整条电力线路停电属于计划停电，一般都会提前一周通知用户，在这个时间内去更换表计一般没有人有意见。二是专门停电为用户更换表计，但这须与用户提前协调，尽量征得他们同意。如果协调不了，就邀请村干部、村电工一起帮忙做这些用户的工作。三是在不停电的情况下，直接更换表计。但这种带电操作，就像动手术，对工作人员的专业技术要求很高。除特殊情况外，一般能停电作业的项目，就不会采用带电作业。

2022 年 7 月，草塔供电所要对辖区内的表计统一更换，因近期没有对全村电力线路停电检修的安排，没法"搭车"更换，但这项工作又不能无限推迟，只能采取专门停电更换表计的做法。供电所提前向需要施工的区域发了通知，施工前还征求了用户的意见，然而，到了杭金七村时，这事却遇到了阻力。

杭金七村的家庭小作坊比较集中。村里有户小作坊，疫情前效益不好，老板为此都急出了一嘴燎泡，现在刚好接了一笔单子，大家正加班加点日夜赶工。这个时候，任凭天王老子来劝说，老板也不会让机器停下来的！所以，当供电所来征求意见时，小作坊的老板坚决不同意停电换表。

王文峰接到解决纠纷的任务后，立刻赶往村里了解情况。到这家小作坊后，老板向王文峰诉了一通苦。王文峰听后也表示理解，同时向他解释，如果长时间不更换表计，可能出现计费错误之类故障，这对用户也有很大的影响。为了说服用户，王文峰还请来了村干部和村电工，让他们帮忙做工作。但不管王文峰他们怎么说，老板都不同意。这样一来，只能采用"电力老娘舅"们最不愿采取的方案——带电作业！

稍有用电常识的人都知道，带电作业虽然不需要什么高精尖技术，但毕竟有很大风险，对施工操作人员来说是个很大的挑战。带电作业引发稳压保险丝突然闪断的概率极高，且不说操作人员可能被闪断瞬间产生的电弧光烧灼面部甚至触电，若几十台机器因为爆闪骤然停下来，到时候这些损失又由谁来承担呢？为了不承担停电带来的生产损失而冒风险带电作业，其实一样有可能造成生产损失！

最终，草塔供电所这些"电力老娘舅"反复权衡，为了完成工作任务并最大限度减少人民群众的经济损失，宁肯自己去冒险，采取带电作业的方式，为该纺织作坊成功地进行了计费电能表更换。事后，不但用户很感谢他们，目睹这次操作的村干部和社区干部，也感动地向"电力老娘舅"们竖起了大拇指！

这真是——

> 带电作业有风险，
> 留给自己去实践。
> 为民献出赤诚心，
> 感动一方生意人。

催收电费惹人嫌　上门沟通解怨气

　　为了保证电费结清，台区经理会根据系统提示的用户欠费情况，定期通过发短信、打电话、上门等方式催收电费。2020年9月某日，在疫情缓解之际，草塔供电所台区经理和上余村电工一起去村民家催收电费。

　　到了村民李某的家门前，见大门紧闭，敲了几下没人应答，村电工便在房子外呼喊了两声李某儿子的名字。李某妻子在二楼听到声音后，便下来为台区经理和村电工开了门。进门后，村电工便向李某妻子说明来意，并告知她家需要缴纳的电费数目。李某妻子一听，二话没说就去拿钱。

　　这时，李某儿媳也闻声出来了，见是供电所上门催收电费，便告诉婆婆可以在手机上缴纳电费。她当即拿出手机开始操作。为确保村民能通过网络成功缴纳电费，台区经理和村电工就站在院子里等候。大概过了两分钟，台区经理见李某儿媳仍在手机上捣鼓，担心她不熟悉网上缴费程序，便上前询问道："怎么啦，是缴不好吗？"

　　可能是说话口气或者措辞上的原因（也可能是其他原因），这一句关切的问话却引起了对方的误解。李某儿媳朝台区经理乜了一眼，略带不满地说"已经好了"，又不情不愿地将自己的手机递给台区经理看。台区经理没有注意到李某儿媳这些微妙的情绪变化，看到手机上缴费成功的提示后说"缴费成功了就行"，便离开李某家前往下一个用户家。

　　然而，过了不到10分钟，台区经理便接到组长的电话，告诉他有一个

95598 热线投诉工单需要立刻去处理。台区经理看了看投诉工单，发现投诉者不是别人，正是刚才那位李某儿媳，投诉内容居然是——疫情期间，供电所工作人员居然还上门催收电费，对此表示不理解和不满意。还有，供电所工作人员不应该在用户门外大声叫喊！

其实，选择在那个时候上门服务，供电所已经考虑到了疫情形势，如当地已经连续几天没有出现本土病例了。另外为了不让用户有顾虑，台区经理和村电工上门时都按要求佩戴口罩、严格遵守防疫的有关规定。村电工本来就是本村人，与村民们都很熟悉，平常彼此之间相处也很随意。当时，为了让李某家知道门外有人，村电工在门外喊了几声对方家人的名字，照常看来，这也没什么不合适的，村里人也经常是这样的。

尽管有千般委屈万般理由，但接到用户投诉就要妥善解决。尽量让用户感到满意，这是电力企业的服务"铁律"。于是，台区经理他们立刻返回李某家，想向李某儿媳解释，取得她的理解和认可。然而，当台区经理敲开李某家的大门，准备向李某儿媳解释时，李某儿媳却一口回绝："你不用解释，也不用进门。"台区经理看到对方态度很不友好，也很不配合，考虑到她仍在气头上，此时并不是沟通的最佳时机，于是就先去催收其他用户电费，准备等李某儿媳情绪平稳之后再择机向她解释。

台区经理做完上门催收工作回到所里后，便立即把情况向组长做了汇报。大家一起讨论后决定，第二天先以打电话的方式与李某儿媳沟通。

翌日，组长亲自向李某儿媳致电解释供电所工作人员上门催收电费以及在门口呼喊的原因，但李某儿媳仍表示不能接受。考虑到电话里可能无法解释清楚误会，组长便想上门当面向她解释，不料被李某儿媳直接拒绝。到了下午，组长再次拨打电话与她进行沟通，但仍然毫无进展，这件事就这样陷入了僵局。

怎样才能使李某儿媳愿意与他们面对面沟通呢？台区经理一直在思来想去。他想是不是让所里的女同事与李某儿媳沟通会更好一些。因为都是女同志，沟通起来会比较顺畅一些，可能更容易得到对方的理解和认可。果不其然，所里的女同事通过电话与李某儿媳交谈一番后，李某儿媳终于同意供电所工作人员上门当面向她解释。

组长、台区经理以及女同事带着小礼物，一同赶往李某家中去消除误解、增进理解。为他们的耐心和诚心所打动，李某儿媳最后不仅接受了解释，还表示对他们的工作和服务态度非常满意。就这样，在"电力老娘舅"们的合力下，因一句话、一个举动引发的一起涉电矛盾，最后得以圆满解决。

这可能是"电力老娘舅"日常工作中遇到的千百件"委屈"事中的一件。但正是通过这些微不足道的小事，"电力老娘舅"搭起了电力企业与寻常老百姓之间的"连心桥"，使电力"枫桥经验"这块金字招牌更加闪光耀眼！

这真是——

上门服务遭白眼，

言语失察是关键。

为此投诉虽轻率，

娘舅依然去道歉！

电费催收遭埋怨　细致服务成朋友

　　每年的 12 月份是年度电费收缴的最后一期，供电单位为了更好、更早地完成年度电费回收工作，都会在内部举办一个电费回收竞赛活动，以调动每位员工收缴电费的积极性。这时，供电所的台区经理们往往会通过短信、电话等各种方式来提醒用户，避免用户因年终工作头绪较多而延误电费缴纳。

　　2021 年 12 月某日，大唐供电所的"电力老娘舅"祝重阳接到了用户张某的投诉。"你们供电所烦不烦？不仅用短信提醒还打电话催缴电费，不是还没有到月底吗？我哪个月没有按时缴纳电费了？你们可以查查，我都是每个月 27 号缴纳电费的。"

　　听了张某的投诉后，祝重阳首先对张某的信用予以肯定，之后又从张某角度向她解释了催缴电费的原因，并很诚恳地道歉："张女士，实在对不起啊，打扰您了！正因为您一直以来缴纳电费都很守时，是我们的优质客户，所以当台区经理发现您账户出现欠费，可能有逾期风险时才会第一时间来提醒您。如果逾期缴纳电费，您是要支付滞纳金的。您一个月这么多电费，每天千分之三的滞纳金也是挺多的呢。"

　　听完祝重阳耐心的解释，张某也理解了供电所的苦心和台区经理工作的不易。之后，张某便主动向祝重阳介绍了自己的情况。

　　原来，张某有一个生产厂区，由于面积较大，她便将其中一部分厂区租了出去。在签订房屋租赁协议时，张某和租户约定每月 27 日缴纳电费。所以，张某都是在每个月 27 日租户将电费交给自己后，才能将所有电费缴清。

了解张某的情况后，祝重阳便关心地询问张某在用电方面是否存在什么问题，需要他帮助解决。听祝重阳这么一说，张某提起困扰已久的一件事："我还真有一个问题，一直没来得及向你们咨询。最近一年时间，我抄租户分表时发现，分表和总表的电量误差越来越大，会不会是你们新换的电表越走越快了？你也知道，这么多表和这么大的用电量，每年下来也是一笔不小的数目呢！"

听了张某不信任新表计的想法后，祝重阳便向对方解释："您提的这个问题，也是大家都很关心的问题。我可以负责任地告诉您，对用户计量这件事，供电所一直都非常重视，不太可能有问题。为什么我敢这么肯定呢？首先，供电所每半年都会对高压用户进行一次周期核抄。工作人员在周期核抄时，也会针对用户的计量装置进行巡视检查，发现任何问题，都会第一时间通知用户。其次，供电所也会依照规定每 5—6 年进行电表轮换，确保用户的电表运转正常。其实道理很简单，电表是有使用寿命的，长期工作难免会出现一些老化，轮换电表就是为保证准确计量。最后，供电所有一个专门的系统，会对每个用户用电情况进行监测，一旦发现异常，工作人员也会第一时间到现场核查。当然，如果您还不放心，可以申请办理电能表校验，工作人员会带着仪器进行现场校验的。"随后，祝重阳将办理电能表校验需要携带的相关资料告知张某，以免她没带全资料白跑一趟。

翌日，张某带齐资料来供电所申请办理电能表校验。收到申请后，祝重阳和工作人员一起到张某的工厂进行电能表现场校验，校验结果显示，表计误差在范围之内，表计一切正常。

对于这个结果，张某还是有点不相信，摇着头说："如果表计正常，我这儿的电量误差是怎么产生的？是不是你的检测设备有问题啊？"面对张某的质疑，祝重阳肯定地回答："我们的仪器都是要定期进行检测的，校验出来的结果肯定是正确的。我怀疑是你这儿租户的电能表有问题，导致了电能表分表和总表的电量误差越来越大。"

随后，祝重阳向张某询问租户分表的安装情况，才得知张某给租户安装分表已有十多年了，他这时基本上能确定是这些分表出了问题。于是，祝重阳向张某提出更换租户分表的建议并提醒她，像管理计量装置一样，分表也要定期检查更换。

果然，在张某更换分表之后，电能表分表和总表的电量不再出现较大的误差，祝重阳也因此得到了张某的信任。从此以后，张某每遇到用电问题，都会主动联系祝重阳这位"电力老娘舅"，双方的关系变得融洽起来。张某还主动去和租户协商，将每个月缴纳电费的时间提前，这样不但可以提早缴纳总电费，更好地配合供电所收缴电费工作，而且减少了公司因缴纳不及时造成的违约风险。

对于解决张某投诉这件事，祝重阳的心得体会是：随着供电服务要求越来越高，用户对"电力老娘舅"的期望也越高。要真正做到"你用电，我用心"，就必须真心实意地帮用户解决困难问题，真心付出就会得到用户的真心回报。

这真是——

催收电费遭埋怨，
耐心讲解释前嫌。
一句询问当正事，
多年隐患连根铲。

偷电原是水管漏　娘舅细心擒元凶

天气开始变冷，很快进入了 2017 年 11 月，又到了浬浦供电所下村催收电费的时候。

浬浦镇枫林村有位村民，以前缴电费很积极，这次却一直拖着不愿缴。他还向上门催收电费的供电所工作人员不断"诉苦"，认为他家这个月电费有问题，较之前高了许多。

工作人员回来后将此事向所里做了汇报。作为这一片的台区经理，又是所里的"电力老娘舅"，黄信祥决定亲自上门，看看问题到底出在哪里。

见供电所工作人员又上门来催缴电费，老人气不打一处来，气呼呼地抱怨了一通，似乎把憋了许久的话都一股脑儿地倒了出来。他告诉黄信祥，子女都在外面工作，家里就他一个人生活，平常电费每月只有五六十元，这个月怎么一下子就升到 300 多元了？是不是供电所给他家安的电表出问题了，要不就是工作人员抄表时弄错了，或者是有人偷他家的电了？反正不弄个水落石出，他是一分钱也不会交的。

见老人把自己当作了"出气筒"，痛痛快快发泄了一番，黄信祥也没有生气，不仅耐心地听完老人的话，还笑着对老人说："别急别急，我帮你查查，事情总会弄清的。"

黄信祥也觉得奇怪，老人 60 多岁了，平时一个人生活，家里也就这么几件简单家用电器，正常情况下的确用不了这么多电，问题是不是真出在电表上呢？

可是一检查，电表一切完好，基本可以判定没有问题。

于是，他又出门查看了房屋的四周，也没有发现有人在外边搭线偷电的迹象。回过头来，他又一次查看老人家里的家用电器，冰箱、洗衣机、抽油烟机、灯具、热水器……一轮查下来，黄信祥纳闷了，无论外表观察还是电路测试，这些电器好像都没啥问题。那这究竟是怎么回事呢？他都有点怀疑自己的判断能力了！

细细地琢磨了一番，凭自己30年的电工经验，黄信祥还是觉得问题出在老人家里，决定把检查重点放在老人房间的整个线路上，尤其是那些一般不会被人注意的一个个细节上。

就这样，黄信祥又把家用电器，从上到下、从内到外、从主设备到附属材料，仔仔细细、认认真真地检查了一遍……半个小时过去了，终于，他从一台电热水器后的热水管上发现了端倪。

原来，老人家里的电热水器在安装上有些与众不同，因为家里的浴室空间较小，便将热水器装在了室外，再通过打墙洞的方式将热水管从室外引到了室内。黄信祥检查时发现，电热水器的热水管上有一个很细小的孔正在向外滋水。这根水柱极细，不易察觉，视力不好的人不用手去触摸，还以为是一根缠绕在水管上的丝线头。

天气寒冷，为便于随时使用热水，同时避免电热水器频繁启动产生无谓电耗，老人家里的电热水器一直没有断电，并开启了自动加热功能。这样一来，随着热水从室外水管漏水处24小时持续不断的消耗，冷水也会源源不断地注入热水器中，热水器根据水温设定的要求，会每隔一段时间启动加热。加热之后，热水再从热水管小孔处漏掉，冷水注入，再加热……就这样，电费怎么可能不"噌噌噌"地疯长呢？

见"电力老娘舅"终于为自己找到了偷电"元凶"，老人连连说想不到，要不是黄信祥工作态度细致认真，帮自己找到问题症结，还不知道要多出多少冤枉钱。老人不断地对"电力老娘舅"黄信祥说谢谢，并为黄信祥刚进门时自己的态度道歉，当下就爽快地缴清了电费。

事后，黄信祥自己总结说，用户一般不会故意拖欠电费、不缴电费。之所以拖欠，有些是因为手头没钱，有些则是缺乏用电常识或者不懂用电技术造成的。像这种因热水器漏水引起用户电费激增的情况，他还是第一次碰到。所以，"电力老娘舅"在工作中要经常为用户普及一些用电的常识或技术，除了让用户用电更放心、更安全外，还要凭自己的认真细致去发现导致用电矛盾的症结，这样才能有的放矢地解决问题。

这真是——

> 用户电费陡然增，
> 疑神疑鬼真懵懂。
> 窃贼原是水管漏，
> 娘舅细心擒真凶！

不赔家电献真情　上门维修露笑脸

2019 年 1 月 15 日，诸暨市枫桥镇枫桥人民医院职工宿舍的电力线路的零线，突然烧断引起电压漂移，导致整个宿舍内 24 户居民家中通电的电器全部烧坏。出现此种影响正常生活的突发事件，用户们十分恼火，怒气冲冲地来到枫桥供电所，要求将损坏的电器全部换新。

电力线路出问题导致多家用户电器损坏，这的确很让人同情，但根据《居民用户家用电器损坏处理办法》的相关规定，由用电故障导致的用户电器损坏，供电部门是不给予赔偿的。对上门要求换新赔偿的这 24 家用户，供电所工作人员都耐心地向他们解释。大部分人听完解释后，觉得既然国家有明文规定，自己也不能为难供电所工作人员，就三三两两地回去了。但也有部分用户对此并不理解，依然守在供电所里吵吵嚷嚷，不仅言语刻薄而且以上访相要挟，场面一度僵持不下。这时候，有人想起了"电力老娘舅"陈仲立，便打了他的电话。正在外边的陈仲立得知这一情况后，火速从诸暨市区赶到现场。

陈仲立是土生土长的枫桥人，他在枫桥供电所工作了 30 多年，由于在基层时间长，热心为用户们服务，与镇里、村里的居民关系都很好，很多老百姓遇到矛盾纠纷都会来找他帮忙。

陈仲立挨家挨户做大家的思想工作，尽力稳定他们的情绪，他告诉大家："这事情最后总要给大家一个说法，没有必要以这种方式来置气，吵吵嚷嚷只会忙中添乱。"针对有些用户仍然想不通，坚持要赔新电器的情形，陈仲立笑嘻嘻地说道："新三年旧三年，缝缝补补又三年，这是咱们过日子的老传统嘛！就算能赔新的，咱们这些用顺手了的家什总不能全丢了吧？"

就在他马不停蹄地做大家思想工作的当口，几位从市区请来的专业家电维修人员已全部就位，随时可以上门抢修损坏的家电。于是每做通一户居民的思想工作，他便安排维修人员上门维修。先是熟人带头接受修理，接着一户带一户，最后，23 户人家的电器全部被修好了。剩下最后一户人家时，由于家里的洗衣机过于老旧，加上机身其他部件损坏严重，已经失去修理价值，经反复协商后，供电部门给予了折价赔偿。

一件相当棘手的事情，就这样在陈仲立的精心调和下，大事化小，小事化了。看到陈仲立这几日奔波劳碌、跑前跑后的，24 户居民都觉得过意不去，由衷地向陈仲立表示感谢。陈仲立却说，只要大家满意，自己所有的付出和辛苦都是值得的。

关于解决涉电矛盾，全心提供优质服务，陈仲立的切身体会是：首先要有和老百姓沟通交流的能力；其次，自身要保持公正，不能偏袒任何一方；最后，要将老百姓的合理需求放在首位，践行"人民电业为人民，矛盾化解在基层，专业服务到家门"的理念。

陈仲立的做法得到了用户的认可，他也成为同事们学习的榜样。譬如他自己总结的顺口溜"走得进家门，坐得下板凳，拉得起家常"，已经成为"电力老娘舅"们的口头禅。他经常说的"没有私心，没有偏心，多一点耐心，多一点体谅，想群众之想，急群众之急"，也已经成为"电力老娘舅"们的共识。

其实，绝大多数老百姓都是感恩图报的，谁尊重他们，谁在为他们做实事，他们就拥护谁支持谁。习近平总书记在 2013 年就针对坚持和发展"枫桥经验"做出重要批示，强调创新群众工作方法，把"枫桥经验"坚持好、发展好，把党的群众路线坚持好、贯彻好。这是我们党的立党根本，也是"枫桥经验"的精髓，更是"电力老娘舅"们为人民服务的行动指南。

这真是——

宿舍用电出险情，

零线搭铁冒火星。

家用电器全烧坏，

雪中送炭服众人。

架设专线解困境　用户床前送爱心

　　2018年3月某日，一位60多岁的老妇人匆匆赶来璜山供电所，一进门就劈头盖脸地责问："你们怎么能这样随随便便停电？要是导致我家老头子没命了，你们赔得起吗？"面对老人的质问，接待的工作人员丈二和尚摸不着头脑，但见老人这么激动，赶紧对她说："您先别着急，慢慢说，到底发生了什么情况？您尽量说清楚一点，我们一定帮您解决。"

　　当老人把她的诉求说完了以后，工作人员都觉得这事不好处理，便把老人领到了"电力老娘舅"任炉军的办公室。正好，祝泽明所长、杨琪凯副所长也在场。他们三人见老人情绪仍很激动，便先想方设法将老人的情绪安抚住，之后才开始与她沟通。经过三人的努力，老人终于平静了下来，就将事情的前因后果向他们和盘托出。

　　原来，老妇人来自璜山镇读山村，她家老伴最近卧病在床，每天都需要用呼吸机，呼吸机出一点状况便会危及生命。为了保证家里呼吸机正常运转，他们对供电要求比较高，尤其是不能断电。

　　一般情况下，计划停电时，除了专线用户需要短信通知外，对于普通低压用户，供电所只需在媒体上提前一周进行公告就可以了。之前，因为老人将家里的情况向供电所反映过，所以考虑到老人家里的这种特殊情况，供电所每次停电检修时，不仅会特地上门通知老人，还会为他们架设一条临时专线，同时也建议他们最好能安装一个应急电源，万一出现故障停电，也能确保不断电。

老人与家人反复商量，琢磨了一段时间后，也觉得安装应急电源是比较可靠的做法，便向供电所打电话询问安装事宜。但听说应急电源得自己购买，老人觉得那样很费钱也不划算，就打消了这个念头。今天一大早，她看到供电所发布的停电检修通知后，又想起安装应急电源的事，越想越觉得应该安装，但认为这笔钱应当由供电所来出，因为这是供电所停电检修带来的风险，于是就有了故事开头的那一幕。

老太太这一要求，可真难住了三位"电力老娘舅"。

按照规定，老人安装应急电源，完全是她个人的特殊需求，供电所没有这方面服务也就没有专项经费列支，除非有些特别例外的情形发生，并经相关部门的严格论证和审批。针对老人的这种情形，即便供电所想将其作为特例给予照顾，也要经过严格审批，这个流程非常复杂且耗时很长，最后还不一定能批准。由于这些不确定因素，如果最终没能申请下来或等待时间过长，老人的怨气可能会更大，到时矛盾非但没能解决反而有可能被激化。

作为"电力老娘舅"，要身体力行地践行电力"枫桥经验"，就要想用户所想、急用户所急。试想，如果自己家里躺着这样一个危重病人，停电就意味着给病人带来风险，甚至可能让病人有性命之忧，谁能不急呢？这就难怪老人听到要停电，一急之下说出那些呛人的话了。现在，老人提出请求，尽管没有政策法规可遵循，拒绝也无可厚非，但如果设身处地为人民群众着想，就应该想办法解决老人家的现实困难，而不是简单地予以回绝。

三人坐在一起经过一番思考和筹划，几乎同时想到了一个能够及时解决老人困难的两全之计，那就是发动全所党员献爱心，助力老人购买一个应急电源！但这还得征求大家的意见。停电维修日期近在眼前，当务之急是要保证老人家不停电。于是，三人安慰老人并保证，在停电之前为她接好专线。

第二天上午，架线工人一早就赶到现场忙碌起来了。下午2点多，一条从100多米外线杆上架过来的专线，妥妥地接到了老人家中。

这之后，供电所开展了"不忘初心、牢记使命"的主题教育活动，发动全所党员献爱心以解群众之难。随后，祝泽明所长将全所党员的爱心捐款以及一个应急电源送到了老人家里。这件事情很快在周边群众中传颂开来，大家都交口称赞说，"电力老娘舅"不是亲人却胜似亲人！

　　这真是——

　　　　　　　用户家人有大病，
　　　　　　　架设专线解困境。
　　　　　　　全所党员献爱心，
　　　　　　　赢得一片赞扬声。

两邻暗自存芥蒂　一个支架结同心

乡村邻里之间的矛盾纠纷说大不大，说小也不小，听起来都是鸡毛蒜皮的事儿，但处理不好却极容易酿成激烈冲突。"电力老娘舅"们经常要面对这些邻里琐事，如何及时化解这些矛盾，尤其是通过事前预防减少矛盾纠纷的发生，这可非常考验人。"电力老娘舅"任炉军处理过很多这样的事儿，其中有一件拆除支架的事情由于应对及时，处置得当，当事者没有打95598热线投诉，也没有导致邻居间产生嫌隙。他对此印象非常深刻。

2020年7月某日，任炉军接到一个电话，一位女士态度十分恶劣地对他说："我房子的外墙要粉刷了，墙上你们安了两个支架，你们这就来人给我把这些搞掉！我们家的墙壁，不要再走别人家的线！"

任炉军听了这番话，倒没怎么在意她气冲冲的语气，只是心里琢磨其中必有缘由，就软语宽慰道："好吧好吧，你也不用这么着急，稍等一会儿，我去现场看看，看完咱们再商量个办法好不好？"

他在电话里先稳定对方的情绪，而后马上放下手头的事赶往现场勘察。到了现场，一位四五十岁的女村民正站在那儿，经确认正是打电话的徐某。任炉军仔细地看了看徐某家的房墙，上面确实安装了两个电线支架，其中一个支架是邻居家的。因为电杆距离邻居家有四五十米远，中间距离太长需要有一个落脚点，所以供电所就在徐某家外墙上搭了一个支架，电线经由这个支架再接到邻居家。另一个支架，则是给她自己家接进户电用的。

　　查看完毕后，任炉军与徐某进行了沟通。徐某提出："那户人家的电线，你得给我拆掉！"

　　任炉军说："拆掉是可以的，但拆掉以后他家用电怎么办？"

　　徐女士指着前面的一处地，蛮横地说道："供电所可以在那儿搞一根电杆嘛！不管咋样，那是你们的事儿，只要这家电线不从我家外墙上面过就行……"

　　任炉军看了看徐某要求立杆的那处地面，不温不火地对她说："如果你指的这个地方能立电杆的话，也是可以的。可是，你也看见了，那块地根本不可能立下电杆。这是把电杆立到别人房屋前面去，你想人家会愿意吗？"

　　徐某丝毫不让步地回答："这是你们供电所要想办法解决的事儿，我就是不想让电线从我家外墙过。"

　　任炉军一看这情形，觉得有必要与对方把道理讲清楚，于是问她："如果我这就派人在你家前面挖坑立杆子，你同意不？"

　　这句话还真问住了对方，徐某说不出话来。任炉军见状乘胜追击，劝道："你看看，你都不愿意，别人家会愿意吗？再说了，不过是在你家墙上多装了一个支架嘛，对房子又没有损伤，你能吃多大的亏啊？"

　　任炉军接着推心置腹地对她说："都是左邻右舍、乡里乡亲的，先不说有没有矛盾，即使有矛盾也不是什么大不了的事儿。今天，你姿态高一些，让邻居家的电线走你家院墙，保不准过两天你有啥事要邻居帮忙，邻居也会念你这份情的。"

　　听了这番话，徐某觉得任炉军确实是个热心人，说的话句句都在理，她的态度也开始好了起来，但还是不愿意改变自己最初的想法。于是，她换了一套说辞为自己辩解，称想粉刷外墙，这些支架和电线碍手碍脚的，让工人不好操作，即使将来墙壁粉刷一新，邻居家那个支架和电线也影响自家楼房的外观。

　　任炉军看徐某态度已经缓和，针对她找的理由提出了自己的解决建议："房子外墙上电线、支架太多，确实影响美观。不过，你家也是要用电的，如果因为美观问题把这些都拆了，那用电可咋办？但你说的也有道理。我可以把你自己的电表移一下位置，把两个支架合并在一起，这样既减少墙上的凌乱，也保证两家的供电。你放心，走线时，我可以安排人来或者我亲自来，会尽可能考虑到房屋整体的美观。一定让你满意。"

　　经过约莫半个小时的交流，任炉军终于做通了徐某的工作，徐某表示接受他的建议。由于她家外墙还没粉刷，任炉军又跟她商量说："现在把线路布置好，会对粉刷有影响。你最好在外墙粉刷好之后再联系我，我保证随叫随到。"说完后，任炉军又主动加了徐某的微信。

在这之后的几个月中，任炉军时不时地打电话给徐某，询问她家外墙粉刷的进展。看任炉军这么关心她家的事情，徐某很是感动，态度也从最初的恶语相向转为现在的笑脸相迎。大概又过了几个月，徐某家外墙粉刷好了，任炉军马上安排施工队到她家施工。经过工作人员的精心设计和认真施工，徐某家外墙的线路被布置得齐整美观，与房屋整体很协调，徐某也非常满意。

这真是——

> 事情虽小藏猫腻，
> 两邻为之存芥蒂。
> 一个支架两样情，
> 换得两邻喜盈盈。

找出故障热水器　平息用户猜疑心

2018年12月，峨嵋自然村村民石某向大唐供电所反映，自己家里当月电费无端增长至1000多元，与以往电费相差很大，认为是自家电表出了问题，希望供电部门的工作人员前来检查更换。

接到村民石某的反映后，"电力老娘舅"冯孙滨和同事立即前往现场查看石某家的表计。他们先用钳形电流表对表计进出线电流进行了测量，之后又观察了表计的实际运行状态，最后确定表计没有明显的异常，功能完全正常。

接着，冯孙滨便向石某了解这几个月的用电情况。将前后用电情况进行比较之后，冯孙滨也觉得很奇怪：用户家里没有增添电器，也没有其他异常用电情形，用电量却猛增，这问题究竟出在哪儿呢？难道真是表计有问题，自己没有检查出来？

于是，冯孙滨对石某说道："大伯，您的表计我们现在测量没有什么明显异常，但我们工具有限，只能做出大概判断，不能确保一定没有问题。所以，我建议您带上相关证件，到营业厅申请做一下专业表计校验，这样会更准确。"

听到还要跑供电所一趟，石某急了，说道："肯定是你们换的这个表计导致的问题。能不能现在就把我家的表计换掉？我都已经付了这么多冤枉钱了！"冯孙滨耐心地向石某解释："即便是表计出了问题，换表也需要先走校验流程，我们现在直接给您换表，这是不符合规范的。关于电费问题，您不用担心。如果是表计存在问题，供电所会将多缴的电费退还给您。"

　　石某听了冯孙滨的解释后，虽然不情愿但还是答应第二天去申请校验，并再次叮嘱冯孙滨："如果真是我的表计坏了，到时我就找你，你可要让他们退还我多缴的电费哦！"听了这话，冯孙滨笑了，拍着胸脯说："没问题，您来找我好了。"

　　翌日，石某在供电所办好表计校验申请业务后，冯孙滨与校验师傅跟随石某来到他家，对表计进行现场校验。校验结果显示表计误差值在正常范围内，不存在石某所说的"电能表飞走"问题。

　　听到表计校验结果后，石某立刻情绪激动地说："怎么可能呢？你也知道我们家以前的电费都是很少的，怎么这个月突然增加这么多？如果表计没有问题，那肯定是你们工作人员在抄表时出现了错误。现在又故意让我申请现场校验。你们不敢给我换新表，是怕又出现这样的事儿吧？"

　　因找不到电费飙升的原因，石某迁怒于供电所抄表的工作人员，无端指责他们。冯孙滨觉得有必要帮他查清电费飙升的原因，这样既能解决目前的问题，也能消除石某的疑心。

　　冯孙滨对石某说："大伯，您先不要急，我们已经和您核对过了抄表数，不存在表计抄错的问题，现场校验显示表计确实是没有问题的。要是您真想换表，我们也会帮您换的。不过，我还是希望您再好好想想会不会是您家的电器出了问题，趁我们来了，可以帮您排查一下。"

　　征得石某的同意后，冯孙滨就把钳形电流表挂在出线端，和石某一起对电器逐个测试。排查到太阳能热水器时，冯孙滨发现，只要太阳能热水器一开启，出线电流就变得异常高，其他电器都没有出现这样的情况，应该是太阳能热水器出了问题，才导致石某家用电量骤增。找到了问题根源，冯孙滨很高兴，对石某说："大伯，您现在相信是电器使您的电费疯涨了吧？您明天联系修理人员来把热水器修理一下，您家用电应该就能恢复正常了！"

　　但是，石某仍然半信半疑地说："这个热水器是我不久前才买的，怎么会这么快就坏了？"面对石某的质疑，冯孙滨说道："那不如我们来做个实验，您今天先把热水器关了，我明天在电脑上帮您看一下您家用电量是否降下来了，这样会更直观点，可以吗？"

　　听冯孙滨这样一说，石某爽快地点头答应了。

　　第二天，冯孙滨通过电脑上的电力采集系统查看石某家的用电量示数，发现用电量确实降低了不少。这基本可以确定，是热水器出了故障，才导致电费疯涨的。

　　冯孙滨立即将最新的用电量示数拍照，通过手机发给了石某，并建议他这几天不要开太阳能热水器，等修理好后再去使用，以免又要多付电费。

　　见冯孙滨为自己找到了电费疯涨的真正原因，石某非常高兴，一再感谢并邀请冯孙滨去他家做客："以后路过一定来我家里坐坐，我得好好谢谢你！"不仅如此，他还见人就夸冯孙滨："这小伙子真有耐心！"

　　经过这事儿，冯孙滨深有感触地说："台区经理是供电企业服务基层的重要环节。台区经理只有服务好客户，帮客户解决用电方面的问题，真心实意地化解企业和客户之间的矛盾，才能不负'电力老娘舅'的美名。"

　　这真是——

电费陡增引疑问，

娘舅细心找原因。

原是电器出故障，

衷心感激有心人。

空气开关频过电　却为电表起疑心

　　大唐供电所"电力老娘舅"冯孙滨将用户家中的空气开关换掉，并告知用户注意观察家中用电情况时，用户连声说："谢谢，谢谢啊！"看到这个场景的人谁又能想到，在这一连串"谢谢"声背后，却是冯孙滨前前后后十二趟前往用户家的辛勤付出。

　　那是 2020 年春节后的一天，陶朱街道三都二村一家用户拨打 95598 全国电力服务热线称，春节前后他家三个月电费出现异常飙高现象，想申请对家中表计做现场校验。

　　冯孙滨接到派单之后，与用户取得联系并前往其家中校验表计。到达现场后，他发现此房已出租，用户本人并不在现场，是租户出面接待并带他查验表计的。冯孙滨当着租户的面对表计进行了校验操作，校验结果显示表计运行正常，没有任何问题。冯孙滨把校验结果告知了用户，因为校验结果需要确认签字，所以他询问用户是否可以让租户代为确认签字，用户在电话中表示可以由租户代签。

　　然而，到了晚上，用户打电话过来说："我和老婆商量了一下，我们两人还是觉得这里边一定有猫腻。"冯孙滨问他："都校验过了，你还怀疑电表有问题吗？那你说说，觉得哪儿有问题？"对方充满狐疑地说道："春节这段时间，房子并没有租出去，没住人怎么会用这么多电？"之后，他絮絮叨叨地把租户用电情况向冯孙滨述说了一通。冯孙滨把用户电费情况向他解释了一遍，并对他说："明天我到所里打印一份你家近三个月的电费清单，你自个儿再好好看一下。"

第二天，冯孙滨就在系统中打印了一份最近三个月的电费清单，并与用户约好见面时间。见到用户后，冯孙滨向用户逐项解释了电费清单中的内容，用户看了之后也表示没问题。谁料，用户离开后没多久，又打电话给冯孙滨："那个清单，我倒是没看出有什么问题。不过，我觉得这里边绝对有问题。如果那会儿住着人，这事儿也就罢了，但关键是没住人，还用了这些电，这事儿太蹊跷了，真的让人百思不得其解。"

冯孙滨也觉得很奇怪，便随口问用户："表计问题可以排除，上次已经校验过了。是不是你家表后线有问题？"用户一口否定说："表后线如果有问题，那早就表现出来啦，怎么原来的用电量不多？我觉得还是你们表计出问题了，你上次是不是校验不准？"

冯孙滨想了一下，觉得校验不可能有误，但既然用户提出了质疑，况且上次他本人又没在场，那还是再去校验一次吧，但这次他要求用户一定得在场。于是，冯孙滨又去用户家对表计进行了第二次校验，校验结果依旧显示正常。

本以为这件事就此了结，谁料过了一段时间，冯孙滨又接到这位用户的电话，反映电费依然异常，要求尽快解决。表计校验两次都没有问题，而电费依然异常，冯孙滨凭直觉认为应该是表后线问题，于是建议用户检查一下家中线路。用户不愿意检查并对他说："我家里的线路是刚换的，线路肯定没问题，我还是觉得表计有问题。"

由于用户坚持，冯孙滨再次上门为他做第三次现场校验，这次用户夫妻俩都在场。校验结果再次显示表计正常。用户质疑说："你这校验工具会不会有问题？或者，我家表计问题用校验工具没法检测出来？"尽管觉得用户的质疑很荒唐，冯孙滨还是耐心地将表计运行原理以及校验方法向用户解释了一下。用户听后将信将疑，提出了换表计的请求。为了彻底打消用户的疑虑，冯孙滨答应了用户的换表请求，随后给用户换了一个新表。

本以为这次总该没问题了，谁料过了一个月，用户又打来了电话，质问冯孙滨："要么是你把拆下来的旧表给我装上了，要么是你给我装的这个新表还是有问题，否则，这个月的电费怎么依旧这么高？"冯孙滨听后虽然很生气，但仍和颜悦色地说："新表从申请到安装，我们都要走流程的，你可以来查一下我们安装表计的全过程记录。表计是新申请的，而且安装后运行正常，这绝对没有问题。"

然而，用户还是不相信冯孙滨所说的，坚持认为新表计有问题。实在没有办法，冯孙滨只好将表计拆卸下来，送交绍兴市第三方检验机构进行检测。检测报告显示新表计运行正常。看到专业机构的检测报告，用户无话可说了，按要求在第三方检测报告上签字确认。

表计运行是正常的，这已经通过专业检验机构检测确认。如果确如用户所保证的，表后线也没有问题，那不应再出现用电量异常问题。然而，过了一个月，用户仍然找冯孙滨反映，当月用电量居高不下，与正常用电相比，电费依然多缴了几百块钱。

这个时候，冯孙滨不淡定了，他下决心要替用户找出问题的症结。他打电话给用户说："排除电表计量不准的问题后，如果你家用电量还是不正常，我怀疑是你家表后线上的装置出了问题。我建议你好好查查，如果你觉得有困难，我们供电所来帮你查一查。"

终于说服了用户，冯孙滨带着供电所两位同事和一位村电工到了用户家，严查细找，一个接头、一块瓷板、一颗螺钉都不放过……经检查后终于发现，用户家的一个空气开关出了问题。因为空气开关的螺丝没有拧紧，空气开关不断放电，从而引起整个线路耗电异常。

因为他家安装的空气开关老化，内部结构已经严重变形，冯孙滨见无法修复，就直接把空气开关换掉，并让用户观察一下接下来两个月的用电量情况，如果没有异常，那无疑就是空气开关的问题了。

两个月后，冯孙滨联系用户了解情况，用户反馈说用电量再没有出现异常。虽然一波三折，但最终找到并彻底解决了这个令用户头疼的问题，冯孙滨的辛苦总算没有白费！

这真是——

电表电器都正常，

电费飙高为哪桩？

细心娘舅查开关，

空气导电真冤枉！

网络诈骗刚露头　及时扑灭化风险

天上掉下来的绝对不是"馅饼"，很可能是陷阱。

国庆长假刚结束，大唐供电所"电力老娘舅"傅建松就接到了十几张咨询工单，都是95598全国电力服务热线下派的。

平时几年都难得有一张咨询工单，这次怎么一下子来了那么多？细看这些工单，傅建松更吃惊了。这些来自天津、山东、江苏等地的用户，竟都声称自己误帮大唐一家企业缴了电费，现在要求退回。一个人误缴倒有可能，十多个来自天南海北的人"同时误缴"，这怎么可能？傅建松隐隐感到了问题的严重性。

作为大唐供电所的"电力老娘舅"和"接单第一责任人"，傅建松先是安抚好用户的情绪，之后又向供电所领导报告了此事，并在所领导的支持下着手调查此事。

傅建松对大唐这家企业用电户号下近几个月电费缴纳情况进行了详细查询，发现该企业每月都有四五十条支付宝缴纳电费的记录，且金额大小不一，与正常的电力用户缴费方式极不相符。

按照相关规定，如果退还电费，须先取得该企业的同意，由该企业提供相关资料之后，再办理退费手续。即便是该企业提供了资料，在目前这种网络诈骗案件频发的情况下，供电所也没有能力去核实这些分布在全国各地的用户的真实身份和真实情况。

根据傅建松调查的情况，以及考虑到供电所处理这件事所面对的困难，供电所一方面把这件事向国网诸暨供电公司做了汇报，寻求上级的支持和帮助，另一方面积极与涉事企业联系，进一步了解情况。

国网诸暨供电公司接到大唐供电所的情况汇报后，非常重视，迅速启动了紧急预案：一是派工作人员去大唐供电所提供指导，进一步摸清涉事企业的情况；二是向大唐派出所报案；三是派人与市公安局协商应对措施。

这一连串的快速反应，使事情很快有了进展：大唐这家涉事企业的情况摸清了，代缴电费的"中间商"也找到了，其中的"弯弯绕绕"也终于被理出了一条清晰的脉络。

原来，涉事企业每月电费在 100 万元左右。有一个阶段，企业的资金周转出现了问题，一时缴不上电费，经打听得知有帮忙代缴电费的，还可以打折优惠。对涉事企业来说，有人帮忙代缴电费，不仅可以化解公司一时的流动资金困难，还能享受打折优惠，两全其美，何乐而不为呢？于是，涉事企业便四处打听，终于找到了这样一家公司，通过他们代缴电费。这样做大半年了，一直没有出现什么问题，现在出了这种事儿也是出乎涉事企业意料的。

涉事企业说，这件事还牵涉第三方公司。供电所便要了第三方公司的联系方式，立即派工作人员与他们取得联系，这才得知"代缴电费"居然是时下一种新的"经营方式"！

其实，这家第三方公司也只是"中间商"。以大唐这家涉事企业为例，这家公司承揽了这 100 万元左右的"代缴电费"业务之后，就将涉事企业的电费缺口分解到它在全国各地的一大批下线，即众多"花呗"用户。这些下线们再用"花呗"的透支功能，向第三方公司指定的电费户号缴纳 1000—10000 元不等的电费。之后，第三方公司就每笔电费按比例向涉事企业收取一定的"手续费"，并按约定将代缴款项及任务酬劳通过支付宝转账给下线。简单地说，这是一种利用"花呗"套现功能赚取代缴电费"手续费"的"经营方式"。

这次之所以出了问题，是因为代缴电费的第三方公司可能"手头紧"，没能按时将代缴款项和任务酬劳打给下线，下线们便纷纷以"误交"电费为由向大唐供电所申请退费。于是，这个天大的"互惠秘密"就这样被暴露在光天化日之下。

由于供电公司报案及时，公安机关迅速介入调查，果断封存了这些账户。之后，在积极帮助涉事企业与第三方公司、反映误缴电费的"花呗"用户们协商妥善解决争议的同时，公安机关也将此事及时向相关部门和企业通报，警示这种新"经营方式"的风险，督促他们从制度、政策上消除其中的重大隐患。

在公安机关的支持和帮助下，供电所对代缴电费的"花呗"用户们的缴费时间、金额一一进行了核实，最终圆满解决了这十多起通过支付宝"错交电费"事件。同时，考虑到企业可能会遇到一时电费缴纳困难的情形，供电部门也推出了人性化服务，即供电所工作人员提供每月1日、10日、20日三次抄表服务，企业可分三次缴纳电费，从而减轻企业缴纳电费的压力。

这场"误缴电费"的闹剧，看上去与电费缴纳有关，但并非由供电服务引发的，有些方面也已超出了供电领域，涉及金融管理、法律等方面。正是"电力老娘舅"对用户高度负责的态度，才使得相关部门及时发现了问题背后的隐患，果断地采取处置措施，从源头入手、多方联动，有效预防并解决了社会矛盾纠纷，维护了正常的经济和社会秩序。

这真是——

　　　　　　　任它猴孙会百变，
　　　　　　　庙后留下旗一杆。
　　　　　　　娘舅果断报警讯，
　　　　　　　挽回业主千百万！

私自搭电隐险情　亡羊补牢犹未晚

2021 年 10 月某日，牌头供电所"电力老娘舅"马松青在牌头村下面的贾桥自然村处理采集故障时，遇到了该村的村民小组长。村民小组长在村里担任网格员，比较熟悉村里的情况。"电力老娘舅"们走村串户，了解和解决村民的用电问题，常接触这些村民小组长。

闲谈中，村民小组长反映，前几天，一位村民经过田间地头时，不慎被落在地上的一根电线绊倒，险些闹出触电伤亡事故。

马松青一听，这是事关生命安全的大事，可马虎不得！他对村民小组长说："这事儿不是小事，有安全隐患。你能不能带我去现场看看？"村民小组长欣然答应，立即带马松青前往事发地点。到现场后，马松青仔细查看了一番，并向周围村民询问，了解具体情况。

原来，按照村镇规划以及经济转型要求，该村要把原来建设的大棚蔬菜基地拆除，将土地用于开发其他产业。为此，村里特向供电公司提出申请，要求拆除大棚蔬菜基地的线路及表计。2020 年 6 月，供电公司将大棚蔬菜基地附近的低压架空线路、接户线及表计悉数拆除。

然而，由于村里后续问题没有处理完结，基地里还有一些外来租户没有撤出。其中有个别租户，在未经村里许可的情况下，私自将一些七零八落的护套线接在农用表后线上，以解决日常生活用电。这些陈旧的护套线中间有多个接头，加上风吹日晒导致胶皮老化存在漏电现象，很容易造成人员触电事故。这次险些引发过路村民触电的事件，就是一次严重警示。

因为这些人是私自接村里的农用表用电的，其中涉及的线路产权为村里所有而非供电公司，所以需要村里出面解决这个问题。马松青把事情了解清楚后，丝毫不敢懈怠，立即联系村干部来现场查看并解决。

十多分钟后，村干部带着村电工来到了现场。马松青告知了事情的原委，并指着一根依然通电运行的落地电线告诉他们："我们已经把供电所负责的用电设施和线路全都拆除了，现在这些线全是搭在你们村的农用表上，而且私拉乱接，很容易发生安全事故。前几天发生的那件事，人没有触电只是侥幸。一旦出现人员触电事故，村里是要负全部责任的。"

村干部听了之后，觉得马松青说得很有道理，同时也后怕，当着马松青的面将村电工训斥了一番："你好歹也算村里的电工，村里没有给你少发一分钱。为什么没有及时发现这些问题？幸亏这次没伤人，如果出了人命，你绝对逃不了责任。"

马松青见村干部是个明白人，没有嫌自己多管闲事，心里也就踏实多了。但他看到村电工来得匆忙未带任何作业工具后，便联系了供电所的抢修人员，让他们马上到现场协助村电工将存在严重安全隐患的线路彻底拆除。

随后，马松青把村干部拉到一边儿，单独与他交流说："你们村干部平常要负责村里很多事儿，不可能管得这么细，应该让村电工担起责任来。我知道，村电工现在是'村聘镇管'。既然是村里聘的，平常就要加强管理，不要出现出工不出力的现象。电是关在马戏团笼子里的'老虎'，约束好了就能给大家带来快乐，万一放到大街上那是要'吃人'的。在管电这件事上，千万不要掉以轻心！在这方面不负责，很容易出现重大安全事故。"

村干部见他说得很恳切，也当即表示，一定吸取这次的教训，把聘管电工的事儿抓好，但也反映说现在的村电工普遍存在着操作技术差、服务责任心差、个人素质差等问题，希望供电所经常来村里监督和检查村电工的工作，并在业务、服务等方面多多给予指导。

对马松青来说，村里存在严重安全隐患的线路虽被拆除了，但这件事所引发的如何推进相关工作的思考并没有停止。回到所里后，马松青向领导报告了自己在村上发现用电隐患并做相应处理的情况，还将村干部的建议以及自己的思考也一并做了汇报。

供电所对这件事很重视，专门就此事向镇政府提交了一个专项报告。在报告中提出，鉴于目前村电工普遍存在素质低下、专业能力较差、服务意识不强等问题，若要把村电工"村聘镇管"落到实处，除了加强日常管理外，建议镇里出场地、供电所出人，把全镇的村电工召集起来，开展业务培训活动，以夯实安全用电基础。

最后，在镇政府的大力支持下，镇政府和供电所联手，组织各村电工扎扎实实地开展了一场业务培训。通过"电力老娘舅"在培训班上的言传身教，村电工们关于安全用电的认识、技术水平和能力都有了很大提高。他们对供电所针对性开展的这场活动也赞誉有加。

这真是——

私自搭电进大棚，
行路差点出人命。
一句闲话令人怕，
办班培训村电工。

用户缴费起疑心 娘舅细查找原因

2021 年 10 月，吴子里自然村村民张某在缴纳上个月的电费时，发现家里上个月的家庭用电量激增，电费明显高出以前许多，于是怀疑电表出了故障或者是供电公司的工作人员网上打错了用电数字，并因此事闹到了浬浦供电所。

张某年事已高，家中仅她一人居住，以往用电量均为一个月 100 多度，但 9 月份用电量却激增至 1200 多度。按理说，家中仅她一人居住，且她用电又比较节省，即便是偶尔用电多些，也不过是多用了几度或十几度，不至于多出了 1000 多度。对一个普通家庭来说，就是全部家用电器 24 小时一直开着，也用不了这么多电啊！老人觉得不能接受，生气地对接待她的台区经理说："我没用那么多电，肯定是电表出了问题，或者是你们抄表的人把数字抄错了，这电费我是坚决不缴的。"

台区经理将情况反映到"电力老娘舅"陈鹏君这儿。看老人很激动，陈鹏君忙把老人劝到一旁坐下，详细询问老人具体情况。他对老人说："您也别着急，我给您查查，看看到底是什么情况。这个月的电费，您暂时先不用缴。您先回家等消息，我们查清楚后一定会给您老人家一个明确的说法。"

随后，陈鹏君通过供电所的电费系统，核实工作人员是否抄错了用户的电表数字，但系统显示电表没有抄错，老人 9 月份的用电量的确是 1200 多度。另外，老人是 10 月下旬来供电所反映电费异常情况的，但电费系统里面显示当时她家的用电量也已经在 1000 度以上了。

　　根据电费系统里的数据记录，陈鹏君发现老人在9月7日之前的用电量都是正常的，每天3度左右，一个月一般不会超过100度，但从9月7日之后，她家耗电量陡增，每天达到了40—50度。因为每天的用电量比较均匀，可以排除电表出现故障，用电量激增肯定另有原因。到底是什么原因呢？陈鹏君决定与台区经理上门去一探究竟。

　　到了老人家里，他们发现老太太家的经济条件不错，家里电器设备应有尽有。通过与老人聊天以及现场观察，他们觉得老人用电的确比较节约。因为已进入10月份，天气不是很热，他们认为也不应该是空调导致了电费疯涨。

　　为了搞清楚原因，陈鹏君采取了简单的目测排查法。他先将老人家电表后的断路器断开，让家中的电器全部处在停电状态，电表的脉冲显示灯立刻不跳动了；然后再将电恢复，发现电表的脉冲显示灯马上开始快速跳动，这说明，老人家中有大负荷电器正在运转。

　　于是，陈鹏君开始排查老人家所有电器。待排查到她家卫生间时，看到电热水器开着，征得老人同意后，陈鹏君关掉了电热水器的电源，发现电表的脉冲显示灯马上跳得很慢，于是，他怀疑是电热水器出了问题。

　　陈鹏君对老人说："这两天反正天不冷也不热，您先关掉电热水器。24小时以后我们再来确认电表计数。"为了便于与第二天进行比对，陈鹏君将当时的电表计数抄了下来。

　　第二天，陈鹏君他们上午10点多就到了老太太家，发现电表上面仅仅走了3度多一点，这与之前正常时的每日用电量基本吻合。现在，陈鹏君基本可以确定，是电热水器出现了问题。

　　陈鹏君对老人解释道："初步断定，您家的电热水器坏了，有可能是温控发生故障，就像电茶壶一样一直在那里烧水，会不停地耗电。"老人听后将信将疑。陈鹏君就让她把电热水器再关两天试试，并嘱咐她："我把我的手机号码给您，您到时候打电话给我，我再帮您看看这两天的用电量。"

　　过了两天，老人打电话给陈鹏君说："陈师傅，你帮我看一下我家现在用了多少电。"陈鹏君查看后回复她："每天用电量不到4度，如果这样算的话，一个月就100度左右。"这下，老人终于相信是自家电热水器出了问题，从而导致每月的电费疯涨，于是，她对陈鹏君说："看来真的是电热水器坏掉了，感谢你帮我找出了问题。"

　　过了一个月，老人专门给陈鹏君打电话说："真的很感谢你。我让我孩子把电热水器给换掉后，现在一个月也就 100 多度了，电费变正常了。"

　　这时候，陈鹏君给台区经理打招呼说："电费异常的原因找到了，老太太也对我们表示认可，你现在可以去催她缴之前的电费了。"果然，当台区经理打电话联系老人时，老人心甘情愿地把电费缴了。

　　这真是——

用户缴费起疑心，
娘舅认定有原因。
仔细排查热水器，
温控开关是祸根。

千方百计解心结　全心全意为人民

从 20 世纪 60 年代到现在，"枫桥经验"之所以能够历久弥新，就在于它始终坚持以人民为中心，一切为了群众，一切依靠群众，一切服务群众。一位位电力老娘舅在电力实践中，坚持和发展"枫桥经验"，从一件件不起眼的小事做起，全心全意为群众做好电力服务，谱写了一篇又一篇电力"枫桥经验"的新篇章。大西供电所的徐超就是这支平凡而伟大的"电力老娘舅"队伍中的一员。

在乡村，随着人们经济条件的改善，拆旧房建新房已成为普遍现象，在令人欣喜的同时也给安全用电带来一些新问题，引发了不必要的矛盾和纠葛。2019年 5 月，次坞镇红旗村的三户人家拆旧房建新房后，接户线像蜘蛛网一样挂在毛竹上，存在着严重的安全隐患。接到群众反映之后，"电力老娘舅"徐超第一时间前往现场查看，以便制订整改方案。

徐超发现这些凌乱的接户线所挂的毛竹距离村民俞某家很近，便找俞某商量说："俞师傅，您看您房子旁边的接户线这么乱，我们供电所想将这条线路彻底整改一下。您看可不可以在您家房子的墙壁上安装一个墙担（一种固定在墙上的支架），让新线路从您家房子的墙壁上经过。"

俞某听后连连摆手，一口回绝道："整改线路是好事。我们每天看着也有点怕，但这些线要从我这新房子的墙壁上过是不行的。一来我家又不从这条线路上用电，没这个义务；二来把别人的线架在自家新房的墙壁上，任谁也不会同意的！"

徐超见俞某坚决不同意自己这个方案，又询问了附近其他几户人家的意见，然而他们的态度与俞某一样，都不同意线路从自家墙上经过，觉得这线又不是自己用的，不应该架在自己家墙上。

忙了一整天，也没能说服一户村民，线路整改还是没有任何进展，徐超心情沮丧地回到所里。随后几天，他一直在琢磨这件事，想来想去，还是觉得线路从俞某家经过是最经济、最安全的。他愿意觍着脸二次登门，但如果俞某依然坚决不同意又怎么办呢？

想了半天，徐超觉得俞某拒绝此事也很正常，新房子盖得漂漂亮亮的，现在要在上面打洞、安装墙担、走线，而且还不是自家的线，换谁心里都不舒服的。但不从他家墙上过，就得立电杆。徐超回想了一下现场情况，觉得立电杆也是可行的。而且，相比从墙壁上经过，俞某可能更愿意接受。理顺自己的解决思路和方案后，徐超决定再去与俞某沟通。

这次，徐超吸取了教训，没有贸然前往，而是请村书记先初步协调，之后他再上门做俞某的工作。村书记给俞某吹了吹风，见他没有明确表示拒绝，便立即将情况反馈给了徐超。徐超听后马上赶往村里找到了俞某，告知他方案调整的详情。然而，当听到电杆立在他家旁边空地上时，他又不愿意了，还找出一条冠冕堂皇的理由："将来我家这边的水泥路肯定要拓宽的，到时路中间立了一根大电杆，你们觉得合适吗？"

第二次协调又失败了，徐超只能无功而返。

尽管遭遇了一次又一次挫折，徐超还是没有气馁，依然多次前往村里劝说俞某。一直到第五次劝说时，俞某的口气终于有所松动了，掏着心窝子告诉这位热心的"电力老娘舅"："我知道你一次次上门来劝说这件事，都是为了大家的出行安全着想。那些接户线七零八落地挂在毛竹上，确实不美观也不安全。不过，你们规划的电杆位置让我不舒服，而且对将来拓宽水泥路有影响，你看能不能调整一下？"

听到俞某这话，徐超马上答应道："没问题。我们现在就一起去现场看一下，如果符合供电安全的标准要求，电杆的位置我们可以商量着来。"

最终，在村干部的支持和配合下，经过徐超一番软磨硬泡，俞某的思想工作终于做通了。双方各让一步，将电杆的位置向旁边移了几米，这既满足俞某的要求，又符合立电杆的技术标准。就这样，一起电力矛盾终于解决了。

由于村庄或社区管理不善，接户线杂乱无章导致新的安全隐患频频出现。

供电部门在消除这些安全隐患过程中，往往会遇见各种各样的矛盾纠纷。为了解决这些矛盾纠纷，"电力老娘舅"们往往要磨烂嘴皮子、跑破鞋底子，但只要能协商解决好这些问题，他们再苦再累心里也是甜的。

这真是——

> 修房拆掉接户线，
> 架在竹林不安全。
> 真诚为民办好事，
> 温暖人心一大片。

一盏路灯观功过　娘舅说和两家人

2021 年 10 月某日，滨江北路某小区居委会向暨阳供电所反映，社区有一户居民要求将一盏路灯移位或者拆掉，但另一户居民则要求保留路灯，两家因为这盏路灯的去留争执不下，产生了很大矛盾。社区工作人员多次为这两户居民调解，也无法解决问题，于是求助供电所，希望其介入以解决这个争端。

周学丽是供电所的台区经理，经常与居民打交道，在解决涉电矛盾方面经验丰富，于是供电所把这个任务交给了周学丽。周学丽接受委派后立即前往小区，她先向居委会了解情况，再与这两户居民进行交流沟通，之后又走访了周边居民，终于摸清事情的来龙去脉。

原来，小区一户居民的房屋下安有一盏路灯，且距这户居民家窗台比较近。由于路灯彻夜照明，如果不拉窗帘或者窗帘比较薄，居民的这个房间整晚都会"灯火通明"。在与这户居民交流的过程中，他向周学丽抱怨道，他睡眠本来就不太好，因为路灯照进屋里，整个夜晚时睡时醒，第二天便觉得头昏脑涨。久而久之这不仅影响到他的健康，还导致他的工作效率极其低下，因此他强烈要求拆除这盏路灯或者把它移到别处去。

然而，这盏路灯是小区另一户居民不久前才申请安装的。之前，由于这地方没有路灯照明，居民晚上出行极不方便，尤其是老年人或者腿脚不便的人。因为夜里无法看清路面，有人还将脚崴了。于是，在这位热心居民的强烈呼吁下，居委会向供电所申请在这儿安装了一盏路灯。周学丽走访周边居民时，很多居民都反映有必要在这儿装上一盏路灯，以方便夜间出行。

一边是因影响夜间休息而要求将路灯拆除或移位，另一边儿则是为夜间出行方便而要求保留路灯，居民的这两种呼声如此相左，但都合情合理，该如何抉择呢？有没有两全其美的办法呢？带着这个美好愿望，周学丽和居委会干部前去现场进行勘察。

他们到现场后查看了这盏路灯及其位置，发现路灯安装在目前这个位置，的确能为居民们晚上出行提供最好的照明服务。如果拆除，估计附近多数居民不会同意；移位的话，怕是找不到比这儿更好的位置。

之后，周学丽他们又去了受路灯照明影响的居民家。周学丽仔细观察了一番，发现居民家的窗台与路灯之间的距离只有3—4米，的确很近。尽管路灯瓦数不算大，但也比一般家庭照明灯的瓦数大一些。因为使用的是新能源灯泡，能达到照亮周边20米左右的效果。再加上，附近没有绿化树遮光，可以想见，路灯耀眼的光线是直射进居民家里的，难怪给居民造成了这么大的困扰。

但是，这个问题怎么去解决呢？"电力老娘舅"周学丽心中一时没了主意。她瞅着眼前这盏路灯，认真思考了大半天，突然，一个大胆的念头浮上脑际——如果将这根电杆稍作移位，再降低路灯的高度，也许能解决这个问题。

周学丽向在场的其他人谈了自己的想法，向大家征求意见。大家也觉得这个方案具有可行性，并提出了一些改进意见。如果稍作移位，再降低高度，不仅可以避免路灯直照进居民家里，还可以大大降低了灯光照进居民家里的亮度。如果居民同意，还可以在路灯和居民房屋中间加个隔挡，这样阻隔光线的效果会更好。当然，怎样才能达到最佳效果，还得让路灯班的师傅到现场对位置和高度好好做一下规划和设计。

在居委会干部的协调和帮助下，周学丽也把自己的这个想法与两户居民做了沟通，想尽力取得他们的支持。投诉的居民表示，如果这样能改善境况，他没有什么意见，加隔挡也没问题。

把该沟通的都沟通好了之后，周学丽回到所里，向领导汇报了商议的结果。领导对她的解决方案也表示认可。第二天，周学丽会同路灯班的师傅，一同去现场对路灯实施整改，将路灯向旁边移位1米，同时降低了路灯的高度，调整了灯光的照射方向，还安装了隔挡进行遮挡，最终达到了既不影响夜间照明也不妨碍居民睡眠的最佳效果。

　　就这样，从沟通调查到施工处理，周学丽一共去过两次，就一劳永逸地解决了居民之间的矛盾，这让她觉得很骄傲。事后，她总结说，在与用户交往中，不仅对用户要有耐心，更要真心实意地为他们着想，那就没有什么困难是不可克服的。

　　这真是——

　　　　　　动嘴耐心去说服，
　　　　　　不如动手做一处。
　　　　　　一盏路灯巧安装，
　　　　　　两户居民喜洋洋。

残障人遭遇困难　娘舅换岗不换心

随着城市化发展，詹家山村已经被圈在城中央成为一个城中村，但该村村民的日常生活规律与乡下村民相比仍然不差分毫。2021年，"电力老娘舅"杨铁康与该村村民李某之间发生了一件事。虽说这件凡人小事，随即便被湮没在这熙熙攘攘的城市喧嚣里，但当事人至今还惦记着彼此……

10月某日，暨阳供电所的台区经理杨铁康发现，詹家山村一户村民到月底仍未缴纳电费，顿时心生疑惑。系统显示，这户人家以往都是采用网上缴费的方式，且一向都非常准时，这次为什么到现在还没有缴费呢？其中一定有缘由。

杨铁康想联系用户本人问问情况，但预留电话已无法接通。第二天，他继续拨打这个电话，仍没有联系上。一连几天，杨铁康不仅无法通过电话联系上这个用户，向很多熟人打听也没能找到这个用户。无奈之下，他想到了詹家山村的村书记，通过电话一问才知晓，用户竟然是一位70多岁的聋哑人！

一位聋哑人平常是怎样缴电费的？最近又为何未能按时缴纳电费？为了搞清楚这些问题，杨铁康决定亲自跑一趟，去詹家山村走访一下这位老人家。进村后，通过打问，杨铁康终于找到了老人的家。本来还担心沟通会有障碍，见到老人之后才发现，老人尽管聋哑却可以用纸笔与人交流。

经过沟通，杨铁康了解到，老人之前的电费都是他兄长用自己的银行卡为他代缴的。兄长前段时间不幸去世了，大概那张银行卡里的余额也不足了，以致上个月电费没能及时缴纳。杨铁康用纸笔向老人解释了自己上门的原因，老人随即拿出兜里的现金递给他。杨铁康收取现金后，拿起自己的手机通过网上系统为老人缴纳了电费。临走时，杨铁康看到老人既聋又哑且年迈多病，考虑到他今后在生活方面可能需要有人帮衬，便主动加了老人的微信，让老人有需要可以通过微信联系自己。之后，又把自己的办公地点写在纸条上，交给了老人。看到杨铁康这么热心和贴心，老人表示非常感谢。

差不多过去了两三个月，有一天，门卫打电话给杨铁康，说有个人拿了张纸条找他。杨铁康出去后发现，原来是詹家山村那位聋哑老人。他赶紧把老人领到办公室，像好久没见的老朋友一样用纸笔与对方交流了一阵子。原来，老人这次来找杨铁康，是想咨询一下低保户如何减免电费的问题。

杨铁康还真不清楚有没有这个政策，就把他带到营业厅，让了解这方面情况的同事帮他去处理这件事。事情处理完后，杨铁康还担心老人回去的事儿，老人表示他会坐公交车，这次就是坐公交车来的。

后来，杨铁康的服务片区更换到了城市广场，詹家山村已不在他的服务范围内。然而，2022 年 9 月某日，老人通过微信联系杨铁康说，自己家厨房时常自动断电，最近几天干脆彻底断电了，问杨铁康是否有空帮其解决这个问题。

收到微信信息时，杨铁康正在金麟府那边处理一个充电桩，趴在电表箱上面整理采集线。接到老人的求助信息后，他下意识的第一反应是，詹家山村已经不在自己的服务范围内了，把这件事情转给现在负责的台区经理，让他去解决这件事。可是，他转念一想：老人是聋哑人，新的台区经理并不了解这些情况，处理起来会比较困难，可能还要耽误老人的事儿。自己熟门熟路的，还是亲自跑一趟更妥当。

于是，杨铁康就在微信上回复说："我正在工地忙手里的活儿，等手头上的事情处理好后，我就去你家检查。" 杨铁康还联系了詹家山村的村干部，请他们先去老人家里了解一下情况并反馈给自己，以便自己将工具和器材准备齐全，到现场后能尽快处理。

下班以后，杨铁康就开车来到老人的家。老人用纸笔告诉杨铁康："家里一边有电，一边没电（厨房没电）。" 仔细检查后，杨铁康发现房梁上面有一个空气开关，便爬上梯子把空气开关拔了下来，之后想再推上去，试了几次都没有成功。他便知道是这个空气开关出了问题，需要更换。

杨铁康想也没想，立即出去购买，但在周围门店找了一圈都没能买到这样的开关。回来后，他一时也想不出更好的解决办法，便卸掉了存在问题的空气开关，然后把线路统一装到了另一个空气开关上。

差不多一个小时后，他便解决了厨房的断电问题。事情处理完后，杨铁康特意去找老人的邻居说明老人的情况，并希望邻居平常能多关照一下老人的生活。第二天上班后，他又把老人的情况向负责这片区域的台区经理当面做了交代。做完这一切之后，杨铁康才稍觉安心……

这真是——

迟交电费露端倪，
原来户主身有疾。
无愧称号老娘舅，
换岗依然解危难。

面馆装修移电表　村企联动当大事

"枫桥经验"有两个关键词，即"人民"和"创新"。"枫桥经验"在20世纪60年代面世，至今已经历了60年的发展，尽管在不同时期有不同的历史任务，但其始终围绕着"人民"这两个字在创新发展。"依靠群众，为了群众，发展成果由群众共享"是"枫桥经验"一以贯之的主旨，而这也是电力企业"枫桥经验"自始至终践行的。

在大西供电所任国杰的台区，一位从绍兴来次坞开打面馆的用户来电说，自家店面要装修，原来的集表安装位置很碍事，要求供电所将其移走，并将其他多余的电表一并拆除。用户还让供电所尽快答复，否则，他就自己动手拆除，因为他请的装修队已经开始施工了。

"电力老娘舅"常讲要"急用户所急"。接到任务之后，任国杰赶紧在第一时间与用户取得联系，说马上去现场查看。谁料，用户却说他正在忙其他事儿，一时分不开身，让任国杰去找他的哥哥商量。任国杰并没有计较对方的态度，根据用户给他的联系方式，很快找到了用户的哥哥。当时，用户的哥哥正在陪人吃饭，已经喝得酩酊大醉。他拿着手机说了一大堆酒话，再加上他有外地口音，说的话要么叫人听不明白，要么是些骂人的话。

遇此情形，任国杰很无奈，本想等对方醒酒后再商量，但转念一想，觉得不能这样等下去。用户已经急得火上房，万一到了现场没见到供电所的人，一恼火私自动手拆电表，触犯法律不说，万一造成触电事故咋办？

他又一次拨打用户的电话，没人接，转而再次拨通了用户哥哥的电话。这次，这位老兄的酒劲似乎过去了一些，意识也清醒了很多，在电话上把主要意思表达清楚了，大意是说店面要装修，这些电表很碍事，往哪儿移他不想管，也管不了，让供电所自己想办法。

作为"电力老娘舅"，任国杰经常会遇到这样的用户，所以他也没有过多地去计较对方说话的语气。在他看来，"电力老娘舅"要认真做好电力服务，不仅要为用户着想，还要有耐心，要修炼出一副经受得起摔打的好脾性。

眼见到了正午，用户仍没有主动联系，任国杰只好根据用户在电话里提供的大致方位赶去现场。到现场后，他发现这里是一个菜场入口。按照用户在电话里的描述，入口边上这家面馆可能就是他家租赁的门面。任国杰在现场仔细地查看一番后发现，共计5户人家的电表箱占用了面馆门面。这一"坨"电表箱影响美观不说，还真是妨碍了面馆装修。

然而，要移走这些电表，还真有点麻烦。首先，周围都是店家，墙面寸土寸金，都被充分利用着。其次，不是有地方就能装表，还要看合适不合适。再次，周围这些用户都是一些散租户，没有户主的同意，移电表这事儿他们都做不了主。

活人总不能让尿憋死！任国杰决定先见见出租这片门面的户主，征求一下对方的意见，打听了半天，才发现户主这段时间不在家。返回来，他又把这家店面打量了一番，心里一直在犯嘀咕：如果移表，且不说要移表的这几家用户到时配合与否，选定其他位置、取得其他相关户主的同意这些事也都很不好解决。

到了这个时候，用户还不露面，真是皇上不急急死太监。任国杰没招了，决定到村委会找村书记先通报一下情况。这事儿到时肯定少不了请村书记出面帮忙说话。

看到任国杰这么热心地上门替用户排忧解难，村书记也很感动，对他说："住在村里的这些大大小小的业主和企业主，都是振兴这片土地的大功臣呢。想他们所想，急他们所急是你们的服务宗旨，也是我们党支部对他们的承诺。你也不要太着急，心急吃不了热豆腐嘛。晚上，趁他们都在家，我会找人与他们初步沟通协调一下。明天你尽管带人来，需要村里出面的事，我会亲自到场组织，尽量让各方都满意，最主要还是要保证用电安全。"

第二天一大早，在村书记的陪同下，任国杰对5家租户一一走访，详细了解用电安全情况，并询问他们的用电实际需求。根据走访情况，他与这5家店面的户主进行协商，最终就每户电表的安装位置达成了初步意见。

第三天，由村书记出面见证，任国杰与这 5 家户主以及租户在协议书上签了字，施工队按照协议顺顺当当实施了表计移位。

这真是——

一块电表事虽小，
村企联动搞协调。
遇上热心老娘舅，
感动用户和村佬！

无端猜忌要拆线　专业解释平事端

2021 年 9 月，璜山镇化泉村村民徐某打来投诉电话称，他无意中看见自己家阳台外有电力员工正在改造原来的供电线路。这些工人用于包裹电线的"绿皮塑料"看起来很不结实，而且从他们的操作手法上看他们也不像是专业的电工。会不会是雇请了一群门外汉？用他的话说，这样简单缠裹的电线风吹雨淋很容易老化，万一引燃了用户阳台上的晾晒衣物，岂不是会引发一场火灾？他要求电力部门尽快来人监督施工，并将已经架好的线路予以拆除。

接到投诉工单后，"电力老娘舅"任炉军立即赶到现场。他根据电话内容推断，徐某家就在附近，于是向周围人打听徐某的住址，结果问了几个人，大家都不愿意回答。任炉军只好拨打徐某预留的电话，好不容易接通，徐某却说他在外边忙呢，一时半刻回不来，自己家现在也没人。

任炉军只好先去检查施工人员安装好的接户线、户连线等，结果发现这些刚换上的线路其实都是符合施工规范的。一时间见不到投诉人，施工现场又没有发现任何违规操作的情形，于是任炉军联系了化泉村的村干部，想了解一下群众对改线还有什么诉求，也顺便打听一下徐某的情况，以便针对性地去做工作。

一听要找的人是徐某，村干部无可奈何地摇着头表示，这个人就喜欢不懂装懂，闹些没名堂的闲事。由于他说话办事的风格异于常人，与这个人打交道，沟通起来很难。

听了村干部的介绍后，任炉军觉得，不管投诉人是怎样的人，哪怕他就是村干部说的那种没事找事的人，既然接到投诉了，就要向他解释清楚。与其在电话里解释半天，倒不如见他一面，面对面沟通一下，说不定能得到他的认可。

与徐某见面前，任炉军又与施工队负责人对现场进行了勘察。之后，他问负责人："万一徐某要求拆线，为满足他的要求，去改动一户人家的线路可行不？"负责人说："理论上是可以的。但像他这样的人，你给他家阳台用打孔穿瓷管的办法施工，他本人未必会同意。再说，为一户人家改变整个施工方案，会引起一连串反应，万一其他用户也提出一些节外生枝的要求，就更麻烦了。"

任炉军认真考虑了负责人的话，对他的说法也表示认同：一则，徐某提出的拆除电线重装的理由不靠谱，不能一味按照个人的意愿随意改变整个施工方案；二则，这次改线之所以没有采纳穿瓷管的方案，主要是很浪费施工材料，也不够安全；三则，若按照徐某的要求拆除电线，影响整个工程进度不说，如果他对处理后的效果又不满意，引起矛盾升级该怎么处理？

考虑再三后，任炉军拨通了徐某的电话，徐某很不耐烦地说他还在外面，这阵子没空回来处理。"电力老娘舅"一个个都是金刚不坏之身，无论对方态度多么恶劣，他们都不会去计较。在电话里，任炉军心平气和地对徐某说："我希望我们能当面把这件事解决好。你看你明天什么时间有空，我们见上一面，把这件事落实好，让你放心满意，我们施工队也能正常施工。"最终，双方约定第二天晚上6点左右，供电公司工作人员到徐某家去处理。

第二天，任炉军按约定时间赶到了徐某家。刚进他家门，徐某就开始发牢骚，说供电公司这个施工队是草台班子，整个施工看起来就不符合规程，要求将他家阳台外走线恢复原样，并说现在接的这些线很难看，乱七八糟的影响美观。如果他家晒被子时不慎把被子搭在外墙那些电线上，弄破了被褥不说还很容易触电，到时供电公司赔偿得了吗？徐某越说越激动，空气中一时间充满了火药味。

任炉军为了缓和气氛，先给对方递上一支香烟，然后耐心地向对方解释："这次农村用电升级换代，动用这么大力量改造线路，主要是为了适应老百姓生活水平逐渐提高的需求。这一次确定的施工方案，摒弃了之前在用户门堂上过线管、隔墙上开洞等落后的施工方法，这也为用户今后生活留出方便。就像你家阳台，万一将来要贴砖、包阳台，就没必要再请人改线了。而且，少了那些穿墙管，墙壁外观也更好看些。"

听任炉军这么一说，徐某原本激动的情绪缓和下来，他追问道："这样好看是好看了，但是不是安全呢？"任炉军继续向他解释：原来的线路穿管散热并不好，现在外面施工的集束线绝缘强度高、质量好，更不易老化。至于用户在阳台上晒衣服，最好加固一根竹竿或者安装制式晾衣竿，晾晒衣被时不要轻易摩擦到电线，那样才是最安全的。这次施工之所以用电线包裹集束线，就是考虑到万一电线外皮有破损，用户不慎碰到电线，至少可以保障生命安全……

徐某听了半天才明白，自己看不上眼的这些东西，原来是人家专业上的新材料，一时也不好再说什么，但也不愿意承认自己的孤陋寡闻。见他不再提让施工队拆除装好的线，任炉军又乘胜追击，向他科普了一番新的接线知识，说明了原来门堂上过线管的诸多弊端。

最后，在任炉军苦口婆心的劝说下，徐某撤回了要求拆除线路的投诉，还由衷地对任炉军登门为自己科普用电知识表示了感谢。

这真是——

> 不懂专业乱投诉，
> 无端折腾老娘舅。
> 难得一片爱民心，
> 循循善诱化纠纷。

小酒仙电话投诉　老娘舅诚表寸心

　　一个看似有人酒后不断拨打全国电力服务热线投诉惹出的笑话，却隐藏着一段"电力老娘舅"从群众利益出发热心服务用户的动人佳话。

　　事情还得追溯到五六年前，为了保障新小区住户的用电需求，供电所在金凤小区某栋楼房前面安装了一个变压器。不久，这个小区的一位住户，每到晚上9点多便开始拨打95598全国电力服务热线，反映楼房前面的变压器噪声很大，影响了他晚上休息。

　　实际上，当初安装这个变压器时，就充分考虑到了楼房住户的安全以及对周边住户的影响等因素，并经过多方论证。目前，变压器距离楼房有6米的安全距离，即使有点小噪声，也不会影响居民的夜间休息。不过，既然有人反映了，为了使用户投诉"件件有着落"，供电所还是要派人去实地勘察。由于金凤小区是安置小区，居住人员比较复杂，为了更好地解决这个问题，供电所指派"电力老娘舅"边向阳去协调处理此事。

　　接受任务之后，边向阳第二天便去现场对变压器进行检查。经现场查看，他认为变压器与住户楼房的距离符合规范，噪声分贝也在合理范围内。不过，为了认真对待居民的投诉，并增强结论的信服力，边向阳还是不厌其烦地邀请专业机构进行检测。专业机构现场检测之后，当场给出认定结论：变压器的噪声完全符合标准。随后，边向阳拿着检测结论向住户做了解释。

　　然而，当天晚上9点，这位住户再次拨打热线进行投诉。第二天晚上，依然如故……投诉电话连续打了几天。供电所无奈，只好将住户投诉的那台变压器停掉，在就近的路边安装了一台新变压器，以保证小区居民的正常生活。

谁知道，没过多久，该住户又开始很规律地在每天晚上拨打95598热线，投诉已停运的变压器周围没有围栏，存在较大的安全隐患。边向阳又去现场查看，发现当初安装变压器时，就已经加了距离地面接近2米的安全水泥台，但确实少了一圈人们习惯接受的防护栏。尽管不加防护栏在安全上影响并不大，何况这是一台已停运还没有来得及移走的设备，根本不存在安全的问题。但由于领教过这个投诉人的行事方式，边向阳还是亲自上门向他表示歉意，随即安排工作人员在变压器周围安装了一道围栏。

然而，没过多久，该住户又拨打95598热线开始了"第三波"投诉，这次反映的问题是这台变压器周围长出了许多杂草，如果不清理，可能会造成新的安全隐患。边向阳只好再一次去现场查看，确实如住户所说，变压器下长出了不少杂草。他便从物业那儿借来除草工具，将杂草清除干净，之后依然向住户表达了歉意。一个停掉的变压器，给供电所的"电力老娘舅"们带来了这么多困扰、增加了这么多工作量，也是他们怎么都想不到的。

依旧没有消停多少日子，该住户继续拨打95598热线进行"第四波"投诉，反映变压器周围雨天多泥，应该对周边地面进行硬化处理。无奈之下，边向阳带着人，应住户要求，将变压器周围的土地进行了硬化处理。

消停了不到一个礼拜，来自同一电话号码的新一轮投诉又开始了，还是老时间——晚上9点左右。这次投诉的问题是硬化的地面不好看，需要铲除后重新硬化……

鉴于该住户不停地拨打投诉电话且有一定的规律性，边向阳觉得这事儿不似表面那么简单，他想与这位住户推心置腹地好好沟通一下，彻底搞清楚其背后的真实诉求。为此，边向阳还特地走访这位住户楼上楼下的邻居。经过向左邻右舍打听，边向阳得知，该住户是附近一中学食堂的工作人员，平时很少和邻居们交流，大家也搞不清楚他为什么要打这么多投诉电话。不过，大伙都告诉边向阳说，此人有个小癖好——晚上下班后喜欢喝几杯小酒。每次自斟自饮到兴头上，他就在自家阳台哇啦哇啦地给人打电话。因为声音很大，左邻右舍时常能听见。有一次，邻居听他在电话中怒骂向他了解情况的电力部门工作人员。

终于找到问题症结了！表面上看是喝酒惹的事，实则是他内心不如意借酒劲找地方发泄呢。看来还得与他单位的领导谈谈，深入了解一下情况，并请他领导帮忙做做工作，否则长此以往，搁谁都受不了。边向阳一边想着，一边拨通了住户单位的校长电话……

经过校长对该住户的劝解，以及边向阳多次登门与其交流，该住户后来终于认识到自己的错误，对边向阳表示不再打电话投诉了。于是，这个把供电所闹得不安宁的投诉电话从此销声匿迹。

把这件看似荒唐、可笑的事情处理完后，边向阳没有把它当作笑话对待，而是通过这件事开始反思自己的工作。他觉得在这件事情的处理过程中，自己也有考虑不周到的地方。比如，第一次接到住户投诉变压器有噪声时，自己只是解释设备噪声在技术允许范围内，而没多考虑其他。其实，人的睡眠质量有好有坏：有些人睡觉，放大炮都惊醒不了，有些人听到一点响声便彻夜难眠。特别是夜深人静的时候，看似微小但一直在耳边嗡嗡响的噪声，对一个睡眠不好、听力却相当敏锐的人来说，不啻是一场灾难！如果当时自己在住户面前勇于承认变电器确实存在噪声问题，他也许就不会一直不依不饶地投诉。而且，住户提出的安装防护栏、路面硬化、杂草丛生等问题，都是今后工作中需进一步细致考虑的。电力"枫桥经验"不能只是墙外有声、报刊有名，也应当扎扎实实地落在为辖区每一家用户提供优质服务的行动之中。

不久，在边向阳的建议下，供电所很快移走了这台停用的变电器，将所占地方的风貌恢复如初。

这真是——

骚扰电话吵嚷嚷，
原来里边有文章。
看似一场小闹剧，
却让娘舅更思量！

老人与树结真情　娘舅精心留半冠

　　2018 年，由于浣东街道汤家店村用电量增加较快，姚江供电所需新增一条高压线路以确保居民的用电安全。在安装过程中，姚江供电所发现，在浣东街道汤家店村线路下长着一棵法国梧桐。法国梧桐是最好的行道树之一，长得快，遮阳好，可当它长在高压线附近时，这种优势就会变成安全隐患。

　　为了保证线路安全，姚江供电所派出五六个人前去处理。没承想，正在处理时，一位 60 多岁的老人从旁边冲了过来，抢走了锯子、掀倒了梯子，气势汹汹地说："这树是我种的，怎么碍着你们了？"

　　工作人员向老人询问后得知，这位老人姓汤，这棵梧桐树是属于他的。于是，工作人员耐心地向老人解释，这附近有高压线，法国梧桐生长速度快，现在虽然还未产生影响，但如果任其继续生长下去，肯定会妨碍电力设备运行，从而威胁居民的用电安全。然而，汤某并不接受工作人员的好言相劝，坚决反对处理树木，不肯做出让步。考虑到老人年事已高，工作人员只能暂时放弃，将处理树木这件事搁置了下来。

　　后来，这条高压线又增加了一条线路，由单回线变成了双回线，而这棵梧桐树也随之生长几年了。眼见这棵"疯长"的梧桐树影响到了高压线，附近村民也很担心，希望供电所能把它砍掉。而怎么说服老人，就成了供电所的当务之急。于是，"电力老娘舅"方迪明被委以重任去做汤某的思想工作。

　　为了拉近彼此的关系，方迪明去汤某家找他聊天。闲谈中，方迪明了解到，这棵法国梧桐是汤某亲手所栽，就跟他自己的孩子一样，从小树苗慢慢地长成了一棵大树。一家人平时在树下乘凉，两个女儿回家时把车停在大树下遮阳。从感情上，老人根本不愿意让这棵树在他有生之年被人砍掉。

了解事情原委后，方迪明非常理解老人，但为了确保居民的用电安全，还是得让老人割舍个人情感，"牺牲"掉这棵梧桐树。于是，方迪明硬着头皮与老人沟通，努力向他说明不处理这棵梧桐树可能引发的严重后果。比如高压线下至少两米的范围内都不可以有房屋或者树木。如果有树木，枝叶与高压线长期缠绕摩擦，作为导体的树木会放电，容易引发火灾甚至威胁到人的生命安全。这时在树下乘凉、停车都很不安全。如果树枝造成线路短路，还会致使周围停电，给企业和居民造成经济损失。

对方迪明施展的"头脑风暴"，汤某并不认可。于是，一次、二次、三次……方迪明几乎每天都上门去做汤某的思想工作，跟老人拉家常、讲道理、明政策，但还是没能做通老人的工作。这时，方迪明感到，个人利益要服从公共利益这个道理讲起来简单，但真要落到每个人的行动上却不是那么容易的，尤其是要让老人同意砍掉自己亲手栽的树，别说这个感情关过不了，思想上一时半会儿也不容易转弯啊。

怎样才能既顾及汤某的情感，又确保供电安全呢？方迪明一连几天都在苦思冥想。突然，一个念头闪现在他的脑海中——在保证输电线绝对安全的情况下，可不可以用其他办法保住汤某的这棵树呢？譬如移栽，让这棵树远离头顶上的电线，对，这是一个好办法！但转念一想，这树长这么高大，周围也没有合适的地方能够容纳这棵树啊！

晚上，方迪明为此事彻夜难眠，最终想到了一个两全其美的办法——把这棵梧桐树只砍去半边树冠，即给靠近输电线的主干做个"大手术"将其截断，除去日后不断生长的树枝在风雨中导致输电线路意外"爆闪"的安全风险，而将另一半树冠留给老人家乘凉。这样一来，既能顾全老人家保住树木的意愿，也根除了输电线路的安全隐患。

第二天，方迪明高高兴兴地来到汤某家，将自己这个想法讲出来与汤某商量。一听能保住自己的树，汤某当然一百个愿意啦。于是，两人来到树下，就如何修整树干比画着。通过讨论协商，两人就具体修整方案达成了共识。

就这样，原本难以推进的"砍"树变成了两全其美的"保"树。施工队仅用了半天时间，就砍去了紧靠电线的一半树冠，为老人家保留了另一半树冠。

这奇特的"砍树"引来不少人围观。为了使大家对安全用电有更多的认识，方迪明还在大树旁布置了安全用电挂图展板，汤某也现身说法。他还不断地向大伙儿夸赞"电力老娘舅"，说"电力老娘舅"替他想得周到，讲的道理都是为大家好。大伙纷纷议论说："这真是一堂别开生面的用电安全现场教学课。"

这真是——

三年砍树未实现，
一朝换作留半边。
娘舅心里有群众，
电路安全人安全！

新表计费有疑惑　娘舅悉心查缘由

2021 年 10 月中旬，安华镇球山村一位村民打电话向牌头供电所投诉。"是供电所吗？你们给我家新装的电表有问题！以往，我家每月电费都是 40—50 元，但这个月的电费接近 300 元！你们真是乱来，这次新装电表后多出这么多电费。月底我是不会缴这么多电费的……"听得出来，用户很生气，还不等这边儿回应，就愤然地挂断了电话。

接听这通电话的是牌头供电所的"电力老娘舅"寿晓光。对方把电话挂断后，他赶忙回拨过去，一连拨了四五次，投诉用户才勉强接了电话。通过与对方的几句简单对话，他获悉该用户的户号和户名，并提出自己现在就上门查看情况，查查哪儿出了故障。但不知道出于什么原因，该用户坚决不同意上门检查，还表示："一定是你们这次新安装的电表的问题，你就是来了我也不可能让你动我这个电表，我要留下这个物证和你们打官司！"

听到用户最后丢下的这句话，寿晓光不免深思起来，给用户更换新表本是一件设备升级的平常事，但从开始更换之时，就不断有用户质疑新表的计量是否准确。这件小事若是处理不好，恐怕接下来会引起其他用户的连锁反应。

球山村上个月批量更换新电表的工程，是寿晓光负责施工的。智能电表都是国家批准生产的，出厂时经过了专业技术检测，不应该有什么问题。他把这件事琢磨了一下，如果计费错误情况属实，会不会是自己当时换错了电表？

寿晓光仔细核查了该用户每月的电费账单和日用电量，发现该用户最近家庭用电数量确实存在异常情况。到底是什么情况，只有现场查看后才知道。只有摸排出原因，才能从根本上解决问题。于是，寿晓光继续联系用户，耐心与他沟通："请你放心，我们进行现场检查绝不会破坏'证据'的。如果是你家电器发生了故障，没有进行现场检查是发现不了的，万一真有故障可能还会影响到你全家人的安全。"在寿晓光苦口婆心的劝导下，用户最终同意他带人上门查看，时间就定在第二天上午。

第二天，寿晓光和同事毛立健按时赶到了用户家，他们首先检查了用户的电表，发现电表并不存在故障，接线也没有错误。那问题出在哪儿呢？突然，寿晓光发现用户家中用电的脉冲灯闪烁频率很快，这表明这条线路上有大型用电设备在工作，而且是满负荷工作。他连忙询问用户："你家是否使用了大型的用电设备？"用户一脸茫然地说，自己家里没有使用什么大型用电设备。

作为一个业务熟练的老电工，根据现场查看的情况，寿晓光非常肯定，新电表绝对没有故障，用户家里使用的某种未知设备，导致电表脉冲灯异常闪烁，这个未知设备可能就是使用电量异常的"元凶"。两位"电力老娘舅"当即决定全面排查用户家中一切连接的用电设备。排查由寿晓光进行，毛立健则留意脉冲灯的反应。

用户的家用电器并不太多，一一摸排也不会耗费太长时间。在排查过程中，寿晓光逐个将家用电器在电源上插拔一次，同时询问毛立健脉冲灯的反应。当他排查到用户家使用的电热水器时，毛立健高兴地大声对寿晓光说："脉冲灯不闪烁了"。终于找到了耗电"元凶"！寿晓光很有把握地对用户说："好了，这下毛病找到了，你家这个电热水器坏了！"

用户见两人找到了用电量暴涨的真正原因，脸上也露出了笑容，连忙取出钱包要付欠缴的电费，还诚恳地说："既然是我们自己的原因，那电费再多也是要付的。幸亏你们早点过来，不然下次还要付这么多电费。电费都是小事，如果闹出家人触电受伤的事儿，那才是大事呢，真是太谢谢你们了！"

见原本紧张的气氛缓和了下来，寿晓光就主动加了用户的微信，并告诉他：这个月已到中旬，月底要付的电费肯定也不会少，并建议他要经常检查家用电器，注意用电安全。若是用户没有这个条件或能力，可以联系"电力老娘舅"上门帮忙。此外，他还提醒用户，如果日后家中添置这种大功率电器，一定要选择正规厂家的产品，留意国家强制性产品认证。市场上有一些价格便宜但没有质量保证的电器，不但用起来费电，还容易发生故障，对家庭安全是个相当大的隐患。

　　这真是——

> 怒气冲冲找事来，
> 和风细雨巧安排。
> 呈现一片爱民心，
> 换得用户笑颜开。

推行费控惹投诉　耐心讲解释疑团

随着经济社会的发展、科技的日新月异和服务意识的提高，电费收缴方式也经历了从窗口缴费、充值卡缴费，通过银行储蓄批扣、划账，到通过支付宝、微信缴费等多种方式。与窗口缴费相比，无论是通过银行还是通过其他电子程序缴纳电费都方便了很多。以通过银行缴费为例，用户只要将银行账户和电费账户绑定，每月固定时间扣费就可以了。但随着智能化电力服务平台的出现，供电部门还推出了能够更好地为用户提供高质量、智能化、便捷化服务的新型缴费模式——费控。

按照费控模式要求，用户有自己的电表账户号（以下简称"户号"），用电得先向电表账户里充钱，预存一定电费之后才能启动功能。到了月底，供电部门会根据用户的用电量扣划账户中的预存电费。一旦账户金额不足以缴纳当月电费，系统便会自动向用户发送欠费短信。因为费控系统与微信、支付宝、网银等多种支付方式绑定在一起，并通过短信的形式告知用户用电量与电费情况，既便于供电部门及时清缴电费，也极大地方便了用户。

然而，任何新事物面世时，总会遭到旧习惯、旧思维的排斥。由于很多用户仍秉持以前那种"先用电后缴费"的观念，再加上一下子无法改变以往的习惯，对费控这一缴费新形式十分排斥。也有部分客户潜意识里没有接受"户号"这个概念，每当收到欠费短信，就很生气。因为用户知道自己银行卡里明明有钱，供电部门却向他们不断发送欠费短信。于是，在费控这个新生事物推行过程中，投诉事情便屡有发生。

2021年6月上旬，草塔镇浦岱村村民杨某，因供电部门向其发送欠费提醒短信，认为这干扰了他的正常工作，便找到草塔供电所的"电力老娘舅"楼东平，气愤地质问道："我的电费一直都是银行批扣的，为什么最近几天一直收到欠费短信？害得我以为是银行卡被人盗刷了，一整夜没睡觉，一直都在琢磨这件事。第二天一大早，我就跑去银行，一查卡上还有几万块钱，这才放下心来。你看，你们给我添了这么多麻烦！"

楼东平听了杨某的投诉后，先向杨某表达了歉意，安抚他不要激动，接着又给对方倒了一杯水。见对方情绪稳定后，他便向杨某详细地解释了目前正在推广的费控业务，耐心地告知："推行费控这一缴费方式，是电力部门为了顺应经济发展过程中网络支付迅猛发展的大趋势，为用户提供一种更为便捷的服务方式而已。开始不适应这很正常，这就像咱们用手机联网支付，大家刚开始都不怎么习惯。但现在你看看，谁还拿着现金上街购物呢？"

杨某依然不太能接受："你们设立这'户号'有什么用呀？为啥要设立这个多余的东西？依我看，这是把原本简单的事儿弄得复杂了！"

楼东平又向他解释："设立'户号'，其实并不像你说的那么简单。只要涉及网络支付，就应当考虑用户的资金安全。'户号'跟银行户头、手机号很类似，一户一号，只要在自己实名手机上输入自己家的'户号'，就能进入系统了解自己家当天的用电情况。其他人没有密码，还打不开呢！"

杨某不解地问道："那用户绑定自己的银行卡，不是一样方便缴费吗？"

楼东平告诉他："以前，你缴费'绑定'自己的银行卡，只是你自己知道，你晚缴几天也没人提醒，供电所也不能进入你的银行卡里扣款。按照规定，迟缴电费要缴滞纳金的，特别是那些用电量很大的企业用户，迟缴一天，滞纳金比那点钱存在自己卡里产生的利息要高得多！有了用电'户号'，不但可以预缴电费，还能规避逾期缴纳电费的风险。为了避免频繁的短信提示，你可以按照自己家的用电情况，通过微信、支付宝或者网银提前把钱充值到你的'户号'里，系统到时会自动扣除，也不会再三提示你。"

听了楼东平一番解释后，杨某基本清楚了费控的基本功能，但仍有疑问："用户如果忘记向'户号'里充值，会不会导致停电？"

针对这个用户普遍关心的问题，楼东平进一步解释道："如果你月底欠费，除了系统自动发短信提醒你之外，供电所会有专门业务人员上门催缴，你不必担心突然被停电这事儿。"

听完楼东平的耐心解释，杨某心中的疙瘩解开了，他对新缴费方式也不再抱怨了。随后，杨某还主动向楼东平请教费控在手机上如何操作，楼东平手把手地指导杨某在手机上安装了"网上国网"App，并告知 App 的使用方法。

这起投诉事件引起楼东平很多反思。在他看来，践行新时代"枫桥经验"是一名基层电力人员的基本操守。随着社会经济的发展，电网企业已经从"电老虎"转变成"电保姆"。这一根本转变需要"电力老娘舅"们转变服务观念，及时发现并积极主动地解决问题，尽力把矛盾消灭在萌芽状态，只有这样才能真正把矛盾化解在基层。

这真是——

> 推行户号为方便，
> 却令用户生疑团。
> 耐心讲明其中利，
> 同心和谐齐努力。

耗电陡增起疑问　热心娘舅三上门

随着城乡人民生活水平的不断提高，各种各样的家用电器进入寻常百姓家，指导安全用电也成了"电力老娘舅"们分内的重要事。由于经常会出现用户家里耗电量陡然大增的情况，这时正常运转的电表便成了"替罪羊"。为了洗脱电表与耗电量大增的干系，"电力老娘舅"们不得不费尽心思去抓那些出故障的"电耗子"。

2021年1月某天，牌头镇坑西新村枫糖自然村的张某拨打95598全国电力服务热线反映，自己家里只有一位老人居住，近来电费却居高不下，他怀疑自己家新装的电表有问题，要求供电所调查核实。

接到这一消息后，当天下午，"电力老娘舅"陈鑫与班长便一起来到张某家中调查。经过仔细检查后发现，张某家中的电表铅封完整，出线与接线正确，表后也未见外人搭接用电的痕迹。随后，陈鑫拿出随身携带的检测仪器认真对电表进行了检验，检验结果显示电表一切正常，由此可以断定，电费高涨与电表没有关系。

张某本人不在家，家里只有一位老父亲。因为老人年纪已大，无法与他就这些专业性很强的问题进行沟通，于是，陈鑫便电话告知张某，他家电表没有任何问题。然而，张某却说："你们检查自己装的电表，既当'选手'又当'裁判'，这结果怎么能让我信服呢？我要求你们把电表拆下来，交由第三方专业鉴定机构来检测。否则，我不认可你们做出的这个结论。"

用户依法依规提出的要求，供电所没有理由拒绝。于是，在办理了相关手续后，陈鑫将张某家的电表拆下，送交第三方鉴定机构进行检验。三天后，第三方鉴定机构的检验报告显示，张某家的电表确实是没有问题的。陈鑫第一时间将检验结果以短信方式发送给张某，张某在收到短信后立即给陈鑫打了电话，也表示对这个检验结果予以认可。

大概是觉得自己错怪了上门服务的电力工作人员，张某在电话里对陈鑫的态度和蔼了不少，并主动提出加陈鑫的微信。在微信上，张某请陈鑫帮忙分析一下自家电费异常的原因。陈鑫从专业角度分析认为，要么是线路漏电，要么是家中一些电器存在问题。张某向陈鑫请求："我对这方面一点都不懂，能不能请你来我家里帮忙检查一下？看看到底是哪里出了问题。"陈鑫欣然答应，并约定了第二天上门检查的时间。

第二天，陈鑫来到张某家中，通过询问他家老人得知，张某家是崭新的三层洋楼，家中的日用电器一应俱全。虽然房间这么多，又有这么多电器，但因为张某在节假日才会带着妻子和孩子回来，所以平时只有一位老人居住，而且，老人用电素来节俭，每一样电器使用完毕后都会立即拔掉插头，家里耗电量不应当这么高。

为了找出耗电的真正原因，陈鑫向老人提出全面排查一遍家中的电器，老人点头表示同意。在排查中，陈鑫来到了三楼，三楼有两个房间，老人向陈鑫介绍说："这是我儿子和孙女的房间，平常即便门不锁，我都是不进去的。"陈鑫听后对老人解释说："只要里边有用电设备，就都要检查一遍，否则找不出原因。方便的话，您陪我去他们房间里看看？"老人便带着陈鑫走进了这两个房间，一一检查房间里的电器。

逐个排查后，陈鑫发现这两个房间的卫生间各装有一台电热水器，虽然房间没人居住，但两台电热水器却一直通着电。而且水温设定在75℃。于是，陈鑫立即电话告知张某，应该是他家三楼这两个房间的电热水器一直通着电，导致了用电量居高不下。一方面，电热水器加热到设定温度后，持续保温要继续用电；另一方面，低于设定温度后，电热水器就会启动加热。假如这些电热水器保温层材料不好，持续加温持续散热，加之水温设置过高，实际上电热水器是处在一个不断加温的状态，这样就导致家里的用电量增加。

陈鑫建议："这几天，你先将这两个房间里的电热水器断电，观察一下用电量有无变化。如果用电量没有变化，我再来查找原因。如果用电量减少了，那就能确定是电热水器一直通着电的原因了。"陈鑫还向他推荐了国网 App，建议他下载使用。

到了次月初，张某通过微信向陈鑫反馈，将两个房间的电热水器断电后，上个月的电费明显少了一截。那就毫无疑问，这两台电热水器就是"偷电"的"电耗子"！与此同时，陈鑫又提醒张某："平时你不在家的时候，最好还是不要给这些热水器通电，以免产生无谓的电量。回家后再通上电，其实也不是很麻烦的事情。"

张某也是性情中人，为了赞赏"电力老娘舅"热心贴心的服务，居然给陈鑫发了一个 80 元的红包。陈鑫告诉他说："红包就免了，如果方便的话，帮我完成几个国网 App 的推广任务吧。"

没出三天，张某给陈鑫发来了微信截图，说他动员了三亲六眷，已经完成了 11 个推广国网 App 的任务！

这真是——

用电陡增起疑问，
热心娘舅三上门。
解决一件些小事，
结交一位热心人！

厘清是非有原则　真心相待提建议

　　"电力老娘舅"孙伟杰是浬浦供电所低压供电服务班的班长，也是一名从基层抄收岗位上成长起来的电力服务工作人员。在抄表收费、采集运维、线损处理等日常工作中，孙伟杰经常要面对脾气、个性各异的用户，处理各种用电难题。但无论在何种情况下，孙伟杰都严格遵守电力服务准则，牢记电力企业是服务广大人民群众的，服务无上限但也绝对不能丧失基本底线，要在厘清事情是非曲直的前提下依法依规解决电力矛盾纠纷，尽心尽力为用户解决用电难题，为客户提供优质电力服务。

　　2019年，浬浦供电所辖区内的诸暨市H服饰有限公司（以下简称H服饰公司）由于经营不善破产而被法院拍卖，尚欠27503元电费无力偿还。H服饰公司破产后，依照《供电营业规则》相关规定，其所欠的27503元电费应由接手的杭州L服饰有限公司（以下简称L服饰公司）偿还。但由于H服饰公司所欠电费数额过大，L服饰公司法定代表人陈某接到催缴电费的通知时，表示不愿意"替"H服饰公司偿还这笔电费。

　　为了催缴这笔电费，孙伟杰几次电话联系陈某，但当时由于疫情管控等原因，都未能如愿。孙伟杰向供电所领导汇报了这个情况，之后在领导的支持下，通过政府、法院等途径最终与陈某联系上了，并与其约定协商解决遗留的电费问题。几次沟通协商之后，陈某还是认为欠费金额过大，不愿意支付H服饰公司所欠的电费。

　　孙伟杰并没有气馁，多次上门或通过电话与陈某沟通，并告知陈某《供电营业规则》第三十六条关于破产用户欠费的规定。孙伟杰动之以情、晓之以理，陈某碍于情理与法理，最终同意缴纳该笔电费。

　　在局外人看来，催缴电费是供电所分内的工作，无须过多渲染。其实，如果用户依法依规按时缴纳电费，催缴是不可能出现的。一旦出现催缴，肯定是出现了依法依规缴纳电费的例外情形，其中缘由可能是各种各样的，有的处理起来比较简单，有的则比较复杂。比如上面所说的情形，尽管最终结果皆大欢喜，但其间耗费了"电力老娘舅"许多心血。如果没有一颗为民服务的热忱之心，很难一如既往、尽责尽心地做这种反复沟通协调、耐心说服的工作。孙伟杰这些"电力老娘舅"为催缴电费所做的工作，都是为了保证公司的法定权益能够实现。或许在一些人看来，这些努力与坚持是理所应当的。但接下来，孙伟杰所做的，就不能用"理所应当"来形容了。

　　2020年3月23日，孙伟杰了解到，L服饰公司开始生产之后，在后续跟进变压器过户的过程中，没有及时调整变压器的容量。原来，H服饰公司的用电量大，而L服饰公司的用电量比较小，如果不调整变压器的容量，就会导致仍装在现场的400千伏安变压器出现"大马拉小车"的现象。

　　得知这一情况后，孙伟杰及时向营销所长汇报，并主动联系了不知内情的陈某。因为此前的交往，孙伟杰和陈某处成了好朋友。孙伟杰建议陈某来所里申请调整电费的基本计算方式，将按容量改为按需量，光这一项简单的计费改变就为陈某的公司每月节省电费支出5600元。

　　原来听说过"电力老娘舅"许多热心助人的故事，陈某万万没有想到，现在居然活生生地发生在自己的身上。本来受市场影响，服装生意这几年已经很不好做，不说经济效益不好，闹不好还会赔钱赚吆喝！孙伟杰主动为他优化用电方案，让他的服装厂仅电费就一下子省出了一个员工的工资。

　　这真是——

　　　　　　　　铁面无情讲法理，
　　　　　　　　和风细雨搞帮扶。
　　　　　　　　设身处地解忧困，
　　　　　　　　一片丹心在玉壶。

◇◆◇ **案例点评** ◇◆◇

人民电业为人民："电力老娘舅"全心全意提供优质服务的"枫桥经验"

李傲（武汉大学法学院教授）　张羽丰（武汉大学硕士研究生）

　　"枫桥经验"诞生于 20 世纪 60 年代初的中国基层治理实践，伴随社会治理需求的变化，不断完善并趋于成熟。新时代背景下的"枫桥经验"，是"在党的领导下，由枫桥等地人民创造和发展起来的一整套为化解矛盾、促进和谐、引领风尚、保障发展的行之有效且具有典型意义和示范作用的基层社会治理方法"。其基本元素包括党建统领、人民主体、"三治"结合、共建共治共享、平安和谐等。党的二十大报告强调，要健全共建共治共享的社会治理制度，提升社会治理效能。在社会基层坚持和发展新时代"枫桥经验"，完善正确处理新形势下人民内部矛盾机制，及时把矛盾纠纷化解在基层、化解在萌芽状态，建设人人有责、人人尽责、人人享有的社会治理共同体。当前，在党的领导下，全国各地、各行各业都在积极学习"枫桥经验"，通过结合本地、本行业特色，形成了群众接受度高、可实施性强的基层治理模式。本章通过形象鲜活的 25 个案例，向我们介绍了电力系统在基层电力治理中如何通过全心全意为人民提供优质服务来贯彻落实"枫桥经验"。

　　梳理上述案例之后，笔者有感于基层电力治理的复杂多样，总体而言，较为集中、明确的问题包括：居民因线路从自家墙壁经过而斤斤计较、居民私自搭用电线险些危及群众人身安全、企业因不愿耽误工作进度拒绝停电更换表计等等。这些问题产生的深层次原因在于居民的公共意识尚未觉醒或仍有欠缺，过分关注个人利益。如《宁肯自己担风险　带电作业换表计》中，杭金七村的某一家庭小作坊为赶工，坚决拒绝停电换表，最终草塔供电所的"电力老娘舅"不顾个人安危，带电为其更换表计。虽然基层电力治理仅仅是基层治理中的一小部分，但其重要性可见一斑。如果人民群众自己都不关注自己所处基层的社会治理成效，不愿为拥有和谐、美好的生活环境贡献力量，那么共建共治共享的社会治理共同体就无法真正落实。因此应提高公民的参与意识，促使公民主人翁意识的全面觉醒。

　　除了上述案例所反映的用电矛盾外，还有其他影响基层电力治理顺利推进的情况，如部分民众由于缺少用电常识，对自家电费激增的原因"丈二和尚摸不着头脑"，个别用户因身体存在缺陷或家庭成员患有疾病有特殊的用电需求，有的村民一时难以接受新的缴费方式而欠缴电费，甚至有企业试图在缴电费这一环节骗取"不义之财"。可见，阻碍基层电力治理进程的困难多种多样，但无论电力问题是大是小，是难是易，"电力老娘舅"们都耐心听取群众需求，从人民立场出发，真正做到具体问题具体分析，以灵活的工作方式切实化解大众的用电问题。其尽心尽力为人民服务、全心全意化解群众用电难题的态度着实可赞可叹，可谓新时代电力企业践行"枫桥经验"的典范。

一、耐心沟通，重视群众话语权

　　在本章案例中，"电力老娘舅"们在解决人民群众的用电问题时所表现出的共性在于，他们都耐心听取群众反馈，积极主动与群众交流，真心实意提供优质服务。简单来说，他们重视群众话语权在基层电力治理中的价值。柔性治理的基本逻辑在于打破传统官僚制的单一权威治理模式，强调政社良性互动。人民群众作为参与基层治理的主体，他们的需求和意见需要被"电力老娘舅"们听到。而人民群众作为具体用电者，只有在积极反馈后，才能让电力工作者切实解决问题。在《偷电原是水管漏　娘舅细心擒元凶》《找出故障热水器　平息用户猜疑心》《空气开关频过电　却为电表起疑心》《用户缴费起疑心　娘舅细查找原因》《耗电陡增起疑问　热心娘舅三上门》《新表计费有疑惑　娘舅悉心查缘由》等案例中，面对因电费激增而情绪激动的用户们，若不是"电力老娘舅"们耐心询问和仔细排查，用电量激增的原因可能难以在短时间内找到，这将给用户带来更多损失。在《不推不诿不喊冤　帮一帮二再帮三》等案例中，如果"电力老娘舅"们以群众反映的问题不属于自己职责管辖范围为由直接忽略，那群众权益将得不到及时保护，"电力老娘舅"们也不会得到群众的一致好评。只有牢固树立为民思想并落实到行动中，才能为基层电力治理能力和水平的提高夯实基础。

二、换位思考，促进群众相互理解

虽然经济的快速发展提高了人民的生活水平、丰富了人民的物质生活，但个别人的精神涵养未能跟上经济发展的脚步，这主要表现在一部分群众过分追求个人利益，公共意识淡薄，缺少换位思考的能力。《两邻暗自存芥蒂　一个支架结同心》中，徐某为了粉刷自家外墙墙壁，要求供电所将邻居家的电线支架从自家外墙上拆除。"电力老娘舅"任炉军在了解事情缘由后，推心置腹地与徐某进行沟通，请徐某换位思考，最终徐某同意了任炉军的施工方案，避免了邻里纠纷的产生。《话说两件蹊跷事　略表一片爱民心》中，桂花园402室和501室用户均声称自家用电量不高，谁也不想多分摊电费，在"电力老娘舅"陈玲的劝说下，两户人家从和谐邻里关系的角度出发，互相体谅，最终以"一家出一半"的方式解决了电费分摊问题。实际上，如果人与人之间能够相互理解，多站在对方角度考虑问题，可以避免大部分矛盾的产生。人与人之间的相互体谅是"电力老娘舅"促成当事人达成调解协议的不可或缺的基础。

三、加强合作，发挥基层干部的作用

基层电力治理涉及范围广、利害关系人多。基层干部是连接人民群众与"电力老娘舅"的桥梁，要重视基层干部在基层电力治理中的重要作用。《面馆装修移电表　村企联动当大事》中，"电力老娘舅"任国杰在村书记的帮助下，顺利地与相关户主及租户签订协议书，解决了表计移位的问题。中国乡村社会的情理性基于熟人社会的特性。基层干部在人民群众中有较高威望。基层电力治理要发挥基层干部的积极影响，使其成为基层电力治理顺利推进的助推剂，避免发生不良影响。《千方百计解心结　全心全意为人民》中，若没有村干部的支持与配合，恐怕"电力老娘舅"徐超无法轻易做通俞某的思想工作。在《私自搭电隐险情亡羊补牢犹未晚》中，贾桥自然村的村干部在"电力老娘舅"指出村电工存在出工不出力等问题的情况下，及时向老娘舅请教解决对策。最终，供电所和镇政府联手开展了专门业务培训，大大提高了村电工的安全用电认识、能力和水平。这充分说明，"电力老娘舅"们只有不断加强与基层干部的合作，才能更好地发挥其在基层电力治理中的主力军作用。

四、党员带头，提高矛盾解决效率

"枫桥经验"历史悠久，但无论何时，都不曾离开党的领导，通过党建引领发挥党员的先锋模范作用。基层电力治理的顺利推进离不开全体党员的参与，发挥党员队伍的先进性、引领性是"枫桥经验"历久弥新的重要保障。《架设专线解困境　用户床前送爱心》中，针对老人需要不间断使用呼吸机的特殊需求，璜山供电所决定架设专线解决停电时的用电问题。同时为解老人当下用电的"燃眉之急"，璜山供电所的三位"电力老娘舅"发动供电所的全体党员献爱心，助力老人购买应急电源。他们真正做到了想用户所想、急用户所急、忧用户所忧。基层电力治理是党领导下的社会基层治理的缩影，党员干部综合能力的充分发挥对于矛盾解决、纠纷化解起着积极助推作用。通过党员带头、公众参与、社会协同，提高基层电力治理效率，矛盾纠纷化解在基层，促进了社会和谐进步。

五、因需制宜，化解纠纷方式灵活

虽然电力问题从表面上看比较单一，但是群众的需求是具体的、多样的。考虑到人民群众的不同需求，电力工作人员应当具体问题具体分析，针对不同的问题给出不同的解决方案。《老人与树结真情　娘舅精心留半冠》中，一棵长在高压线附近的梧桐树给姚江供电所带来难题：不砍掉梧桐树将给村民的用电安全造成威胁，砍掉梧桐树又遭到种植者汤某的坚决反对。此种情况下，若罔顾汤某的反对，直接砍树，这将在供电所与村民之间引发矛盾，不符合"枫桥经验"之"把矛盾纠纷化解在基层、化解在萌芽状态"的内涵。最终，"电力老娘舅"提出了既能满足汤某情感需求，又能根除输电线路隐患的解决方法——只截断靠近输电线路的主干，保留梧桐树的半边树冠。此种因"树"而异的方案得到了大家的一致好评。又如《千方百计解心结　全心全意为人民》中，"电力老娘舅"徐超三顾茅庐，针对俞某的不同需求，多次更改接户线的施工方案，最终得出了既让群众满意，又符合供电安全标准的施工方案。

电力"枫桥经验"是电力系统坚持发展新时代"枫桥经验"取得的重要成果。

基层电力治理工作应当通过吸收新时代"枫桥经验"的"自治、法治、德治"，实现全心全意提供优质服务的目标。自治是一种自我管理、自我治理的解决纠纷的方式，即发挥人民群众在矛盾化解、社会关系协调方面的积极价值，注重人民群众的话语权。法律作为一种他律的管理方式，为矛盾纠纷的解决提供最客观、最理性的依据。而道德作为一种自律的管理方式，通过提高群众的道德水准，推动基层群众换位思考，从根源上减少矛盾纠纷，降低基层电力治理成本。坚持发展和完善电力"枫桥经验"，对于推进基层电力治理现代化，构建共建共治共享的社会治理格局具有重要意义。

第三章

积极参与基层治理

JIJI CANYU JICENG ZHILI

娘舅半夜助村民　不是亲人似亲人

　　道林山，是诸暨与萧山的界山。这一年，宁东—浙江±800千伏特高压直流输电工程绍兴换流站落户道林山。这个占地200多亩的惠民大工程，在选址的时候充分考虑到了对周边村庄搬迁以及道林山生态的影响，特地将地点选在了一处无人居住的山坳处。建成之后换流站将三面环山，一面正对着高速公路。

　　当地村民得知村子不远处要建一座大换流站之后，一些风言风语便传播开来，如高压电会给周边造成辐射等等。由于很多村民相信这些不实之说，前期的道路修筑和器材准备等工作遭遇到了各种各样的阻挠。于是，做通村民们的工作、消除他们的疑虑，就成了"电力老娘舅"的头等大事。

　　徐波、周树昊这两位"电力老娘舅"领受任务之后，在当地政府的大力支持下，除了通过开会、广播向村民宣传电磁波不会产生辐射的科学道理之外，还采取了针对不同群体分情况突破的策略，努力打消村民们心中的疑虑。如针对年轻人，供电公司组织了篮球赛，通过球艺切磋来拉近双方的距离；针对少年儿童，供电公司派出技术人员为学校检查整改教学用电设备，主动给学生上用电安全课，灌输换流站没有电磁辐射的观念，并以此来影响孩子们的家长。对于老年人，他们的做法更暖心。村里有一座年久失修的山神庙，施工人员休息的工棚就设在这座小庙的不远处。按照设计，这座小庙在进出换流站的区间道路上，将来还得拆除。但看到许多老人时常来小庙上香之后，施工人员果断地修改了道路走向，设法保住了小庙。在施工过程中，施工人员发现小庙后面因山石跌落、杂草丛生，流水不畅，前面则因历年雨水冲刷形成一处容易蓄水的低洼地。一遇雨天，小庙地基就会长时间浸泡在水里，现已有坍塌迹象。于是，他们不声不响地主动对庙前庙后进行整理、填埋，对有坍塌隐患的地方也做了修缮处理。村里老人目睹了这些之后，也从心底里接纳了这些被当地人喊作"电力老娘舅"的人，从此不再为施工车辆压坏地头地脑而吵吵闹闹了。

随着工程不断推进，"电力老娘舅"面对的最大难题出现了：换流站的山坡东面，有一片道林山村的公共墓地，很多村民祖宗几代都在此长眠。但因工程需要，这些坟必须迁走。

劝人迁坟是一件大事情。"电力老娘舅"前期进行了充分宣传，做了大量的工作，之后又有次坞镇人大主席戚欢平的积极协调和村"两委"的全力配合，迁坟之事初期进展还比较顺利，315座坟墓在两个月内被一一确认。然而，随后的补偿却成了焦点问题。

按照国家的政策法规，每座坟的补偿是有严格标准的。因补偿标准与村民的心理预期有一定差距，再加上，有些村民认为自己家这么多年生意兴隆、诸事顺意都是祖坟的风脉好，不少人对迁坟表现得心不甘情不愿。但最大的阻力还不是他们，而是那些近几年刚刚把去世的亲人抬上山埋葬的村民。如果说移动祖爷爷祖婆婆的坟，大家还可以接受，那么把抱养大自己、刚刚入土的爷爷奶奶、父亲母亲再挖出来重新埋葬，村民们在感情上还真接受不了。

面对上述种种情况，"电力老娘舅"开展工作时不免困难重重。为了说服大家，徐波、周树昊天天泡在道林山村，挨家挨户地讲政策、说道理。后来，在村干部们带头签协议、迁坟的推动下，村民们终于克服了情感上的障碍，并就补偿问题与电力部门达成了一致。

说服了大家同意迁坟之后，"电力老娘舅"又遇到了一道难题。按照当地的乡风民俗，迁坟是很讲究的一件事。有的人家偷偷请人测算之后说他家祖坟本月或者年内不能动迁，还有的甚至说自家祖坟两年内都不宜动迁。电力工程的工期这么紧张，哪能等这么久啊！如何做到既尊重民俗又保证工程顺利完工呢？这一次，"电力老娘舅"得到了当地人大和政府部门的鼎力相助，尤其是次坞镇人大主席戚欢平亲自出马，与"电力老娘舅"一起进村上山，去做老百姓的思想工作。听一户村民说他家祖坟今年不宜动迁，戚欢平就劝这户村民道："我虽然不懂阴阳，但觉得你刚讲的这些所谓的道理不太让人信服！你想想，村里的老人去世之后，三五日便被抬上了山，谁家老人还在家里放大半年？照我说，有吃有穿的好日子，天天都是良辰吉日嘛！"

做通村民们的思想工作后，在党员干部的带领下，迁坟工作正式拉开了序幕。村民们选择迁坟的时间不一，有的选择在夜里迁坟，甚至定在凌晨两三点。但不管什么时间，徐波、周树昊都与村干部一起，主动协助村民迁坟，常常从凌晨忙到天亮。供电所的其他工作人员也渐渐加入进来帮忙迁坟。因为这些忘我和无私的举动，"电力老娘舅"赢得了村民们充分的认可与信任。

经过大家的共同努力，站址内的 315 座坟墓在限定的时间内全部迁移完毕，保障了特高压直流输电工程这一国家重点工程在当年 11 月如期开工。

这真是——

> 新建站址需迁坟，
> 尊重习俗得民心。
> 破除迷信讲科学，
> 人民电业为人民！

篮球联谊显神通 洽谈桌上诸事平

诸暨是著名的"篮球之乡",常住人口100多万,篮球场地就达到2000多个,平均500个人就有一个篮球场。这个不大的县级市曾承办过很多全国性篮球赛事,如CBA联赛2020—2021赛季常规赛、季后赛和总决赛,2022年CBA全明星周末,以及2022—2023赛季中国男子篮球职业联赛(简称"联赛")常规赛第二阶段比赛。由于诸暨人有相当浓郁的篮球情结,篮球文化在当地也有非常深厚的群众基础。

篮球与电网建设本来是风马牛不相及的两件事情,但诸暨的电力建设者们却依托这种文化特色开展了篮球联谊,通过与电网建设属地镇村举办篮球友谊赛,使双方关系变得更加融洽,沟通渠道变得更加畅通,让本已陷于困境的洽谈柳暗花明,生动演绎了诸暨"电力老娘舅"巧妙处理谈判分歧,最终解决问题的一段佳话。

2011年,诸暨市供电局将110千伏渎溪变电所的选址定在草塔镇下三房村。这个消息传到了村里,立即引起轩然大波。要知道,草塔镇下三房村区域经济发达,用地非常紧张,土地资源昂贵,可谓寸土寸金。为保证渎溪变电所工程的顺利进行,诸暨市供电局与下三房村进行了多次洽谈,但都因征地补偿谈不拢而不欢而散,征地进程也因此停滞不前。

这一天,双方又开始了新一轮洽谈。洽谈会上,双方互不相让,气氛非常紧张,一时没有什么进展。见此情形,大家都觉得有必要缓和一下气氛,经商量后决定暂时休会。会上是对手,会下是宾主。大家三三两两在屋外休息散步时,时任诸暨市供电局副局长陈忠祥，在下三房村党支部书记赵邦国的陪同下，顺便到村子里走走，想更多地了解群众的真实想法。

在走访过程中，平时喜欢打篮球的陈忠祥看到村里有一个相当漂亮的篮球场，随口问了一句："哦，这个村的人也喜欢打球吗？"

一听有人夸他们的篮球场，赵邦国的话瘾被勾了起来，他自豪地回答说："咱下三房村可是这附近有名的篮球专业村，我们这里的村民都喜欢打篮球，随便拉出来几个人组队，一般球队那都不是对手！"

听到这话，陈忠祥心头一动，何不组织一场篮球友谊赛，借此联络一下双方感情，缓解一下谈判桌上那种剑拔弩张的气氛。当初，中美关系陷入僵局时，美国人邀请中国乒乓球队访美，两个世界大国不也是在一个小小的乒乓球的推动下最终握手言欢了吗？

想到这儿，陈忠祥便试探地问赵邦国："我们供电局也有一支篮球队，水平还不赖，咱们要不要比赛一场？让我们也与你们村的篮球高手过过招，提高一下球技。"不愧是"篮球专业村"的村支书，赵邦国一听篮球比赛，马上欣然答应。

2011年1月某日，一场别开生面的篮球比赛在下三房村篮球场举行。且不说球场上险象环生，两队球员龙腾虎跃、你追我赶，场下的观众也是呼喊声震天，场面非常热闹。

一场球赛结束后，当双方再次坐下来会谈时，谈判的氛围顿时融洽了不少。在洽谈过程中，赵邦国当场表示："这场球赛让咱们彼此之间相互理解，感情也变深了。今后供电局的工作，我们村将大力支持配合。再说，这也是造福地方的大事，没必要来来去去在谈判桌上瞎耽误工夫。不过，村里的机砖厂是我们的一个支柱产业，如果能尽最大努力予以保留，其他补偿都好商量……"

见村干部亮出了底牌，供电局一方马上予以回应，表示哪怕是多建线塔，也要为村里的经济发展考虑。就这样，供电局以篮球比赛为契机，为电网建设的政策解决创造了有利的条件，也为工程后期的顺利推进奠定扎实的群众基础。

当然，没有这场篮球赛，征地工作也会有个圆满的结局，但可能会遇到更多纠葛、走更多弯路、耗费更多精力。正是有了篮球比赛这个增进感情、拉近关系的契机，才让几乎陷入停顿的洽谈柳暗花明。

这件事情看似偶然，却展现出"电力老娘舅"践行电力企业"枫桥经验"的成果。坚持党的群众路线是"枫桥经验"的精髓。电力企业践行"枫桥经验"

就是要走群众路线，密切联系群众，一切依靠群众，全心全意为群众服务。也正是走群众路线、长期扎根基层，深入群众，"电力老娘舅"个个都成为解决电力矛盾的行家里手，再复杂再艰巨的任务都能一一完成。

　　这真是——

> 征地洽谈陷僵局，
> 局长思虑堪称奇。
> 一场球赛挺热闹，
> 打开一片新天地！

平易近人树形象　将心比心换真心

　　2018 年姚江供电所与镇政府为了改善乡村居民用电环境，保障居民用电安全，对江藻镇进行了城镇电网改造。施工队对龙山村进行改造施工时，村民钱某对施工队在其房屋墙上安装墙担一事很不满意。镇干部、村干部多次上门调解无果，只能请求姚江供电所派"电力老娘舅"协助他们解决。供电所把这个任务委派给了寿卢均。

　　接到所里委派的任务后，寿卢均打听到之前镇干部、村干部都没有搞定这事，心里不免有些忐忑。到了村里，他立刻赶往钱某家，准备先问问情况再说。当他进门看见钱某后，才发现其竟是自己钓鱼时结识的"老熟人"！当时只知道姓钱，没有记下对方的名字，见了面才知彼"钱"即是此"钱"。钱某也认出了寿卢均，赶紧起身迎客，说道："是你呀，你怎么来了？"寿卢均上前一步拉住钱某的手，打着哈哈开玩笑说："我是来叫你一起去钓鱼的呀！"

　　钓鱼？钱某纳闷了，还有特意找到自己家，邀请自己一起去钓鱼的吗？详细一问才知寿卢均是奔着自己家里这件事来的。在之前为数不多的接触中，他只知道寿卢均在供电所工作，万万没想到两人在钓鱼之外竟以这种方式又碰面了。双方拉完家常后就切入正题，寿卢均刚刚提起安装墙担的事，钱某就打住他的话，爽快地说："你来说和，我还有什么办法，你让他们去安装好了。"一桩难解之事就这样迎刃而解了。

　　寿卢均究竟有什么过人之处能让钱某如此看重，话没说完就解决掉了令村、镇两级干部头疼不已的难缠事？这还得从寿卢均平时的行事做人说起。

周围的人都夸寿卢均为人和善。平时，不管碰到什么样的人，他都真诚相待，给人留下的印象相当好。他经常说，要做一个合格的"电力老娘舅"，就得先做一个热心人。在单位工作，少不得有人向他咨询用电上的事，他都耐心给予解答，在不违反原则的情况下也尽力帮忙办理。用他的话说，三句好话当钱使，员工的形象就是企业的形象。再说，"电力老娘舅"时常要和人打交道，自己形象不好也不利于开展工作。

说到寿卢均和钱某的交往，源于一次钓鱼时的偶遇。当时，寿卢均看到身边这人根本不会甩抛杆，鱼上钩了也不会提钩扯线，就过去热心地手把手教他，之后还给他调整好浮子，耐心地传授他钓鱼的经验，这令对方相当感激。后来，两人竟然成了"钓友"，且几次相约一起去钓鱼。对于寿卢均呢，老钱只知道他在供电所工作；对于老钱呢，寿卢均也仅仅知道他在村里当过几年村主任。

如果说这个故事多少还有点离奇的话，那再说一个寿卢均这个"电力老娘舅"因说话暖心而感动得投诉人当场拿起电话拨打全国电力服务热线95598主动认错的小故事。

事情其实也很简单。有一个女孩拨打热线投诉说，姚江供电所突然停电，给她造成了经济损失。接到这个投诉后，姚江供电所所长赶紧派寿卢均上门去处理。上门时，寿卢均提前做了"功课"，了解到这个女孩是个在家做电商的大学毕业生。停电前她应该也接到了城镇接户线改造施工前镇村及供电所联合发的通知，所以这次停电并非她在电话里所说"突然停电"。

进了用户家门，寿卢均发现屋子里温度很高，就先对女孩自我检讨："难怪你这么生气，这停电还真是给你带来很大的不便！再说，你是做电商的，停电一定会有不少损失吧……"

女孩见寿卢均态度这么好，脸色也就缓和了不少，但仍责怪道："你们停电得提前通知啊，我也好早做准备，这突然停电让我损失那么多。"寿卢均耐心地解释："我们在停电施工前一周就发过通知了，你忙着做生意可能没顾上看。不信，你下楼去看看，通知就在楼道口贴着呢。我刚进楼道时，一眼就看见了，咋能说没通知呢？"

听寿卢均这么一说，姑娘也知道错怪对方了，连声向寿卢均说对不起。寿卢均开诚布公地说："没啥对不起的。只要你能理解我们的工作，这些都不算什么事。”

接着，寿卢均提醒女孩说：“刚上来看见你们楼道有一处旧线路很凌乱，再不更换的话，有可能今天烧掉或明天断掉，这么热的天，到时你蹲在家里真是受不了呢。幸好我带着工具，来都来了，趁着这会儿停电，顺便下去给你理一理。”

女孩见寿卢均说话这么贴心，做事这么暖心，处处为用户着想，很懊悔也很感动。只见她顺手拿起桌子上的手机，三两下拨通了95598——“喂，你是电力服务热线吗？刚才我的投诉是自己闹出的误会，错怪了人家供电公司。他们已经派人上门来了……真的太对不起你们了！”

这真是——

良言一句三冬暖，
笑脸相迎息事端。
看似无解却有解，
人心本是人心换！

娘舅热心牵红线　远亲近邻谱新篇

2016年，为了电力增容，供电部门对诸暨全市的农村电网进行了改造升级。但是，在电网改造过程中，供电部门却遇到了不少麻烦。

一天中午，正在大沙滩村施工的同事给"电力老娘舅"何校勇打电话反映，有村民趁夜间不断回填施工人员挖好的电杆洞，似乎是有意阻挠他们施工，希望何校勇过去帮忙解决。放下电话，何校勇立即前往大沙滩村了解情况。在路上，他把事情前前后后想了一遍，觉得这件事应该与大沙滩村这次接电有关。

大沙滩村的电力增容改造本应从其隶属的行政村赵家新村的变压器上接电，但大沙滩村与赵家新村的距离有将近700米，而变压器的供电半径一般限定在500米左右，若两村的距离大于变压器的供电半径会造成电压不稳。因此，要解决大沙滩村电力增容问题，最好是再加一台变压器，但这又涉及线路建设成本及其配备设施使用效率问题。因为大沙滩村只有十多户人家。

大沙滩村与枫源村距离很近，行政上，它们分属赵家、枫桥两镇管辖，两村村民彼此之间并不是很熟悉，但这两个村庄都在枫桥供电所的业务范围之内。因为两村仅有60多米的距离，相距极近，如果从枫源村为大沙滩村接电，即让大沙滩村与枫源村共同用一个变压器，既能保障供电安全又不影响供电质量。于是，供电所把大沙滩村的电力增容方案调整为从枫源村的变压器上接电。

就供电所的业务区域来说，这两村跨镇、跨村"搭伙"完全不是问题，"被接电"的枫源村也没多大意见，但大沙滩村的村民却不认可这个方案。一些村民认为，大沙滩村是小村，户头少，人口基数小，经济基础也很薄弱，如果从经济发达、声名斐然的枫源村接电，日后用电就少不得对枫源村低声下气。而且，两村原本分属两镇，如果日后因用电产生矛盾，大沙滩村打官司都找不到替自己说话的地方。

虽然这只是部分村民的想法，但也有一定的代表性。在这些村民中，有些人不明着跟施工队作对，但到夜里就通过回填杆洞的方式来表达他们对接线方案的反对意见。还有些人结伙阻止施工人员清理村边无主小杂树。往往是，你刚架梯子准备剪树，马上就有人围了过来……明里暗里的阻挠行为导致供电所的工作人员无法正常施工，甚至最后不得不停工。

为了保证施工的顺利进行，何校勇在了解村民内心的顾虑后，先是耐心地向村民讲道理，告诉他们说："供电所之所以选择从枫源村为你们村接电，主要是为了保证大家供电更安全、更稳定，并不是只图省事的'拉郎配'。如果按照行政属地来拉线，大沙滩村以后的用电肯定存在许多不稳定因素。"

听何校勇一番解释后，多数村民释然了，但有些村民提出了枫源村将来会不会在电力上为难大沙滩村之类的顾虑。何校勇耐心地做工作说："电力分配是供电所的事情，这个村的人咋可能随便去管另一个村的用电呢？"何校勇入情入理的解释一点点打消了村民们的顾虑，最终，大沙滩村村民接受了跨镇搭电的方案。为彻底消除村民们的担心，何校勇又留下自己的手机号码，告知村民们：只要有需求，可以随时联系他。

为啥当地村民最终都选择相信何校勇的话呢？这是因为在过去的30多年里，他一直都负责赵家镇区域的供电服务，平常他走东家进西家，为大伙协调矛盾、解决困难，在大沙滩村有十分广泛的群众基础，大伙打心眼里都信服他。

在何校勇的努力调解下，停工四天之后，电力施工队终于又可以进入大沙滩村施工了。大沙滩村的电力增容任务最终得以顺利完成。

这真是——

电力增容要搭线，
科学引导是关键。
推心置腹讲道理，
远亲近邻谱新篇。

线缆入地引不解　苦口婆心显真情

　　枫山线是枫桥镇与山下湖镇的重要通道，但沿线的电缆线路凌乱不堪，不仅影响了道路两旁的风貌，还时常发生供电故障，存在一定的安全隐患。2022年初，枫桥镇政府投入资金1600余万元，对枫山线上两三千米的线路进行电缆入地的改造施工。按理说，这是一项便民利民工程，群众应该是举双手支持、积极配合的。然而，土建工程刚开始施工，就遇到了不小的阻力。

　　这次电缆入地工程涉及陈家村、楼家村这两个行政村下面的六个自然村。大多数村民都觉得电缆入地本身是个好事情，但是下线的壕沟距离房屋山墙很近，一方面可能导致日后的下雨渗漏，另一方面挖那么深的壕沟，开凿和填埋免不了有施工震动，会影响各家地基的稳定。

　　可是，电缆入地必须挖沟下线。原来的电杆大都靠着街边左邻右舍的房屋，因此施工人员也不可能在街道中间开凿壕沟，这会大面积破坏路面。而且，原来遗留的小段远离用户的线路，这次也得改线，以便靠近用户。因此，下线壕沟还是要在村民房屋边上开挖，但这又让村民产生了住进"危房"的感觉，似乎全家老小的生命安全都失去了保障。如果这只是个别人的想法，倒也好解决，但现在成了多数村民的共同担忧，就得认真对待了。

　　电缆入地作为惠民工程项目肯定是好事，但是如果群众产生误解，并因此发生矛盾，那就得不偿失了。于是，怎样解除村民的普遍担忧，切实做好施工中的安全质量保障工作，就摆上了镇政府的议事日程。

为了把"枫桥经验"发扬光大，使"矛盾不上交、就地解决"，镇政府首先向村民宣讲有关建筑的科学原理，让他们相信目前这样施工从技术角度上并不会影响各家房屋安全，在消除他们思想顾虑的同时动员大家自觉自愿地配合工程建设；其次，对于个别依然不理解、不配合的村民，还通过协商或调解最大限度地和他们达成共识。此外，趁着这次改线工程的实施，还要在村民中树立起安全用电、自觉保护国家地下电力设施的良好风尚。

这样一来，大量的群众工作就落到了"电力老娘舅"身上。

胡海锋不仅是参与此次枫山线改造项目工程的工作人员，更是一位有着多年调解经验的"电力老娘舅"。为了了解群众的真实想法，胡海锋约上村委会干部逐家逐户上门，倾听他们的意见和建议。通过走访调查，胡海锋清楚地了解到，村民之所以集体阻挠施工，主要是因为他们觉得开挖下线壕沟会影响房屋的地基。

为了解除村民的普遍担忧，胡海锋首先把施工基本情况向村民们做了介绍，比如工程开挖地点距离村民们的房屋足有六七十厘米，也不会特别深，更何况，为了线路的稳固安全，施工中基土都要用石灰多次夯筑过。有村民听后反驳胡海锋说："照你的说法，这是绝对安全的？"胡海锋耐心地回答道："施工肯定会对邻近房屋的地基产生'影响'，但这种影响是正面的而不是负面的，那就是——既消除了房屋多年自沉淀造成的应力不足，又加固了周围地基的密度，有效地防止自然雨水渗漏持续对房屋造成的永久损害。而且，施工后，地表会全面平整硬化，也不会影响巷道地面的美观。"并且，胡海锋在与施工单位沟通后还向村民们郑重承诺：如果因施工造成村民房屋地基下沉或者以后出现雨水渗漏的，电力部门一定会给予大家赔偿。

经过耐心的讲解和劝服，大多数村民改变了之前对施工的抗拒态度，转而积极支持镇政府的线缆入地工作，但也还有几户村民未能打消心中的顾虑。于是，"电力老娘舅"们一户户上门走访，还多次约上镇政府和村上的干部以及村民的亲戚朋友一起去协商，不厌其烦地进一步做说服工作。按胡海锋的话说："哪儿都有固执的人哩，他有时可能不相信政府的话，也不听左邻右舍的劝，但他身边总会有个他信得过的亲戚或者朋友，这个时候就得'对症下药'。找这些人去劝说，往往会事半功倍，这也是做调解工作的秘诀！"

"电力老娘舅"又与镇政府、供电所、路政、交管等部门的负责人以及村书记、村主任、施工负责人、土建施工负责人建了微信群。遇到问题时，大家都在微信群里及时反映，相关负责人第一时间出面解答。有了这种有效的沟通机制后，"电力老娘舅"们可以及时了解各方面情况，正确掌握相关政策法律，做村民的说服工作时既能有的放矢又能防患于未然。

　　就这样，在村民们的支持和配合下，经过短短的二十天，枫山线改造项目便顺利完工了。

　　这真是——

群众利益无小事，

思想摸底要仔细。

一把钥匙一把锁，

事半功倍皆欢喜。

遇到推诿不气馁　寻找路子终遂愿

俗话说得好：只要思想不滑坡，办法总比困难多。"电力老娘舅"在基层电力服务中，经常会遇到脾气、秉性各异的用户，要处理很多千奇百怪的事情，克服各种意想不到的困难。正是秉持和坚守为用户服务、对用户负责的诚心和信念，"电力老娘舅"遇见难题时才没有气馁和退缩，想方设法把涉电纠纷消灭在萌芽状态，全心全意提供优质服务。

2021年3月某日，"电力老娘舅"楼春新在暨南街道新旭村的中俞自然村检查电力设施运行情况时，发现村里有一根低压电杆有些倾斜。这电杆当初竖立时应该是笔直的，倾斜肯定是后期发生的。如果不及时处理，电杆的倾斜度会不断加大，不排除哪天会突然倒塌下来。在这片人口居住比较稠密的地带，一旦出现这种情况，且不说会使人员伤亡或房屋损毁等，还可能导致一些次生伤害发生。

想到这儿，楼春新立马走上前去，向附近的村民了解电杆周围的情况。经多方了解，楼春新得知，电杆基底旁原来有一个废弃多年的沼气池。当初，村里只是在沼气池表面填了些土，并未做过多处理。经过这么多年，沼气池的盖板出现破损。在雨水长期冲刷下，沼气池部分塌陷，周围地基土质也随之松动，就引起了电杆倾斜。

为了消除电杆继续倾斜可能带来的安全隐患，楼春新找到新旭村的村主任反映情况。谁料，当楼春新向村主任提出合力解决电杆倾斜这件事后，村主任不仅不以为意而且推诿说，电杆属于供电设施，发生倾斜理应由供电部门来处理。

至于村里的沼气池，如果供电部门觉得不安全，可以将电杆移位。至于具体怎么解决，这是供电部门的事儿，与村里无关。

村主任的推诿态度，让楼春新吃了个闭门羹，他也感到有些意外。因为这件事关系到村里的用电安全甚至村民的人身或财产安全，而且还涉及村里设施，作为村干部不能一推了之。如果不是因为填埋原来的沼气池需要与村里协调，仅为扶正一根电杆，楼春新根本不会去找村主任，早就自己处理了。虽说村主任这种态度，让楼春新多少有点郁闷，但全心全意为群众服务的责任感，让他放下了心头的这点委屈，决定抓紧时间另想办法。

因为是台区经理，经常要服务村民，楼春新与新旭村的书记接触较多。被村主任拒绝后，他便"曲线救国"，尝试与村书记联系，并设法说服他。

楼春新找到了村书记，对他诚恳地说："中俞自然村废弃沼气池旁边的那根电杆已经倾斜，这也是村里应该尽快处理的事。真要电杆移位，并不是不可以，村里向供电所提出申请，与所里协商好就可以了。但电杆移位现在面临着三个问题：一呢，根据现场情况，很难找到一个安装电杆的合适位置。而且，电杆移位看上去是小事，但涉及村民屋前屋后的地块，还得费一番口舌做通大家的工作。二呢，即便有合适的位置，但这个流程比较烦琐，要打报告、报消缺（即消除用电环境缺陷）、造预算、定计划、派排吊车，周期长不说，到时的结果也不是你我可以决定的。三呢，电杆眼下已经倾斜得比较厉害了，万一再下一场雨，沼气池灌水塌陷更加厉害，说不定哪天电杆就会倒下来，那麻烦就更大了。"

村书记听了楼春新一番话，觉得他说得很在理，也认为路旁这根倾斜的电杆的确有很大的安全隐患，万一出事就是大事，到时村里也脱不了干系。

村书记问楼春新："你有什么好的建议没有？"楼春新说："考虑到你们村里经济还比较宽裕，我的意见是，你亲自和村主任商量一下，这一两天叫一辆小挖土机、两三个小工，把那个沼气池填一下，最好用土夯实了。填好沼气池后，我就带人来把电杆校正，可能半个小时就能搞定。"

听了楼春新提出的建议，村书记想了想，觉得这也花不了几个钱，就能把这事儿彻底处理，于是当即掏出手机，与村主任说了自己和楼春新商量好的这个计划。因为村主任和村书记是搭档多年的老伙计，听完村书记的意见，村主任也痛快地应承了下来，还说自己家里就有一辆挖土机，可以随叫随到随用。

楼春新见事情有了转机，于是与村书记商量说，择日不如撞日，咱们还是趁热打铁，说干就干，明天就动手。把一切相关事宜协调安排好之后，第二天一大早，楼春新从供电所安装队借了浪风绳、锚桩、紧线器等工具后，带着人赶往现场。

到达现场时，村主任正在指挥工人操作挖土机填埋沼气池。将回填土夯实之后，楼春新凭着多年工作练就的身手，打锚桩、紧缆风绳……在一众人马的协助下，不到二十分钟，那根歪斜的电杆重新挺立起来。

楼春新从电杆上下来后，村主任走过来给他递上一根香烟，连声说："辛苦辛苦！"看得出来，对楼春新这位办事干练周到、诚心为用户考虑的"电力老娘舅"，村主任的谢意是发自内心的，是由衷的。

这真是——

一根斜电杆，

牵动娘舅心。

悉心求配合，

安宁一个村！

铁塔竖立二十载　业主投诉起纠纷

2021 年某居民小区一期楼盘的多名业主拨打 95598 全国电力服务热线，反映其小区门前一座 35 千伏的铁塔距离小区大门非常近，认为电力设施距离居民小区这么近极易导致安全事故，要求将铁塔移位。

接到投诉工单后，供电所抢修班班长边向阳前去现场勘察。他发现，该居民小区大门前的铁塔虽然是 35 千伏的规格，但原 35 千伏线路已经被废掉，现在日常运行的只有 10 千伏线路。10 千伏线路的最小安全距离是 0.7 米，而铁塔及线路距离居民区大门有 2 米，属于安全距离。而且，铁塔是双回路（有两根线路），紧邻小区的那条线路是不带电的，外侧那条线路才是正在运行的线路。

其实，在该小区建成之前，铁塔就已经安装了，距当时已使用了 20 多年时间。准确地讲，不是铁塔影响了居民小区，而是居民小区当初选址建设时就应该避开铁塔。目前这种现状，供电部门当然是没有责任的。

尽管边向阳已经依法、据理地回复了小区业主们的投诉，但业主们还是不依不饶，不仅继续拨打 95598 投诉，还建立了一个人数不少的"后援群"，在网络上制造舆论给供电所施加压力。

为了避免造成更大的误解，引发业主们与供电部门之间的激烈对抗，供电所决定联合有关部门给业主们做好解释工作。"电力老娘舅"边向阳接受这个任务后，与房管局、建设规划局联系，一同上门与业主进行沟通，并深入了解情况。

原来，小区开发商在售楼时，在沙盘上是标注了这座铁塔和这条 10 千伏线路的。业主们买房时也知道这件事，并为此与开发商专门进行协商，要求将铁塔及线路移位。开发商为了将房子销售出去，满口答应并承诺房子交付使用后，一定会与各方协商解决好这个问题。

然而，当业主们来验收房子时才发现，铁塔及线路非但没有移位，而且距离小区大门只有2米多。因这个小区规模比较小，只有一个大门。这座铁塔立在那儿，不仅人员车辆进出小区受到影响，还有碍观瞻。每当业主们打开窗户，映入眼帘的就是这座高压线塔，对此大家都觉得特别憋气。

听业主们诉说了这些情况后，边向阳向业主们解释："大家也知道，铁塔在小区房屋建造之前就被安装在这儿了。从小区开始建造到最后交房，开发商从来没有为铁塔及线路移位联系过我们供电所，我们供电所也从来没有收到开发商关于这方面的任何函件或者口头表示。我说的这些，都是可以拿出证据证明的。所以，这个事情不是供电所的责任。至于你们说当初与开发商约定好了，那是开发商自己没有履行承诺，与供电部门是没有关系的。"

听了边向阳的解释，业主们也觉得他说得在理。的确，当初是开发商答应要将铁塔及线路移位的（至于能不能移位是另一个问题），是他们没有履行承诺。于是，在供电所是否应将铁塔及线路移位这个问题上，很多业主不再纠缠了，但仍有四五位业主代表依然坚持要将铁塔及线路移位。

边向阳耐心地向业主代表解释："这个是35千伏的铁塔，底座很大，如果移位，有几个问题需要解决：一是要有铁塔移位方案，比如说铁塔要移到哪里、怎么移、能否解决相关的政策问题。二是资金问题，铁塔移位需要的资金，你们是否拿得出来？三是审批，上面这些问题都解决了，还要向相关部门报批后，才能启动这个工程。还有最关键的一个问题，不要小看一个铁塔的移位，这会牵涉整个线路，使整个线路都得大变动，从而影响沿线工厂和企业的正常供电！"

一听铁塔移位涉及这么多复杂问题，尤其是需要一笔不菲的资金，业主代表们面面相觑。

边向阳接着说："如果解决不了方案、政策、资金这些问题，也没有走审批流程，我们是不能随便将铁塔和线路移位的。你们先回去与业主和开发商商量一下，看能不能解决这些问题。如果能解决这些问题，我们就来谈谈下一步推进的事情。"

之后，边向阳又几次前往小区，与业主代表们就这事儿进行沟通。业主代表向边向阳反馈，业主们无力解决移位的方案、政策和资金这些问题，还得由开发商解决，因为这是开发商遗留的问题。边向阳听后说："由开发商解决最好，他们在处理铁塔移位的资金、政策等问题上最有优势。如果业主们决定由开发商解决，就与开发商协商好，让开发商来和我们供电所接洽，我们到时定会尽力协调配合。"

边向阳前前后后、反反复复地向业主代表和其他业主解释了五六次，大多数业主觉得他说得有理有据，认为再这样无理取闹下去不但不会有什么结果，可能还会被认为是扰乱社会秩序。于是，从这以后，业主们再也没有打95598热线投诉铁塔和线路移位的事儿，网上也再没有出现因为这事儿指责供电部门的帖子。

因为小区的车辆和人员进出都集中在铁塔前的这个大门，所以供电公司出资在铁塔塔基四周修建了围栏，以避免发生安全事故。

这真是——

> 无理取闹终无理，
> 投诉未必有冤屈。
> 讲好法规这一课，
> 保护国家大利益！

架线停电遭索赔　娘舅上门心比心

　　随着政府大力度地招商引资，作为提供基础保障的国企——供电公司上上下下的神经也绷得更紧了。一家企业落地，首先要解决的就是电力。电力，可谓是企业的生命线；停电，无疑是企业的大忌。然而，每一家新企业的落户，又免不了要停电、接电，许多矛盾也往往会在这个时候爆发……

　　2017年11月，枫桥镇新引进的一家汽配企业正式落户海角工业园。企业落户后，便向枫桥供电所申请架设一条电力专线。枫桥供电所随即通过该企业申请，并准备施工架设。

　　按照常规，汽配厂的电力专线只能从支线上接入，并且在架设电力专线时需停掉支线上的电，而这就会影响到支线上另外三家企业的正常生产经营。况且，这三家企业当时的生产订单很多，一旦停电，势必会造成一定的经济损失。所以，对于停电，这三家企业都不同意，声称如果停电就要向汽配厂索要停电赔偿。

　　汽配厂开业在即，就等接电开工了，但针对这三家企业的工作却没有做通。工作没做通就没法停电接线，怎么办？枫桥供电所为尽快架设好汽配厂的电力专线，便委派"电力老娘舅"陈仲立前去解决这起用电矛盾。

　　陈仲立接到任务后，就立即分别找这三家企业沟通，他首先找的是服装厂。服装厂前段时间刚换装新变压器，更换时也导致其他企业停电，但其他企业没有向服装厂要求过赔偿，当时也是陈仲立去沟通的。所以，先去做服装厂老板的工作，难度相对来说要小得多。在陈仲立印象里，服装厂老板还比较讲道理。果不其然，当陈仲立提起这个话题，对方虽没说什么，但也没明确表示同意。因为之前打过交道，彼此基本了解，陈仲立也没有客气，直截了当地说："你厂子前段时间新装变压器导致其他厂子停电，当时大家都没说什么，也没向你要求赔偿，这次你们的姿态要高一些。"服装厂老板听后，觉得不好意思，连声答应说："那当然那当然……"

工作最难做的要数纺织厂。

陈仲立第一次与纺织厂老板协商时，纺织厂老板就称："我停一天电，要损失几十万的。又不是一点点钱，这事没商量！"陈仲立不气馁，一次次上门找他商谈。在多次沟通过程中，纺织厂老板索要的赔偿金额从最初的几十万降到了十多万，又从十多万一点点降到三五万，最后降到了 5000 元。

事情到了这一步，基本上可以肯定，对方的态度已经有了很大改变，只是由于前期说出了很多"硬话"，脸面一时拉不下来。陈仲立再次上门时，建议他们采用调休的方法来规避损失。对调休这个提议，纺织厂老板虽然不置可否，但再一次把赔偿费降到了 3000 元。

陈仲立认为，这不是钱多钱少的问题。如果开了这个先例，以后新建工厂安装变压器或者架设电力专线需要停电时，其他厂都会索要赔偿，到时电力工作的开展就会很困难。所以这个先例不能开，也不应当开。

于是，陈仲立便对纺织厂老板义正词严地讲："一停电，你损失肯定是有的，但是，你企业新建的时候要安装变压器也导致别家工厂停电了，你给别人赔偿了吗？"看老板哑然了，陈仲立又接着说："我们整个枫桥镇，任何一家企业无论是新装变压器还是新架设电力专线导致其他工厂停电，其他工厂的老板都没有要求赔偿，也没有理由要求这笔赔偿。你自己要建厂，人家也要建厂，大家如果都为这个事情要赔偿，事情就会没完没了，你说对不对？"老板听后自觉理亏，再没好意思提赔偿的事。

之后，陈仲立与枫桥镇工办主任再次上门沟通，并保证将停电时间控制在半天之内，以最大限度地减小企业的损失。在陈仲立的据理力争和诚意感召下，纺织厂老板终于明确表示放弃赔偿。

2017 年 12 月，枫桥供电所派出一支施工队，在 10 千伏带电作业车的配合下，从早上 7 点一直作业到中午 12 点，将 300 多米长的电力专线架设完成，准时为汽配企业供上了电，确保新的落地企业按时投入生产。

这真是——

招商引资谋发展，
电力先行是关键。
互惠互利促和谐，
共同建设好家园。

针对具体人和事　知己知彼用方法

　　在电力施工过程中，会遇到很棘手的政策方面问题，需要村干部出面协调、解决。一般来说，如果村干部认真负责、善于协调，有些矛盾就可以避免或者较容易化解掉，否则，不仅矛盾频出而且很难解决。

　　牌头供电所的"电力老娘舅"楼宝根就曾经历过这种事。具体时间他已经回忆不起来了，只记得那是 6 月份的某天，辖区内某村因树木碰线，造成线路跳闸，抢修人员要砍伐一株位于线下的银杏树。

　　砍伐前，施工人员特地叫来了村电工，让他联系村干部做好树主的工作，征得对方的同意。不一会儿，村电工回来说，村干部称没问题，可以砍伐。得到村干部肯定的答复后，抢修人员便将这棵银杏树砍掉了。谁料不出一周，树的主人便找上门来，说供电所施工人员在未经其本人同意的情况下就把树砍掉了，并以此为由在赔偿要求上狮子大开口。

　　楼宝根当时是信访承办人。他在了解前因后果之后，明确答复该村民，砍伐树木是抢修工作需要，是为了保障线路运行安全，尽快给村里恢复供电。况且，树木砍伐前，是征得村干部同意的，这件事情供电所没有责任，建议他最好与村干部去协商解决。可是，这个村民仍纠缠不休。无奈之下，所里只好把这件事反映给镇政府。镇政府表明坚决支持供电所，并通知供电所不用再管这件事了，由镇政府出面跟村里协调解决，供电所这才得以摆脱这件麻烦事。

　　在这件事情上，楼宝根一直对那位村干部信口开河、不负责任的行为有些想不通，甚至牢牢地记住了这个村名。

2021 年 8 月初，牌头供电所接到上级派发的一起信访件，并把它派给了楼宝根处理。楼宝根打开信访件一看，怎么又是这个村？他的脑袋一下就大了起来。信访件是该村一位村民写的，反映该村一段山间公路拓宽涉及一根 10 千伏电杆及两档线路的移位，要求供电所尽快落实处理。

楼宝根看了投诉内容，下意识觉得这可能又是一件麻烦事。但"电力老娘舅"为了将矛盾化解在基层，就是要不惧怕各种艰难险阻，明知有困难也要迎着上。为了搞清楚情况，楼宝根带领同事们马上展开调查。

原来，2019 年下半年时，供电所曾经上报了 10 千伏线路大修计划，涉及区域包括信访件中所提到的山间公路。在讨论确定大修方案时，供电所原打算将线路中的几根电杆改为 35 千伏铁塔，但由于铁塔占地面积较大，需要占用一些村民的林地，其中有几位村民便提出了天价的青苗赔偿诉求。因为当时这个村的村干部正在换届之中，没有人来接手处理这方面的政策问题，最终导致这片区域的 10 千伏线路大修计划被束之高阁。

眼下，这个村为拓宽公路又提出了这个要求。这个问题肯定是要解决的，但如何能在短时间内尽快解决呢？

楼宝根为此思考了几天，考虑到方方面面的因素，最终向该村提出了三个解决方案：一是以用户工程方式对电杆进行移位，虽然报批的时间较短，但需要村方出资；二是村方先行将道路拓宽，对需移位电杆进行混凝土及石坎加固，确保运行安全；三是由供电所重新上报 10 千伏线路大修计划，然后在 2020 年上半年的高压大修工程中一并实施该计划，到时再把电杆进行移位。

没过几天，该村书记与镇农办负责人来到了供电所，与楼宝根他们沟通协调这件事。村书记告知楼宝根说，因为该村经费很紧张，没有钱做电杆移位这件事，所以没法实施第一种方案。按照第三种方案，虽然村里不需要出钱，但拖得时间太久。因为该村在 2019 年向交通局上报了道路拓宽项目，交通局年底就要对道路拓宽工程进行竣工验收，施工工期紧张，无法等到 2020 年。

楼宝根问："那你们的想法是什么？"村书记和镇农办负责人提议说："能不能暂缓拓宽那根需移位电杆附近的路面？先做道路施工的其他工程，等将来完成线路大修工程之后，再进行这片路面的施工。"

楼宝根把村里的意见向供电所领导做了汇报，供电所领导表示同意村书记和镇农办负责人提出的方案，也承诺尽快安排 10 千伏线路大修工程，但要求不能再出现任何政策处理方面的问题。镇农办负责人当场表示，他们一定会处理好一切政策问题。

因为暂时无法移位，为了防范电力安全风险，供电所就对需要移位的电杆设置了防撞警示标识。之后，为了将来顺利开展这片区域的 10 千伏线路大修，在向运检部门汇报后，楼宝根他们又到现场与镇农办负责人、村干部一起重新拟定了线路大修方案。

这真是——

> 大修基塔村换届，
> 工程受阻难展开。
> 堆积矛盾惹信访，
> 一拳躲得百拳来。

私自搭电出事故　娘舅出面令赔偿

2019年8月，台风"利奇马"登陆长江三角洲一带，店口供电所考虑到店口镇白沥畈村的农用电线老化，遭受台风袭击时容易发生断裂，特地提前发布通知，要求白沥畈村的电工在台风来临之前将所有农用电线的线路关闭，以防止台风破坏引起次生灾害，进而给人民群众生命财产造成不必要的损失。

白沥畈村有一租户唐某，并不是本地村民，他家平时都是通过私接村里的农用电线来满足日常生活所需。当白沥畈村的电工按照通知关停村农用电线后，唐某家的日常用电也同时被切断了。8月9日夜晚，唐某见台风已经过去，家里着急做饭却还不见村里推闸送电，便偷偷去村农用线电房把闸推了上去。

然而，在他推闸送电之前，白沥畈村农用线高空电路被台风吹断，线头落入村民蒋某江、蒋某焕经营的鱼塘之中。由于台风刚刚过去，一切抢修还没有来得及展开，唐某私自推闸送电致使鱼塘中的鱼全部被电死，给两户村民造成了严重损失。

危害发生后，唐某不仅没有认识到自己私搭电线以及私自推闸送电行为是触犯法律的，当两家事主找上门和他理论时，唐某的态度还相当恶劣，非但拒绝承担赔偿责任，甚至拒不认错。

双方当事人就鱼塘赔偿一事争执不下，便到村委会请求居中调解。因唐某这时依然拒不认错，觉得电死鱼是台风刮落电线造成的，要赔偿也是供电所的事儿，跟他没有关系。

　　白沥畈村的村干部对《中华人民共和国电力法》的相关规定并不清楚，村上发生了这件事，本想就事论事做个了断，但由于唐某不配合，只能把事情暂时搁置下来。然而，两家鱼塘塘主不愿白白遭受损失，于是，村委会只得向店口供电所的"电力老娘舅"钱志军寻求帮助。

　　接到村委会的求助后，钱志军前往白沥畈村了解整个事情的经过。他首先可以确定的是，这是一起典型的侵犯集体权益的事件。农用电力属于村集体财产，唐某私搭电线供自家日常生活使用，已经严重侵犯了集体权益。而且，唐某在盗用电时还造成第三方重大财产损失，这已不是小过错了。不过，对方目前只要求唐某赔偿其损失，并没有提出追究唐某法律责任的诉求。

　　"电力老娘舅"只有协调用户一般纠纷的权力，对于触犯法律的行为，只能交给派出所去处理。村干部的意见是，待赔偿两位鱼塘塘主这件事情落实后，再调查处理唐某侵犯集体权益一事。

　　钱志军觉得，唐某的盗电行为已构成盗窃罪，虽说他仅用于家庭日常使用，涉嫌盗用数目并不大，但在处理赔偿鱼塘损失一事之前，得让其认识到自己的行为是违法的，尤其是台风过后擅自推闸的行为。于是，钱志军找到唐某，告知了《中华人民共和国电力法》相关规定，严肃地指出问题的严重性，想让他认识到这已经不是赔偿别人损失这么个小问题了。刚开始，唐某依然没有认识到这是犯罪行为，一味强调自己并不是故意的。即使不慎电死了鱼，也是台风刮落了电线造成的，赔偿应当由电力部门负责。

　　钱志军看到唐某这个法盲仍然不能正确对待自己的问题，便认真地对他说："村里对于你的处理还没有确定，受到损失的两户人家也没有非要追究你的法律责任，但这并不是他们拿你没办法，而是为你留了一条后路。如果你在赔偿问题上比较配合，后续处理私自搭电一事时，派出所可能还会考虑一下你的态度，从轻处理。如果你不配合，那只好将这件事也交给派出所，到时候走法律程序解决。"

　　唐某看钱志军把话说到这份上，知道胡搅蛮缠肯定是搪塞不过去的。更何况，听了钱志军刚才一番关于《中华人民共和国电力法》的宣讲，他心里已经开始有点害怕，心想如果交由派出所处理，恐怕还真不是几个钱的事儿。于是，他的口气软了下来，表示愿意听从钱志军的调解，给予对方适当的赔偿。

　　钱志军见状，便将村干部和两位鱼塘塘主请到一起，在估算清楚损失的基础上再三协商，最终确定了唐某给两人的赔偿金额。

这真是——

> 法盲村民私搭线，
> 电死塘鱼惹祸端。
> 娘舅出面先讲法，
> 令其赔偿俱欢颜。

村里请来老娘舅　一举解决两件事

　　上连村上河自然村的村主任向供电所反映，自己村里有14户因修国道搬迁来的新村民，他们统一搬迁到本村后，临时共用一只电表。由于时常有人私自接电，电线布局十分混乱，跳闸断电情况经常出现，给大家生活造成很大不便。而且，由于乱搭乱接，14户人家共同使用的那只电表每月每度电的均价高出周围农户许多，对此一些人已经心存不满，村主任希望供电所能帮助解决这些问题。

　　电力老娘舅石浩接到任务后，先对这14户人家的情况做摸底了解，原来G235国道的施工工程涉及上河自然村，该村决定将施工现场旁散居的14户人家进行拆迁，并将14户人家统一安置在附近的拆迁小区。为了保证这14户村民的基本用电需要，村里统一规划电线的架设，但受经费所限，配套基础设施并不完善，14户村民共用一只电表。在阶梯电费模式下，每户缴纳的电费也很高，而且，在用电量大的季节或时段，还经常出现跳闸现象。村主任每个月去收电费时，大家意见都蛮大。村民们多次反映此事，甚至迁怒于村干部，于是，村主任联系供电所反映此情况，希望供电所能帮助解决这件事。

　　把情况了解清楚后，石浩跟村主任一起去现场向这14户村民解释缘由，设法安抚村民的情绪。为了保证村民正常用电，石浩先将这14户村民的电表增容（增加电表容量），之后对这些村民执行合表电价。在合表电价模式下，每度电的价格就降低很多。对这次处理结果，村民们总体上比较满意。

　　不久，这14户村民再次因为用电出现了矛盾纠纷，村主任十分着急，又一次求助石浩，请他代表供电所与村民协商。村主任对石浩说：“你是专业人员，如果你能同我一起去和村民们沟通，相信会更有说服力……"

多次去村里走访后，石浩了解到，这14户村民曾和村里协商由他们出资购置地下电缆来通三线，后来村里为了节省成本、减少用户集资，打算立杆架线。于是，供电部门出钱购置了一批电杆和电线，准备为这14户村民接通线。在接线过程中，发现只有住在最后一排房子的村民同意立电杆架线，而住在前两排房子的村民都不同意立电杆（这14户村民的房子排成了三排），并要求村里按照当初的承诺使用电缆为其接线。为了达到这一目的，不同意立电杆的这部分人还去当地镇政府信访，表示村里曾承诺会用地下电缆接线，而现在改用立杆，这是失信行为。因为这件事情，上河自然村成了当地一个令人头疼的"信访村"，只要村里出点事，村干部就急得直挠头。

石浩和村民们多次沟通，发现主要是第一户人家的态度最为坚决，而这户人家的主人是一位60多岁的老人。于是，石浩就将调解的重心放在了这位老人身上。他告诉老人，立杆架线比使用地下电缆接线好处更多：一是电杆及电线由供电部门投资，减少了居民的集资费用，且用电安全以及相关的维护、维修都有专业保障；二是目前道路没有铺设沥青，如果挖电缆井的话，将来遇到暴雨会严重渗漏，使得就近的房屋地基渗水从而增加新的安全隐患；三是地下电缆进出端必须用钢管，这样会影响整个小区房子的外观。石浩还保证，供电部门在施工中会将接触线整齐排列好，不会影响房子的外观。但是，任凭石浩把道理讲了一大堆，老人就是不同意立杆架线。

后来，石浩与村民们沟通时偶然得知，这位老人有一个在上海从事房地产中介工作的女儿。于是，他在村干部的帮助下联系上了老人的女儿朱某，想让朱某在中间调和。朱某毕竟是年轻人，听了石浩的解释，很快明白了立杆架线的好处，便同意帮忙劝说自己的长辈。在女儿的劝解下，老人最终同意供电所立杆架线。为了让老人家感觉更舒心，供电所也将应立在老人房屋附近的电杆稍微远移了一些。

这真是——

> 修国道搬来新住户，
> 添忙乱用电起纠纷。
> 上访村请来老娘舅，
> 一揽子解决两件事。

网络缴费有陷阱　亡羊补牢犹未晚

2022年10月份，一位北京的用户拨打95598全国电力服务热线反映，他已在线上缴纳了电费，但供电所仍给他不断发送催缴电费的短信，这究竟是怎么回事，希望供电所予以解答。

用户缴纳电费后，电力系统的电子平台依然不断提醒用户缴费的事件，在以前很少发生。按照常理，用户没缴费却投诉电力部门，这种可能性也很小。用户已缴费但电子平台没收到，一直还在提醒对方缴费，除非是不常见的网络故障，这种事情一般也不大可能出现。也许，这家用户在缴费环节出了问题。

负责处理这件投诉的"电力老娘舅"冯孙滨，先通过电话向用户详细询问了缴电费的过程，了解到：该用户在北京工作，并不是本地的常住村民，其父母在诸暨这里开办了一个工厂，几个月前告诉他网上可以用"花呗"代缴电费，而且有很多"优惠"，当地一些用户都在用这种方式缴费。于是，他一直通过一个网上机构为父母代缴电费。最初几次他还很小心，但每次缴费后都会收到"缴费成功"的短信，而且的确有优惠，也就慢慢放松了警惕。直到10月份，他再次通过这个机构缴费时，不仅没有收到缴费成功的信息，还不断收到大唐供电所催缴电费的短信。

冯孙滨了解到这个情况后，立即通知台区经理，请他在系统中查询一下这家工厂的缴费明细。查询之后发现，用户父母的工厂从1月份到10月份共计缴纳1万多元电费，都是每月分十几次通过"花呗"App缴纳的，电力系统的网上平台也都如数收到了。

那这次为什么没有收到呢？这应该与电力系统没有关系，是“花呗”这个网上支付平台的问题。如果用户为贪小便宜使用网上支付平台缴纳电费，那这个后果只能由用户自己承担，电力部门只要把情况说清楚就可以了。但冯孙滨却有一副为群众排忧解难的热心肠，他专门去了那家工厂所在的村子了解情况，结果发现，当地很多村民都是通过这个机构缴纳电费的，于是警惕起来，立即把情况向上级部门反映。

经过调查，2021 年以前，大部分老百姓是在营业厅、银行等正规渠道缴纳电费的。2021 年以后，通过支付宝和微信缴纳电费的普及度提升，很多网络诈骗机构趁机上门推销或者利用亲朋好友来引导村民在他们的平台缴纳各种生活费用。

北京这家网上机构，需要用户先在“花呗”App 上借钱来缴纳第一笔电费，在还清“花呗”的借款后，用户便获得相应的“积分”，然后利用花呗的积分兑换电费的抵扣券。因为此类诈骗机构采取的是打一枪换一个地方的策略，根本不可能在网上填写正规详细的注册信息，而且都是通过“业务员”在网上私下联系用户或者利用缴费优惠来吸引用户的。如缴 1000 多块电费，用户通过这个机构就只需要缴 900 多块，这丰厚的“回报”颇具诱惑力。

投诉用户所使用的这家网络机构，正是通过抵扣券来赚取这中间的差价，开始几次给用户一点甜头。待用户渐渐放松了警惕，一次缴纳完一笔大数目的电费后，这家机构便会立即拉黑用户，“卷钱”跑路。这种破坏正常社会经济往来的诈骗行为，不但极大地扰乱网上的支付环境，而且败坏了良好的社会风气，最直接的结果是用户不能按时缴纳电费，却误以为是电力部门的问题，因此用户与电力部门之间产生了很多不必要的纠葛，浪费了电力部门的人力物力。

由于案情重大，公安部门很快介入了这个案件，并发现山东、湖南等多地都有人报警。后经全国警信网统计，这类案件当时已几乎遍布全国各地。在此之前，虽然偶尔也出现过这类网上诈骗案件，但数量上并不是很突出。从去年下半年起，这类案件开始铺天盖地出现，甚至出现几宗骗走几万或几十万巨款的案件。随着公安部门的介入，全国网上统一行动，很快抓捕到了这一网上诈骗团伙，为用户追回了部分损失。在这个过程中，供电所积极配合警方的调查工作，并给予大力支持。

　　这件事发生之后，供电所以此作为反面教材，揭露骗子们的新伎俩，多次向老百姓宣传电力缴费一定要走正规渠道，增强用户的法律意识，防止再次上当受骗，让那些时刻觊觎老百姓钱袋子的网上蠹虫无处藏身。

　　这真是——

骗子电商设陷阱，

圈钱跑路不留踪；

电力娘舅做宣传，

亡羊补牢犹未晚！

电费催出别样事　娘舅为民解忧愁

这一天，暨阳供电所王文峰按照欠费名单上门催缴电费。他根据门牌号找到了一家拖欠电费的用户，敲开大门之后，见到了一位中年妇女。

他很有礼貌地向对方做自我介绍："您好，我是暨阳供电所的台区经理，负责你们这边抄表收电费的，前两天电话联系过你，电费再不交就会产生滞纳金。"

这位妇女看了他一眼，嘴里连说两个"知道了"，显得很不耐烦。这时，房间内传来男主人的声音——"就三百多块钱嘛，犯得着你们天天上门催，烦不烦啊！"

王文峰碰了个硬钉子，站在那儿走也不是留也不是，觉得十分尴尬，但他并没有因此放弃，因为对用户要多一点耐心、多一点阳光、多一点热情，使他们满意，这是"电力老娘舅"的工作信条。也只有这样，才能实现"枫桥经验"的根本遵循——"矛盾不上交、服务不缺位、平安不出事"。所以，"电力老娘舅"都有一套"走得进家门、坐得下板凳、拉得起家常"的沟通本领，王文峰也不例外。

这时候，这位中年妇女好像突然想到了什么，气冲冲地对王文峰抛出一句问话："师傅，你来的时候是不是已经把我们家的电给停了啊？"

王文峰一听觉得很奇怪。因为他知道，这一片区今天并没有停电，赶紧解释说："没有啊，我们不会这样对待用户的！"

那女人又问："那我家客厅的电扇咋开不起来了？"

王文峰一听这话，更加觉得奇怪。他想：会不会是自己出门这一小段时间内这片线路突然有了故障？又或是这家用户的电路出了问题？不过，他转念一想，女主人只提到电扇，一定是她家电扇出了故障。职业习惯让他啥也没多想，也没去计较夫妻俩刚刚的态度，就对女主人说："我帮你看看吧。"女主人将他让进门之后，指了指地上的电扇说："就是这台电扇开不起来了。"王文峰来到电扇前，操作一番后说："这样吧，我帮你们检查一下，看看是不是线路出了问题。"

经过仔细检查后，他发现用户家这台旧落地扇的插头，由于经常在插座上插上拔下，内部接头已经松动，很容易接触不良。对于经常上门服务的"电力老娘舅"来说，这委实是个小问题。王文峰掏出工具开始为用户修理插头。看到女主人的态度比刚进门时缓和了很多，他就用谨慎的语气询问她家这么长时间不缴电费的原因。

女主人叹了一口气，略显不好意思地说了起来。原来，他们夫妻二人在同一家针织厂上班，在国家错峰用电的大政策影响下，车间无法连续生产，导致工厂效益下降，运转出现困难。别说工人们这个月的工资，就连上个月的工资也还没有全部结清。这对夫妻在家里已经休息两天了，听说厂里要裁员，不知道还能不能接到去上班的通知呢。因生活陷入困顿之中，夫妻二人整天长吁短叹。女主人坦言："全家人的生活费都已经捉襟见肘，哪还有能力缴电费啊。"

为了缓解这种沉重的气氛，王文峰便随口问女主人，他们打工的是哪家针织厂以及老板的姓名。说来也巧，该针织厂老板是王文峰的熟人。此前，针织厂曾遭遇雷击造成电路跳闸，王文峰为针织厂抢修过电力，与针织厂老板打过交道。

王文峰为用户家修理好了电扇，出门后便直奔该针织厂，他想用自己的绵薄之力为这对夫妻做点什么。找到这家针织厂老板后，王文峰向老板打听起了那对夫妻的情况。老板很无奈地告诉他，现在不仅仅是他们夫妻俩有难处，厂里也面临严重的危机。但他看到一个上门收电费的"电力老娘舅"，居然有这么一副帮人渡难关的菩萨心肠，很是感动，向王文峰表示："厂子再困难，这点钱也还挤得出。你喊他们过来，我想办法把他们的工资先结了。"

王文峰一听，赶紧给那对夫妻打电话，让他们来厂里结工资。然而，夫妻俩这点工资只能勉强度日，接下来怎么办？为了解决夫妻俩日后的生计问题，王文峰又坐下来和老板商量。老板提议，让女方去他家里帮忙做一段时间饭，其他等疫情过后再从长计议。反正他家人口多，一直想雇个保姆。如果同意，工资好商量，最好当天就上岗。

　　这对夫妻一听工作有了着落，感动得不知说啥好，连声向"电力老娘舅"王文峰表示感谢。

　　这真是——

电费催出别样事，

娘舅为民解忧愁。

老板竟是好心肠，

夫妻忠厚得好报。

房屋租赁起纠纷　电力娘舅有高人

一市民在拍卖会上取得了大唐街道盛唐社区物华路一栋楼房的所有权。等他去了现场后才发现，仅仅40个房间的楼房里，居然住了100多名租户。于是，他要求这些租户在限定的日期内自行搬走，但租户表示自己和原房东签订了租赁协议，并且已经向原房东交了租金，有权继续住在这里。双方不仅因此爆发了冲突，还因电费产生了矛盾纠纷（因为这些住户不愿缴纳他们生活用电所产生的电费）。2020年12月，这位新房东拨打了95598全国电力服务热线，请求供电部门暂时停止该楼房的电力供应。

如果按照程序履行了法定手续，对于用户提出的暂时切断家用或者厂用供电线路要求，供电部门应当满足，否则要承担法律责任。但当"电力老娘舅"赵铁锋接到派工单到达现场后，租户们不仅集体阻拦赵铁锋断电，还与新房东发生了激烈的肢体冲突。为了防止事态恶化，赵铁锋赶紧打电话给派出所，希望派出所出面解决这起矛盾纠纷。

派出所民警听取双方的陈述后，向赵铁锋建议道："新房东和租户之间矛盾较大且还在调解之中，现在又正是寒冷季节，无论事情最终会怎样解决，从保障民生的角度出发，供电所都暂时不要断电，以免激化社会矛盾。"

这次断电风波后，租户们担心供电所再来断电，便时常派代表来与供电所纠缠。新房东不愿意自己的房屋被人占用，依然不断要求供电所断电。为彻底解决双方这场断电纠纷，赵铁锋一方面联系了属地居委会与租户们沟通，了解租户们有无向新房东继续租房的意向，另一方面又联系新房东，询问其是否可以通过与老租客们重新签订租赁合同来解决这一问题。

经过一番沟通，赵铁锋摸清楚了双方的要求：新房东愿意将房子租赁给这些老租户，但这些老租户认为自己已经向原房东缴过租金了，不愿意再与新房东签订新的租赁协议。因为双方都坚持己见，不愿意妥协让步，赵铁锋虽尽最大努力进行调解但都无功而返。

因要求无法满足，新房东愤而向政府相关部门投诉。接到投诉后，相关部门立即派人协助"电力老娘舅"赵铁锋与新房东及租户们进行第三次调解。但租户代表仍然表示自己不会重复缴房租，但提出如果原房东退回房租的话，他们愿意与新房东签订新的租房协议。赵铁锋建议政府工作人员把这一情况向上级汇报，看能否找到原房东。只有找到原房东，厘清这栋房子原有的租赁关系，才能找到解决的办法。不出几天，在相关政府部门的支持和帮助下，这栋楼房的原房东终于被找到了。

赵铁锋向原房东了解情况后发现，原房东为了方便，此前只和一个人签订了租赁协议，将自己的房屋一揽子租给这个人，而这个人又将房子二次出租给十多户人家。原房东还向赵铁锋出示了他和"二老板"之间的租赁协议原件，上面显示租赁日期已经到期。

原房东还告诉赵铁锋，只有几十间房屋的楼房之所以出现了100多名租户，是因为原来的十多名租户获悉原房东已将房子出售，为借房子交接之际捞取不义之财，将自己从"二老板"那儿租住的已到期的房屋又转租给各自的老乡和熟人，之后这些房子又被再次转租。现在这些租户是想趁机向初来乍到的新房东讹点钱，仗着人多势众一起上演了这出闹剧！

得知这些重要信息后，赵铁锋与租户代表进行了一次严肃商谈，指出了他们行为的违法性，并警告他们如果不悬崖勒马，继续这样折腾下去，可能会受到法律的制裁。租户代表见自己的底细已被摸清，不再像之前那么盛气凌人，却依然争辩说他们与原房东的租赁协议没有到期，甚至伪造了一份租赁协议给赵铁锋看，继续死缠烂打。

见这些人不到黄河心不死，赵铁锋于是拿出了原来的租赁协议，将租赁期限指给这些租户代表看。看到赵铁锋已经摸清了真相，掌握了证据，租户代表这时也无话可说了。

　　之后，在赵铁锋的努力下，新房东与急需用房的租户达成一项新协议：考虑找房搬家需要时间，新房东同意暂时不让供电部门断电，并允许这些租户暂住到2021年2月1日。日期一到，必须无条件搬离房子。

　　这真是——

> 老房租赁起纠纷，
> 新主断电惹众人。
> 揪出幕后闹事徒，
> 电力娘舅有高人！

修建围栏惹住户　娘舅疏导排愤懑

诸暨市××羽绒制衣厂（以下简称制衣厂）由于经济效益不好，原法定代表人将制衣厂前后的店面和套房出售给20多户人家，而这20多户人家进出家门都得穿过厂区。因为是原法定代表人经手卖出的房子，尽管这些人在厂区进进出出会给厂区的秩序维护带来许多麻烦，但大家也不好多说什么。后来，制衣厂经营状况越来越差，原法定代表人就将制衣厂转手卖给了潘某。

潘某接手制衣厂后，看到这些住户每天在厂区进进出出，不仅影响厂区秩序，也给工厂的安全生产与住户的人身安全带来很大隐患，于是就想用围栏将厂区围起来，不允许这20多户人家再从厂区自由进出。

但如果不从厂区出入，这20多户人家进出就得绕行，这样不仅路程比较远，而且绕行那段路路况非常差，每逢雨雪天气，无论骑车还是步行都不好走。此外，修了围栏之后，住户们的活动空间会变得非常局促，居住环境也会受影响。

尽管会给住户们通行或生活带来很大不便，潘某还是坚持己见，派施工队去修建了围栏，于是双方发生了激烈冲突。为了维护自己的权益，这20多户人家全堵在制衣厂门口试图破门。为了避免矛盾激化，镇政府的工作人员、派出所的公安民警以及枫桥供电所的"电力老娘舅"陈仲立都抵达了现场，大家共同努力及时疏散了人群。

然而，在人群散去后，潘某却派人断掉了厂区内专为这20多户人家配电的配电箱电源，并将厂区大门上了锁，而这时正是做晚饭的时间。由于电源被切断，这20多户人家再次聚集起来准备破锁砸门，还有人拨打了报警电话。冲突快速升级了。

接到报警电话后，镇政府和派出所先后派人赶到现场进行调解。为了恢复住户们的正常用电，镇政府工作人员和派出所所长多次尝试联系潘某，但是，潘某一再拒绝与他们交流沟通。无奈之下，镇政府工作人员和派出所所长又先后给"电力老娘舅"陈仲立打电话，希望他到场一起调解这起纠纷，陈仲立接到电话后火速赶往现场。

赶到现场后，陈仲立觉得，要解决这个问题还是应当与潘某直接对话。于是，他尝试电话联系潘某。好在，这次潘某没有拒接。

电话接通后，陈仲立先劝导潘某说："你这个人也太急躁了，我们都是来为你解决问题的，无论我们讲得对或错，希望你不要急着挂电话。事情既然已经发生了，一直拖着也不是办法，总是要解决的。你这样避而不见，这些人又围着厂门，这只会使情况越来越糟糕。如果可能，我希望你能尽快过来，坐下来一起好好商量一下。"潘某考虑片刻，同意了陈仲立的建议，但他提出目前不方便到场，可以通过电话与几方人员进行沟通。

当几方人员终于坐到了一起之后，陈仲立让潘某通过电话给大家介绍一下事情的来龙去脉，并谈谈自己的想法。潘某认为，这20多家住户并不是自己的员工，每天进出厂区，给厂区生产秩序造成了很大影响。作为厂方，自己有权将厂区围上，不让这些住户出入。再说，厂区外有一条简易通道，住户们进出是完全可以不通过厂区的。

听完潘某一番解释后，陈仲立说道："这个问题是原厂主留下来的，现在已经成为摆在大家面前的既往事实。各方提出的问题不但要解决，而且解决的办法要契合实际。无论是一揽子解决，还是分阶段解决，都不能单方面采用过激的方式，把能商量着解决的事情扩大化、复杂化。这件事的当务之急，是先把电给大家接通，让他们能够正常生活。其余事情，大家可以坐在一起，互谅互解地好好协商嘛。"

潘某尽管依然很生气，但较之前已有所缓和。他在电话那头说，退让一步也行，必须让这些人明白，这个厂房是他潘某的，任何人都不能仗着人多势众、恣意妄为。最后，在陈仲立再三劝解下，潘某同意先通电，也愿意打开厂门，让大家适应一段时间后再行严格的门卫制度。

一个小时之后，潘某联系上其父亲，让他打开厂区大门，并为这 20 多家住户通了电。就这样，一桩因切断电源而引发的不安定事件，在"电力老娘舅"的尽心协调下很快平息了。

这真是——

厂主断电堵门路，
住户愤懑起纠纷。
电力娘舅巧调解，
劝和两方赌气人！

既要敢做红脸佬　也要会做和事佬

　　供电所在日常工作中，经常遇到由邻里矛盾或村级矛盾引发的电力纠纷。遇到这种情形，供电所工作人员一般都会与社区或村里积极沟通，第一时间联系相关人员，搞清楚事情原委，明确各方责任后开展调解。如果涉及政策处理、经济赔偿等问题，则需要联系社区干部或村干部协助处理。总之，依靠社区干部或村干部，快速解决矛盾纠纷，是"电力老娘舅"们一直坚持的工作方法。

　　2018年，店口供电所对店口社区新一自然村进行农网改造，统一更换了这个村的电表箱。一年后，村老街一房主陈某回家发现自家老房墙上有少许裂缝，为此拨打95598全国电力服务热线进行了投诉。

　　原来，房东陈某长期住在绍兴越城区，这次回来后发现房子金字墙上原表箱已更换为新表箱。因为老房子已经有100多年的历史，房子金字墙上原本就有许多因地基沉降产生的小裂缝。但陈某认为，这些小裂缝是供电所更换表箱造成的，因此打投诉电话要求供电所予以赔偿。

　　"电力老娘舅"钱志军接到陈某索赔的投诉工单后，便立即联系店口社区干部，与其一同前往陈某家中进行现场调查。因为涉及赔偿问题，并非一般小事，必须动员社区干部的力量一起协调解决。

　　陈某一看"电力老娘舅"和社区干部都出面了，便狮子大开口，提出了自己的三个解决方案：一是供电所直接付给自己一笔钱，金额要足够自己修缮房屋所需；二是供电所直接派人将他家的房子修好，而且修旧如旧；三是若供电所不能满足以上两条，那必须写下保证书，日后房子倒塌或倒塌致人损伤均由供电所负责。

听完陈某的诉求后，钱志军耐心向陈某解释道，因为房屋金字墙上表箱更换时无法联系到陈某，加上工程量很小，仅仅是新旧表箱置换而非打孔新装表箱，也没必要惊扰用户。再则，更换旧表箱虽由供电所来操作，但这属于农网改造事项，这方面的政策处理和涉及的赔偿问题，均由店口社区负责，与供电所无关。至于陈某房屋金字墙上的裂缝，显然是地基沉降、年久失修所造成的。退一万步说，即使是电力施工造成的，用户也必须持有评估机构的权威鉴定证书才能提出赔偿要求，这都不是说赔就能赔的。

虽然钱志军耐心解释，但陈某根本听不进去，依然蛮横地说："如果你们不在我的墙上装表箱，我是不会来找你们的！谁不知道供电所是国家单位，让我找镇政府和社区赔偿，他们有钱赔付吗？你们这是推诿责任！"

钱志军一听陈某说出这样的话来，义正词严地驳斥道："国家电力再有钱，那也是国有资产！如果你抱着这样的心理，趁机讹诈国家钱财，那问题的性质就不同了！"

然而，陈某并没把这些话听进去，依然胡搅蛮缠，想让供电所赔偿，其他的一概不听。钱志军越听越觉得陈某的思维方式与常人似乎不太一样，于是就和社区干部离开了陈某家，转而向邻居进一步了解陈某的情况。

陈某因为常住外地，与村里人不怎么打交道。钱志军向邻居打听他的情况时，许多人都不太知情，最后只打听到他有一个姐姐在店口商业街居住。钱志军一行便赶到陈某姐姐家，简单说了事情经过，并邀请陈某姐夫一起去现场看看。陈某姐夫到现场仔细看了之后，当着陈某的面肯定地说，这些小裂缝绝对是旧的，并不是装表箱造成的。

然而，即便自家亲戚把话说得这么明白，站在一旁的陈某依然死缠烂打，甚至拉住钱志军的衣袖说，如果供电所不赔偿，今天就休想走人！

钱志军虽然很生气，但仍旧耐心地对他说："你这样把我拉到明天也没有用。如果你个人认为需要赔偿，那还是去找你们社区好好问问！供电系统跟你们社区都订有协议，工程赔偿款项都拨付过了！"陈某见平日态度和蔼的钱志军口气陡然变得这样坚决，只好放手了。

事情到了这一步，钱志军更放不下心了。没过几天，他和其他同事讨论这件事情时无意间听说，陈某以前好像得过精神类疾病。他想，如果真是这样，自己当时那一番"红脸佬"的言语，会不会让一个曾经犯过病的人受到刺激？

　　于是，他主动向社区书记汇报了这件事，并讲了自己的担忧，提出让社区多给予陈某精神关爱并协调处理好后续事宜。社区领导非常赞同钱志军的看法，表示陈某在这次事件中虽多次无理取闹，但考虑他本人患有精神类疾病，经店口社区与他姐夫商量后可以给予陈某少量的经济照顾。通过采取上述这些措施，陈某最后也痛痛快快写下承诺书，保证今后不再纠缠。

　　这真是——

> 看似笑脸和事佬，
> 却也红脸据理争。
> 得知纠纷藏隐私，
> 难掩爱民一片情！

租户欠费房东付　依法收缴不徇私

2022 年 10 月份，大唐供电所发现金家新村的杨某所欠电费数额较大，且一直未能主动缴纳。为保证用户的正常用电，了解用户需求，"电力老娘舅"傅蓉前去登门收缴电费。

经过上门走访，傅蓉得知，用户杨某的房屋共有 6 层楼，她将 1—4 层出租给一家制袜厂，5—6 层自己居住。制袜厂有 40 多台制袜机在运转，所以 10 月份的耗电量较大，电费高达 2 万多元。然而，受新冠肺炎疫情影响，整个经济形势下滑严重，制袜厂产品一时无法出手，不能产生经济效益，由此资金周转困难，已经无力缴纳电费了。

傅蓉便商量着问杨某："缴电费的期限马上就到了，平台反映你们的电费增长很快，到时缴不了这笔电费你咋办？"杨某把手一摊说："我能有啥办法？这样好了，为了减少损失，你们可以把 1—4 层的电先停掉！至于我家用的那部分，我来付呗。"

傅蓉对杨某说："这样做恐怕不行。拉闸停产，得依法实施，怎么可以随便这么做！再说，我们收缴电费是按你整栋楼的用电量来计算的，不管这 2 万多元电费是租户的还是你的，你是与我们签协议的电表户主，我们跟租户并没有协议，所以这 2 万多元电费只能找你来代缴。缴电费的规矩你也懂的，全部电费需要一笔付清，只付一部分那是不行的。"

杨某极不情愿地说："这可是 2 万多元的电费啊！我家可只用了几百块钱的电费。"

傅蓉想了想，又耐心地向她解释道："这个房子是你租出去的对吧？作为房东，你是利益既得者。收益归你，你也要承担起相应的责任。再说，你是电表户主，我们只能找你来解决电费问题，不可能去找你的租户，否则也名不正言不顺嘛。"

杨某也觉得不代缴电费理亏，可代缴的话又心有不甘，便借故手头没钱，说要代缴也得和租户商量。看这情形，傅蓉知道这件事不是跑一两次就能解决的，于是加了她的微信，回单位向领导汇报了这个情况。

之后几天，见杨某没有主动联系，傅蓉便在微信上和杨某进行了多次沟通，同她再三说明事情的严重性，正告她："如果期限到了仍未缴费，那肯定是要依规停电的，你得有这个思想准备。停电引起的一切后果，你也清楚。如果到时租户和你引起纠纷，我们也不能出面为你说话。法律制度对任何人都不会网开一面的，你得好好考虑一下。"

杨某也是明白人，见傅蓉也都是为她着想，态度开始缓和。她当然知道，这笔钱无论如何都应当由她自己先出。否则，一旦供电公司依法停电，她自己也没法用电了！

于是，杨某同意先缴清全部电费，但提出了一个要求：如果租户将来不肯承认自己为对方代缴电费这档事，供电部门要为她提供证明。傅蓉爽快地回复对方说："这个你放心，如果到时确实需要，我们按照规定配合你就是。"后来，傅蓉还真去了这家制袜厂，为杨某证明了代缴电费这档事。

大唐供电所辖区租户比较多，流动性强，因经营效益不好卷铺盖走人的事儿经常发生，类似杨某所遭遇的租户拖欠电费的情形也不少见。因为供电所是与房东签订用电合同，租户并不是严格意义上的电力"用户"。如果租户拖欠电费，房东应当先代缴，之后再找租户索要。但有些房东认为，这个与自己没多大关系，便在代缴电费这个问题上"踢皮球"，给"电力老娘舅"的工作增添了许多意想不到的麻烦。遇到这类事情，"电力老娘舅"既要认真履行职责，又要坚持耐心、贴心的服务精神，这样才能在照章办事的同时，与用户建立起鱼水情深的关系。

这真是——

租户欠费有缘由，
房东代缴尽义务。
依法办事不徇私，
辛苦电力老娘舅。

无理取闹提要求　耐心劝导息事端

2018 年 3 月 5 日，浣东街道骆家山村一位老人向姚江供电所申请移表，姚江供电所副所长李坤接到任务后，带着几个工人立即前往现场，可到现场一看感觉不对，这电表没法移。

李坤发现，老人房子后墙上一字排列着 5 只电表，这 5 只电表的表箱盖都已破损，里面的电表半裸露着，电表下面堆满了杂土，拆下来弃之不用的各种户内连线、电缆线、插头、护盖等散落在电表附近。

经过详细了解，李坤得知，骆家山村附近新建了一条公路，动迁了不少村民的房子，但到老人房子这里就不拆迁了，反而因拆迁施工在老人房子后墙留下一堆泥土和线缆之类的杂物。老人本来就因拆迁之事没如愿而心里不舒服，看到后墙乱象更加不满，便向供电所申请移表。

李坤耐心细致地做老人工作说："我觉得还是不移为好，一定要移的话，也只能移你自家的，因为另外 4 只是你邻居的，未经他们同意是没法移的。为了确保安全，我们马上给 5 只电表重新安上表箱，行不行？"

见老人的态度有所松动，李坤紧接着说："这个土堆离电表太近了，不用的线也乱七八糟地丢在这儿，这些都是隐患。虽然这不属于我们供电所的责任范围，但既然我们来了，就帮您老人家全部清理掉，给您消缺，不收费的哦。"

为老人处理完土堆和杂线后，李坤以为这件事就结束了。没承想几天后，老人女儿却打来电话，要求将固定在她家墙上的电表移走。

已经处理过的事儿，用户为啥会出尔反尔？李坤再次赶往老人家，发现老人女儿也在。她啥道理也不讲，一味坚持要将全部电表立即移走；如果供电所不移，她就请人移。

无奈之下，李坤再次耐心向老人女儿解释为什么不能随意移动电表："如果没有特殊情况，我们供电部门是不能随便移表的。如果你们一定要移表，不仅需要自己承担相关费用，还要找专业电工操作，绝对不允许非专业人员自行移表。"

听到李坤这番话，老人女儿生气地质问道："凭什么要我们自己出钱？有文件规定吗？"

李坤告知老人女儿："《供电营业规则》第二十七条明确规定，用户移表所需费用由用户自己承担。"见在这个问题上没能难住李坤，老人女儿又开始责问："现在政府部门都要求让老百姓'最多跑一次'，为什么我父亲多次向你们申请都无法移动这些电表？"

面对老人女儿的无端指责，李坤没有动怒，依然耐着性子摆事实、讲道理，尽力劝她："你父亲也只是去了一次供电所呀，之后都是供电所的工作人员上门来解决问题的，你不能说出这种颠倒黑白的话。"

见老人女儿理屈词穷，李坤转而劝道："别小看移表这件事，按照规定是要写申请说清楚移表的理由，还要看是不是符合规定，不是谁想移动就能移动的。再说，你家无缘无故要将这些电表移走，与邻居的关系可能就此搞僵。你想想，你自己不经常在老人身边，你父亲如果有个头疼脑热或其他事需要邻居帮忙，又怎么张口呢？俗话说，远亲不如近邻，这个道理你总该明白吧？"

听了李坤这番全为老人着想的话，老人女儿似乎有所触动，口头也不似之前那般强硬了。见对方态度缓和下来，李坤又趁热打铁，继续劝说道："左邻右舍的电表安在你家，大家本来对你家都很感激；现在突然毫无理由地要求移走，惹得大家都对你家有意见，你这不是存心想化友为敌吗？冤家宜解不宜结，劝你还是不要做这种糊涂事。"

经李坤语重心长的劝说，老人女儿最终放弃了自己的不当要求。

这真是——

拒绝应需有道,
可为也当不为。
只要道理讲透,
铁石便可为开!

邻里纠纷无小事　移表缓解也是情

2022年10月14日，安华镇三合村赵某军向诸暨市电力纠纷人民调解委员会提出调解申请，要求移除位于自家外墙上的邻居赵某潮家的电表箱，理由是邻居赵某潮每次抄电表都会进入他家院墙，侵犯了他们家的隐私。

"电力老娘舅"楼宝根收到赵某军的调解申请书后实地走访，向左邻右舍打听，了解到赵某军、赵某潮两家人的关系相当紧张，至少在一段时间不会有所改善。因为当事人赵某潮也愿意接受调解，所以诸暨市电力纠纷人民调解委员会便于10月15日将调解告知书送达双方，依法告知他们在调解过程中享有的权利和应承担的义务。

同一天下午，牌头供电所副所长蔡强与楼宝根及三合村书记周某寅一起，到赵某军、赵某潮家里核实情况。走访后得知，赵某军与赵某潮是房基相连的隔墙邻居，以前两人关系挺好。2012年9月农网改造时，赵某军和赵某潮并没把安装电表当成个事儿。他们都觉得，且不说两人关系这么要好，就算是关系一般的左邻右舍，这也是不值一提的小事。于是，赵某潮的电表箱被安装在赵某军家房子的外墙上，这么多年一直相安无事。然而，时过境迁，赵某军与赵某潮这对原本相处得很好的邻居，却因宅基地等纠纷，关系开始恶化，最后甚至到了水火不容的地步。

由于电表箱装在赵某军家房子的外墙上，赵某潮在处理自家表后故障或者查看自家电表计数时，免不了要进入赵某军家院内。以前两家关系好的时候，赵某潮进了赵某军家院内，赵某军遇见后还会聊聊天、叙叙旧；现在只要看见赵某潮进自家院子，赵某军便鼻子不是鼻子脸不是脸的。有一次，赵某潮查看电表时，刚好又被赵某军遇见，他觉得自家院子又不是菜园子，实在不能再容忍赵某潮进进出出，便萌生了将对方安装在自家外墙上的电表箱移出去的想法。这便是他向诸暨市电力纠纷人民调解委员会申请调解的缘由。

按理来说，农网改造时对于布线和安装电表箱等的定位选址，供电所都要根据实地勘察情况再三论证，并提前征求了村"两委"与每户村民的意见，待电力设施安装之后便不能擅自改动或移动。因为电线布局和电表箱安装涉及立杆、架线、装墙担等各道工序，很容易产生邻里纠葛。有人会说，各人自扫门前雪，莫管他人瓦上霜，邻居用电关我甚事。倘若人人都这样想，可能一个小小的螺钉都不会同意往自己墙上钉，这势必又要耗费大量的人力甚至是物力去协调。因此，既成事实的电力设施，如果不是特殊需要（譬如确有安全隐患、村民房屋拆建等），供电部门不会轻易同意改线或移表的。

但是，如今两家人的关系已经如此紧张，如果赵某军提出的移表请求不能满足，之后很有可能因此发生进一步的摩擦，甚至引发打架斗殴之类恶性事件。这既不符合当前和谐社会的主旋律，也是"电力老娘舅"们不愿意看到的。把赵某潮的电表从赵某军家移走，虽说不能从根本上化解两家由来已久的怨气，但至少可以通过减少两家人的接触，在一定程度上避免他们之间关系继续恶化。

在赵某军提出该诉求后，通过村书记出面做思想工作，赵某潮也同意将自家电表移走。这样一来，事情有了转机。蔡强、楼宝根向双方提出如下解决方案：供电所采取消缺方案将赵某潮家的电表移位到他自己的屋外，无须双方出资。但双方也应承担相应的义务，即赵某潮负责消缺工程所涉及的移位后电表箱、墙担及户连线安装位置等政策处理协调工作，确保届时顺利施工；赵某军负责原表箱安装位置的墙体复原。对于该方案，双方均表示认同。

按照流程，电表箱移位需要经过现场勘察、编制预算、上报审批之后才能开始施工。楼宝根向双方当事人介绍了相关环节，并表示供电所会在3个工作日内到现场与赵某潮共同商定消缺方案，力争在5个工作日内完成预算编制、上报及审批，在10个工作日内完成电表箱移位。

经过蔡强、楼宝根的反复沟通，村书记居中协调，赵某军与赵某潮终于就电表箱移位事宜达成一致意见。2022年10月18日，在牌头供电所电力纠纷调解室，由"电力老娘舅"蔡强和楼宝根主持，赵某军和赵某潮在《人民调解协议书》上分别签名确认。之后，牌头供电所特事特办，在承诺时间前完成了电表箱移位施工。

2022 年 10 月 25 日，蔡强和楼宝根对涉事双方进行了回访，当事人对调解结果都表示满意。

这真是——

左邻右舍无小事，

相处无端起纷争。

特事特办老娘舅，

未雨绸缪总关情。

遇到问题不推诿　积极协助抚孤寡

郑巧明于 2021 年 10 月调任璜山供电所所长，来所之后，他一口气处理了很多大大小小的涉电纠纷，其中主要是长期堆积的经济赔偿、责任追究等方面的纠纷。他在处理矛盾时始终坚持三个原则：第一，要实事求是地看待问题；第二，要尽最大努力解决用户需求；第三，要维护企业的根本利益。正是因为坚持了这三个原则，他才很好地化解了这些矛盾。在近一年中，有一件事让他印象非常深刻，让他深深感悟到，在化解矛盾纠纷时，以情感人要比给予经济赔偿有效得多。

那时，他调到璜山供电所还不到一个月。有一天，一位中年妇女气冲冲地来到郑巧明的办公室，一进门就问："你是新来的所长？我丈夫为配合你们上门收缴电费，被活活累死了，你看这事咋办！"

听到这没头没脑的几句话，郑巧明开始还有点发蒙，但能感觉到找上门来的这个女人心里似乎有很多委屈，于是，忙上前倒水让座，安抚她的情绪。待对方稍平静一些，他才开口说："有什么事儿你慢慢说，不要着急。你也知道，我刚来璜山供电所，对这边的工作情况还不太熟悉。你说的这事，我此前真没听说。你放心，该我们承担的，我们肯定会承担的！"

他话音刚落，女人便说："我不管你是新所长还是老所长，反正我丈夫的死，你们供电所要承担责任！"

尽管对方情绪很激动，但郑巧明仍然不急不躁、和风细雨地与她进行沟通。经过一番交流，他了解到女人姓陈，她的丈夫是岭北镇水带村的电工，一直协助乡镇提供农村表后线路的维修服务。前段时间，陈某丈夫因心脏基础疾病发作而猝死，死前依然在配合施工队工作。这突如其来的变故让她这个弱女子很是接受不了，觉得"天都要塌了"。

据陈某述说，她丈夫的确有心脏疾病，也一直在服用治疗药物。丈夫出事的当天上午，璜山供电所里的一名工作人员，曾上门让丈夫协助其去村里收缴电费。出门劳累了大半天，当天下午，丈夫就觉得身体不舒服，便自己到医院配了药。岂料晚上回家后，他竟因心脏疾病发作而猝死。所以，她坚信，丈夫猝死是因为白天工作太劳累，璜山供电所对此要给予赔偿。

按照陈某所说，其丈夫本身患有心脏基础疾病且长期在服药，在没有权威证据证明其丈夫猝死与协助璜山供电所催缴电费工作有关的情况下，陈某把丈夫的猝死认定为璜山供电所的责任是没有道理的。

但在与陈某沟通时，郑巧明还是更多地站在一个女人的角度去考虑这个问题。他一方面尽力抚慰她，劝说她要坚强面对现实、面对未来的生活；另一方面向她表示，她家有任何电力上或者生活上的困难都可以联系他。作为所长，郑巧明承诺，无论是他本人还是整个璜山供电所都会在力所能及的范围内帮助她。最后，郑巧明向陈某提供了自己的电话号码，并拿出 1000 元现金作为他个人给陈某的慰问金。

郑巧明的真情实意打动了陈某，两人之间的沟通也更为顺畅了。当郑巧明得知陈某是坐一个小时的公交车才到璜山供电所的，又立刻安排供电所里的驾驶员送陈某回家。

陈某走后，郑巧明从员工那了解到，陈某是从外地嫁过来的，家中还有一位老婆婆，全家基本依赖她丈夫做村电工那点补助糊口，一家人生活条件比较艰苦。面对丈夫去世这突如其来的打击，陈某感情上一时接受不了，思想陷入极端，坚持认为丈夫死前硬撑着病弱的身子为公家收电费，供电所理应对丈夫的死负责。

刚上任就遇到这样的难题，郑巧明这位"电力老娘舅"没有退缩也没有推诿，认为即便供电所对陈某丈夫的死没有责任，也应该从道义上去关心和扶助这个困难家庭。

其后，郑巧明便联系陈某所在乡镇的领导，向他们说明了陈某家的特殊情况，建议乡镇从人道主义关怀上给予陈某家一定帮助。关于陈某丈夫猝死之事，镇干部也有耳闻，收到郑巧明的建议后很快做出反应：登门看望陈某一家，并送去了

2000 元慰问金。

此后，郑巧明一直把这件事牢牢记在心里，多次安排供电所员工通过开展党员活动等形式，为这户人家做好后续的帮扶服务，还定期去陈某家中拜访，力所能及地解决她家的生活困难。

人心都是肉长的。这些在最艰难时期送来的春天般暖意，深深感动了陈某，她自己最终也想明白了丈夫的猝死与供电所并没有关系。之后，陈某再没有为丈夫猝死这件事来过供电所，其家庭生活也慢慢步入了正轨。

这真是——

> 村上电工出意外，
> 婆媳孤寡堪同情。
> 电力娘舅施援手，
> 人间大爱意甚浓。

厂家用电起纠纷　娘舅出面化干戈

浙江荣森实业有限公司（以下简称荣森）与浙江福华能源科技有限公司（以下简称福华）位于同一个厂区。后来，荣森的资金链出现了问题，将其厂区内20亩土地（包含一个池塘）通过司法拍卖方式卖给福华，但荣森的配电房（配电设施、变压器等）还建在已拍卖的20亩土地上。

荣森的主营业务是制作纺织品。由于印染用水需求量大，使用自来水成本比较高，每年至少花费上百万元。所以，荣森一直使用厂区池塘的水，以节省用水成本。现在，厂区内涉及池塘、配电房的20亩地虽已通过司法拍卖方式归福华所有，但因为荣森的法定代表人陈某和福华的法定代表人周某此前关系比较融洽，双方经协商形成不成文的约定：荣森可以免费使用池塘里的水，但须代福华缴纳电费（一年电费达六七十万元），并且，无须将自己的配电房移走。

后受新冠肺炎疫情的影响，经济形势变差，荣森的业务量开始减少，其用水量也随之减少。陈某觉得自己有些吃亏了，便要求周某自己承担这段时间的电费。周某却认为，自己已经允许荣森无偿使用池塘里的水以及放置电力设施，就不应再偿还荣森代缴的电费了，于是对前来要电费的陈某说："你们的配电房建在我的土地上，我没有收你们租金；池塘水是你用的，我也没收你水费。你现在若要收我电费，那我就收你水费。"因为对电费问题无法达成一致，两家企业产生了矛盾，荣森向法院起诉要求福华返还代缴的电费。

就在两家公司打官司这个节骨眼上，荣森电路跳闸导致停电，需要维修线路，而荣森的配电房现在福华的厂区内。陈某怀疑是周某故意破坏自己的电力设施，致使自己厂区停电，因此向派出所报了警。周某接到民警打来的调查电话后，对这种莫须有的栽赃十分生气。所以，当荣森的电工要求进入福华厂区维修电路时，周某一口回绝，致使荣森因停电停工遭受的经济损失进一步扩大。

陈某为尽快维修好线路恢复生产，请镇政府工作人员出面调解纠纷。虽然镇政府工作人员出面协调，但陈某和周某在电费问题上都丝毫不退让，使得调解陷入了僵局，荣森的电力线路也一直得不到修复，生产继续陷入停滞状态。镇政府调解失败后，镇长亲自打电话给"电力老娘舅"陈仲立，希望他能出面调解。镇长安排的事儿，陈仲立当然不能推辞，他爽快地接受了这个艰巨的任务。

因为荣森与福华的矛盾冲突已经升级，陈仲立不可能把他们拉到一起进行调解，只能背靠背地做工作。陈仲立先设法联系上周某，在与周某沟通过程中，他耐心地做工作说："荣森已经停了一两天的电了，都是做实业的人，如果完不成订单那是要赔偿的。事情闹到了互不相让这一步，你说说让大伙怎么为你们说和？我的意思，不如两家各自都退一步，回到原来的地方，再作商议。至于怎么解决，那还得看看你们的态度。不过，对方的电还是不能停，你让一步，他能不知道你已经给了他面子吗？"

经过一两个小时的交谈，周某终于松口，同意让陈仲立他们进入厂区维修电力线路，恢复了荣森的供电。

大约过了一两个月，荣森的电力线路再次跳闸。因为两个公司的矛盾并没有彻底解决，其间又出现一些误解，这次周某坚决不让任何人员进入其厂区维修。陈某又找到镇政府，但镇政府调解了几次都没有成功。陈某情急之下想带员工硬闯福华的厂门，福华的员工则守在大门处严阵以待。双方公司的员工就这么在福华的厂门口对峙着，眼看有可能发生激烈的冲突，现场有人立即报了警。

派出所民警接到消息后立即赶往现场，虽然暂时稳住了局面，但也未能解决根本问题。于是，镇政府、派出所、供电所领导又再次打电话给陈仲立，请他赶赴现场进行调解。陈仲立到现场后，立即与派出所民警一起进入福华厂房，与周某协商沟通。陈仲立问周某有什么要求，周某明确提出了四项要求：一是，荣森将建在福华厂区内的配电房、配电设施全部移出；二是，荣森每年使用池塘水要缴纳费用；三是，荣森将杂物放在福华厂区的空地上要缴租金；四是，福华拒绝缴纳之前的电费。对于陈仲立随后提出的先恢复荣森供电的建议，周某却没有接受。

陈仲立只好又来到荣森，将周某的要求告知陈某，陈某表示一项都不答应。于是，陈仲立给陈某做思想工作说："事情已经闹得这么大了，你肯定得把配电房移到自己厂里去。如果还放在福华的厂区内对你也不利，日后再发生线路故障又该怎么办。再这么折腾，久而久之，也影响了工厂效益，你何苦来着？"与此同时，镇政府、派出所的同志也对陈某晓以利害，他最终同意事后将配电房移到自己厂区内，以免与对方整天为此纠缠不休。

在陈某同意移走配电房后，周某仍不同意让荣森电工进入福华厂区内进行修理。陈仲立又与周某进行了多次沟通。最后，碍于陈仲立的面子，周某勉强同意让荣森的电工进入。荣森供电再次得以恢复。

之后，陈仲立准备为荣森搬迁配电房时发现：两个公司的变压器混用，需要调换；两个厂子接线也比较混乱，需要理清。把这些问题搞清楚之后，陈仲立与荣森的电工一起进入福华的厂区，将荣森的配电房移走，并将两厂的变压器分开。

为了这件事情，陈仲立前前后后花了五天时间，跑完荣森跑福华，不分白天晚上地跑了十多次，最终使得两家企业之间的涉电纠纷基本得以解决。

这真是——

> 水电矛盾带起泥，
> 正常跳闸结芥蒂。
> 娘舅巧算分家账，
> 移走设备平是非。

闹事女儿乱投诉　娘舅依法软处理

2021年9月的一天，暨阳街道三江新村的张某，向供电所申请两套房屋的拆表销户业务。当供电所工作人员杨丹军前往其中一处房屋进行拆表销户时，发现屋内还住着两位老人张文某、周某，且居然还是申请人张某的父母。

一旦拆表销户，房屋就会断电。但这里有老人居住，断电之后老人该怎么生活呢？杨丹军觉得，这事有蹊跷，不能简单处理。于是，他问两位老人："你们女儿已经申请要对这处房屋拆表销户，怎么你们还住在这房子里？"张文某和周某听了杨丹军的话，很是生气，坚决不让杨丹军拆表，还报了警。看到两位老人情绪这么激动，杨丹军担心会发生意外，赶紧安抚老人，并耐心听老人细说情况。

原来，张某名下这两套房屋是与其父母有产权纠纷的，需等待法院判决确权。目前，房子虽然登记在她的名下，但父母仍住在里面。与父母的关系恶化后，她想通过拆表断电的方式将父母赶出去。其实，这种假借电力问题，让供电所工作人员来处理家庭内部矛盾的古怪事儿并不少见。不过，儿女借此方法赶走父母的事儿，此前还真是没有遇见过。

"电力老娘舅"杨丹军将事情的详细情况以及自己的处理意见向单位领导做了汇报，认为对申请人父母仍居住的房屋不能强行销户。这也获得了领导的支持。对另一处被申请房屋，经过与张某的父母多次协商，在征得他们同意之后，杨丹军完成了拆表销户工作。之后，供电所将处理结果反馈给张某，并按照规定通过告知书形式向申请人说明原因：因其中一处被申请房屋存在产权纠纷且有人居住，供电所中止销户流程，申请人须等法院做出判决予以确权后再申请。

张某对此结果极为不满，多次拨打 95598 全国电力服务热线投诉，要求拆表销户。2021 年 11 月某日，张某声称自己已将法院出具的一审判决书送交供电所的工作人员，再次要求对她父母所住房屋的电表进行销户处理。然而，供电所经过查阅发现，工作人员并未收到张某提交的法院一审判决书，而且，法院一审判决并不是最终判决。于是，供电所告知张某不能办理拆表销户业务，须等待法院终审结果。

2022 年 2 月某日，张某再次提交了拆表销户申请，并将法院的终审判决书送交供电所。但供电所工作人员上门拆表时才发现，张某与其父母的房屋产权纠纷仍未彻底解决，张某的父母还居住在有争议的房屋内。看到供电所工作人员上门要拆表，老人很气愤而且放狠话说，如果供电所真的拆表停电，就跳楼死给他们看。看到这种情形，供电所工作人员只好报警。派出所民警到现场后，看到事态比较严重，便要求供电所工作人员停止拆表，先做通当事人的思想工作再说。

于是，杨丹军电话联系张某，将上门拆表的情况以及派出所的处理意见告知对方，并约张某就此事面谈。但张某对供电所的做法并不认可，以自己人在杭州、路途较远以及回老家可能危及生命等理由拒绝面谈，而且对供电所在手续齐全情况下一直没能实施拆表销户表示强烈不满，提出让供电所另派工作人员来处理她家的这件事情。

尽管张某始终不接受，但杨丹军还是多次联系张某，就无法拆表销户之事向她做出解释，并建议张某通过司法途径解决好房屋的产权纠纷后再申请拆表销户。鉴于供电所对这个问题的坚决态度，张某觉得再闹下去也没什么意义，之后也就不再投诉了。

回忆处理这件事情的前前后后，"电力老娘舅"杨丹军陷入了沉思。某些人甚至是某些企业，出于私心总是试图借电力之事，来解决自己遇到的其他方面的矛盾纠纷，让"电力老娘舅"们跑了不少冤枉路、费了很多无谓的口舌、承受了诸多委屈。尽管如此，作为"枫桥经验"的践行者，"电力老娘舅"们还是愿意在全心全意为用户提供优质服务的同时，努力化解用户之间各种涉电矛盾纠纷，促进社会和谐稳定，努力实现着"守万家灯火，保一方平安"这一美好愿望。

这真是——

父母女儿结仇怨，
家庭矛盾借停电。
娘舅中间软处理，
维护一方得平安。

亲兄弟迁怒众人　老娘舅秉公行事

　　草塔镇某村的一对兄弟积怨颇深，隔墙住着的两家人经常为一些鸡毛蒜皮的小事发生口舌之争，不仅三天两头起摩擦，互相攻讦、谩骂，后来只要有点矛盾，干脆就动手干架，不说闹得四邻不安，在当地派出所也都是挂了号的人。因为这些事，兄弟俩成了当地的"名人"。

　　前段时间，弟弟对自己家房子进行翻新时，将一处房屋拆除重建。因为两家相邻，共用一堵墙壁。弟弟把自己的老房子拆除后，隔壁哥哥家房子的墙壁就裸露了出来，防水效果大不如从前。于是，哥哥想对自家裸露的墙壁做防水处理。为了移除电表的事儿，两人又起了摩擦。

　　因为两家的电表箱都安装在哥哥家这边的一面墙壁上，哥哥请村电工先将自己家的电表移走，接着移弟弟家的。但是弟弟为了让对方感到难受，故意不让移动自己家的电表箱。于是，两家为了这件事又闹得不可开交，不仅村里而且镇里也派人过来协调，甚至派出所都出面，然而最终都没能解决。

　　因为这件事牵扯到安全用电，村、镇两级都要求供电所一起参与处理这件事情，草塔供电所就安排"电力老娘舅"许译文前去协助村镇化解这起矛盾纠纷。

　　许译文经常为草塔镇各村村民提供电力服务，对古塘村情况比较熟悉，对这两兄弟时常闹事的情况也颇为了解。他知道两家积怨很深，更清楚处理好移动电表这事儿并不容易。但是，作为一名"电力老娘舅"，化解电力矛盾纠纷是他的分内之事，即使再难做，也得去做。

于是，许译文进村后，并没找这兄弟俩，而是把整个现场仔细勘察了一遍，并向村干部、左邻右舍详细打听新近发生的这件事的前因后果，以及两家人的各自态度。

调查清楚后，许译文觉得，解决这件事说难也难、说容易也容易。这矛盾本身不是客观因素导致的，而是弟弟要难为哥哥导致的，关键是要做通弟弟的工作。于是，许译文这位"电力老娘舅"主动出击，找到了弟弟。他先向弟弟介绍安全用电的规章制度，之后向弟弟讲明道理，劝他在这件事情上不要固执己见，用这种方式给别人出难题。

许译文对弟弟开诚布公地说："你家的电表安装在你哥哥家的墙壁上，你哥哥一直都没说什么。现在他翻修墙壁，需要将电表移位，这再正当不过了，你为什么不答应呢？都是一母同胞的兄弟，能有什么深仇大恨，值得你做出这样故意刁难的事儿？俗话说'让一让，海阔天空'。况且你在这件事上并不需要做什么让步，只要不找事就行，你有什么理由不同意呢？"尽管许译文苦口婆心地说了又说、劝了又劝，弟弟还是不为所动。

许译文觉得，这事要想最终解决，还得村、镇干部一同出面。于是，许译文与村、镇干部约好时间，好不容易将这兄弟俩喊到了一起，大家共同做兄弟俩的工作。然而，这个弟弟已经走火入魔，丝毫不听任何人的规劝。为了继续刁难哥哥，他坚决不同意将自家电表移走。

弟弟这种油盐不进的蛮横行为让在场的人都很生气，尤其是这种阻挠正当电力施工的做法已经造成了很坏的影响。为了确保电力运营安全，"电力老娘舅"许译文和在场的镇、村干部商量后，让村电工将弟弟家的电表从哥哥家墙上强行移走。

然而，事情并没有就此完结。弟弟因在这件事上"颜面尽失"，居然迁怒于参与调解这件事的所有人，不但埋怨村干部多管闲事，还处处给供电所找麻烦。他家新房建好后，弟弟又开始无事生非，投诉供电所，说供电所移动电表和电线的时候造成他家房屋的墙壁出现了小裂缝，要求供电所要么赔偿他的损失，要么派工程队来对他家墙壁进行翻修。

虽然是无理取闹，但"电力老娘舅"还是严格按程序处理投诉问题。许译文和村电工周师傅来到现场，实地查看电表和墙壁接触面，最终确定墙的沉降裂缝与安装电表一点关系都没有，于是当场坚决拒绝了弟弟的无理要求。

这真是——

> 兄弟移表起纠纷，
> 沸沸扬扬动全村。
> 有理无理且不论，
> 胡搅蛮缠最闹心！

新建房屋接地缆　影响邻居起纠葛

　　村庄里发生的一些事情，让一般人根本无法想象，"电力老娘舅"经常为处理这些事情费尽心思。楼春新这位"电力老娘舅"，在上戚家自然村处理一件邻里用电纠纷时，就面临这种处境。

　　上戚家自然村的总电线是从村民刘某家墙壁上经过的。2019年，刘某要翻建房屋，并早早地向邻居放话说，他家新房建成后将采用地缆接电，为了新楼房周边环境美观，邻居家电线不能再从他家新房子上通过了。本来刘某和邻居就有矛盾，刘某又这样讲话给邻居听，邻居怎么能不生气，但因还没到拆房子的时候邻居就没怎么理会这件事。

　　结果，在刘某拆房子那天，两户人家因为拆线断电吵了起来，甚至到了几乎要动手的程度。一般情况下，村民在拆房子的时候不会提前向供电所申请拆线，只有在拆房子过程中遇到电力矛盾了，村民们才会打电话给供电所。这时，两家人已经吵得不可开交了，有人想起了"电力老娘舅"楼春新，赶忙打电话向他求救，希望他赶快来处理这件事。

　　楼春新接到电话后，急忙赶往现场。到达现场后，他发现两户人家的情绪都十分激动，再继续下去可能上升为激烈冲突。刘某甚至放狠话说，要将他家墙壁上的整个村子的总线剪掉。本来两家人就有积怨，现在闹成这样再没人劝的话，最后肯定要以两败俱伤收场。

　　楼春新上前把正在对骂的两家主人拉开，对他们说："有什么问题，等房子造好再说。反正我在这里，你们别急。"听楼春新这样一说，这两家人的情绪稍稍稳定了一些，暂时停止了吵闹。楼春新接着给两家人做工作说，眼下的问题完全可以解决，如果将来再有其他问题，可以等房子造好后再慢慢协商解决。现在这样吵吵闹闹，解决不了任何问题，都是左邻右舍，为这点事情恶言相向，以后也没法相处。就这样，楼春新将这两家人劝离现场，避免了一起恶性事件的发生。

事情过后，楼春新找到刘某说："为了新房整体和谐美观，你不同意安装支架让邻居走线也是合情合理的，我们会充分尊重你的意见，但这也要与邻居协商好。如果你与邻居沟通有困难，可以来找我们的，我们一起来想办法解决。本来不是多难的事，你们却闹得不可开交。左邻右舍的，大家以后低头不见抬头见，何必呢？"

见刘某接受了自己的劝说，楼春新又到了邻居家劝道："你也别急躁，我们供电所一定会把你的电表安装上，不会让你用不上电的。等他房子造好了，我们再来谈安装电表和布线的事儿。为了保证你家在刘某翻建房屋期间的用电，我们可以马上喊人来，给你家先安个临时电表。"

楼春新之所以提出为这家用户安装临时电表的建议，是因为他一时还不能确定刘某是否同意在其新房墙体上安装支架。如果将来无法说服刘某，他就只能将线路改道为该邻居接线。

经过楼春新的斡旋和调解，刘某与邻居再没为此事发生过冲突。很快，供电所为邻居申请了临时电表，在路旁架了一段线路为临时电表接线，保证邻居在刘某翻建房屋这段时间的正常用电。这件事情暂时就这样解决了。

不久，刘某在大路边把房子造好了，确实是很漂亮的一幢房子。为了房子的整体美观，刘某采用了地下电缆送电。见他自己尚且如此爱惜，再去要求把其他家的线架在他家墙上，显然不太合理。但楼春新觉得，为了给邻居一个明确交代，还是得上门问问刘某。如果刘某仍坚持之前的意见，不同意在新房墙体上架线，给邻居改线也就顺理成章。询问的结果当然是，刘某不同意在他新房墙体上架线。

于是，楼春新将邻居的线路进行了改道，将进户线移到其他线路上，然后绕一圈接回他家去，圆满地解决了邻居的用电问题。

有人说，村民们之间鸡毛蒜皮的事情很难处理。楼春新却认为，这些看似一地鸡毛的家常事儿，其实是他们心底诉求的反映。如果老百姓觉得这件事合理，他们就好说话；如果老百姓觉得这件事不合理，他们就比任何人都难搞定。作为

"电力老娘舅"，得设身处地替他们着想，尽量做到一碗水端平，只有这样处理事情才能省时省力。

　　这真是——

　　　　　　　新建房屋求美观，
　　　　　　　明线架接闹意见。
　　　　　　　设身处地搞调解，
　　　　　　　最终取得大圆满。

处理两家咬手事　真情换得一挚友

　　陈仲立在基层从事电力工作已有 30 多年，负责近 8000 户居民的涉电事项，他经手调解的矛盾纠纷已有上百起。一直以来，他都敢于调解、乐于调解、善于调解，与当地居民建立起了鱼水情深的关系。

　　陈仲立曾遇到过这样一件事。有一次为协调矛盾前去当事人家里，起初被拒之门外，且当事人对他恶语相向。后来，他们在调解过程中居然成了很好的朋友，对方在儿子结婚时甚至还叫他去喝喜酒。

　　说起这件事儿，那还得扯到多年之前。

　　在枫桥石马山的绍诸高速工程拆迁安置区有一前一后两户人家，因为一根电杆的事，吵得不可开交。

　　这两户人家本是前后邻居，乙家位于甲家的屋后。当初，乙家因为建房用电需要，在靠甲家后墙较近的地方临时立了一根电杆。

　　一天，甲向乙询问："我家过一段时间也要建房了，能不能在这根电杆上接电？"乙拒绝了甲的要求。之后，甲便以电杆影响到自己建房挖地基为由，要求供电所拆除乙家的电杆。一来二去，双方争执不下。

　　为移除乙家的电杆，甲竟然开始四处上访。镇政府也曾多次派工作人员上门调解，想要化解双方当事人间的纠纷，但都没能成功。久而久之，甲居然成了令镇政府很头疼的"上访专业户"。

　　因甲与乙是为移除电杆而起的纠纷，镇政府这时就想到了枫桥供电所。专业上的事情还需专业人员来处理，或许这样会取得不同的结果。

"电力老娘舅"陈仲立接到镇政府的求助后，便多次上门拜访当事人甲，想与甲进行一次面对面的沟通。但是，这位吃了三四十年"电力饭"的"老娘舅"，虽然搞调解很有一套，在周边也有很好的人缘，但这一次，有人就是不买他的账。

甲是个直杠子，一听镇政府请了个电力系统的能人来"压"自己，便更加不配合，甚至态度较之前更为恶劣——非但不允许陈仲立进自己的家门，还对陈仲立恶语相向。

尽管接连吃了几次闭门羹，陈仲立反倒更坚定了那股管事管到底的决心。

陈仲立耐着性子，有事没事便去两家转一转，一次次地寻找让双方"破冰"的机会。只要发觉一方有一丝利于和解的表示，他便把这些好消息传递给另一方。"电力老娘舅"这般不嫌麻烦、甘愿做两户人家的"传声筒"的做法，最终起到了水滴石穿的效果，两家之间的对立情绪开始慢慢缓和，却又碍于情面始终不肯面对面坐下来谈谈。

为了彻底消除两家人之间的隔阂，陈仲立只能另寻突破口。

据他了解，甲乙双方之间的问题主要还是出在甲身上。甲近期其实并没有建房的计划，只是因为与乙有矛盾，打不开自己的心结，才以自己要建房为借口，一次次给对方出难题。

为了彻底解除甲的心结，陈仲立打听到甲以前工作时有一位师傅，师徒二人十分要好。于是，有一天，陈仲立便带着甲的师傅去见了甲。最终，在陈仲立耐心的调解以及甲的师傅的好言相劝下，甲心里的弯终于转了过来。

解开心结后，甲的态度不似之前那般强硬了。陈仲立趁热打铁，邀请镇政府和派出所一起做他的思想工作，镇政府与供电所还向甲做了口头保证：只要甲决定建房，就会拆除立在他屋后的电杆。

最终，甲不再就此事上访了，一起纠缠了很长时间的上访事件就这样被化解于无形。

三四年之后，让陈仲立没想到的是，甲竟然邀请自己去喝他儿子的喜酒。"按规定，用户的饭是不能去吃的，但这一场喜酒，我必须去。"事后，陈仲立时常提起这件事，说这是他吃过的最高兴的一顿喜酒。

通过调解这件事，陈仲立认为"电力老娘舅"给当事人做思想工作，就得掏心窝子与其交朋友。有些当事人初识时虽然"凶神恶煞"似的，但当"电力老娘舅"帮助他解决问题后，当事人打开自己心门，瞬间就变得和颜悦色。

10多年前，那时还没有"电力老娘舅"这个称呼，有人见到陈仲立就喜欢开他的玩笑说"娘舅来啦"。现在，他成了枫桥供电所一位正式挂牌的"电力老娘舅"，名正了，言也就更顺了……

这真是——

憋气之人性格杠，
为根电杆搞上访。
祸根原是一句话，
娘舅真情是良方！

邻里架线起纠纷　老娘舅热心化冷铁

"让当事者通过聊家常增进感情，用打感情牌的方式进行沟通。让双方切实地融入'事'中、反复地换位思考，进而达到设身处地了解对方难处并为对方着想，这样做调解工作就容易收到事半功倍的奇效。"

这是"电力老娘舅"冯孙滨调解邻里用电矛盾的心得体会。正是用了这个方法，冯孙滨让处于用电矛盾之中的两家人彼此体谅，最终消除了深层隔阂，为电力企业"枫桥经验"添上浓墨重彩的一笔。

事情的来龙去脉是这样的——

直埠镇上联新村甲、乙两户村民为房前屋后的邻居。原先，两家中间有一条可以通车的过道。近两年，两家在拆建房屋时，都将地基向原来的过道处延伸，致使过道过窄，现在已经无法通车。双方为此发生了冲突，互相指责是因对方地基延伸太长而导致目前的局面。双方吵着吵着还动手打了起来，就这样，原本的好邻居处成了"冤家"。

9月份，两家房子建好后，都向大唐供电所提出了接通电线的申请。还真应了那句话"不是冤家不聚头"，为接电这事，两家之间又开始你来我往，争来斗去。

处理这件事情的正是"电力老娘舅"冯孙滨。

接到工作指派后，冯孙滨随即前往现场查看。他发现，这条路上总共有四户人家，且位置处在一条直线上，甲、乙两户处于中间相邻。如果要为这几户人家通电，无论从哪一边进出，都必须在这两家的房屋墙体上安装支架走线，因为周边没有其他地方能够架线。如果要在房屋之间架设电杆的话，甲、乙房屋之间距离比较狭窄，且不说施工中不易操作，还要占用了本来就不宽敞的路面，这势必会给日后出行造成更大不便。

冯孙滨与这四户人家沟通时，位于两端的两户人家都同意供电所在自家房墙上安装支架走线，而甲、乙两户人家只允许供电所在自家房墙上安装自家电线，不允许对方电线经过自家房墙。但是，为乙家接线就必须要在甲家房墙上安装支架走线。甲不同意，这支架怎么安呢？一件简单的事情，对于正在闹矛盾的两家来说，却变成了无法逾越的坎儿。

之前，台区经理、村干部还有左邻右舍都前去劝说过，但甲仍坚决不同意乙家电线经过他家外墙。见甲如此固执己见，村干部建议冯孙滨还是另想其他办法。然而，的确没有其他方案可选了。于是，冯孙滨决定，先架好甲家电线，为甲先通电，之后再去做他的工作。

甲家通电后，冯孙滨联系另一位"电力老娘舅"祝重阳一起上门与甲沟通。冯孙滨拉家常式地对甲说："据我所知，之前你们两家人关系还是不错的。在和你们交流中，也听到了两家人曾经互相帮衬的事儿。俗话说，没有百年的父子，却有千年的邻居。你看看你们两家新房都搞得这么漂亮，没必要为盖房时闹的那些不愉快再翻旧账，相互指责了。遇到事儿，都应该换位思考，多想想对方的好才对。如果你是乙，看到前面那几户人家都通电了，但由于邻里关系没搞好使得自己没电用，你是什么感觉呢？"两位"电力老娘舅"苦口婆心地说了很多，但还是没能使甲的态度发生改变，只好无功而返。

一次挫败并没有使冯孙滨与祝重阳气馁，过了几天，他们又一次前往甲家，与甲进行沟通。虽然讲了很多好话、说了很多道理，但还是没能说服甲。恰逢那天是个下雨天，见天色已晚，加上雨天路也不好走，两人就没敢多耽搁，打算回去后再想想办法，过两天再过来做甲的工作。

从甲家出来后，开车经过一道斜坡，冯孙滨、祝重阳看到一辆电动三轮车从斜坡上翻滚下来，他们立即停车上前救助，到跟前一看，才发现驾驶三轮车的是甲的儿子。甲的儿子坐在地上，三轮车侧翻在一边，车上的东西也散落一地。冯孙滨与祝重阳赶紧上前扶起小伙子，把三轮车扶到路上，并帮他把地上的东西收拾好。之后，他们发现甲的儿子还受了伤，于是又驾车将他送到附近的卫生院做了包扎。

在"电力老娘舅"看来，向需要救助的人伸出援手是人之常情，这次如果换作其他人，他们也会停车提供帮助的。然而，机缘巧合的是，他们救助的是甲的儿子。正因为这个助人为乐的"义举"，他们与甲的沟通才有根本性的转机。

半个多月之后，冯孙滨他们还是没有找到更好的解决方案，于是又硬着头皮到甲家看能否说服他。他们到甲家时，恰好甲的儿子也在家。甲虽然态度有所缓和，但依旧没有松口。正当冯孙滨他们觉得很沮丧，准备打道回府时，在旁边一直没说话的甲的儿子突然说道："算了，都是左邻右舍，说到底大家都住在这一块，低头不见抬头见的。你们人不错，我们也不再为难你们了，你们明天就派人来拉线好了。"见儿子表态了，坐在身边的甲也不再坚持，点了点头表示同意。

这真是——

冤家宜解不宜结，
娘舅热心能化铁。
真情换得真情在，
一场闹剧被湮灭。

依法守规遵民俗　合情合理解疙瘩

　　"电力老娘舅"王方巨是浬浦供电所高压供电服务班班长，主要负责管理供电区域内 10 千伏线路设备的运行维护、巡视，工程项目管理，故障抢修，非故障类工单的协调处理及事后反馈等工作，平常与用户直接打交道的机会比较多。

　　在他看来，作为一名基层的班长，不仅要实时掌握电力设备运行状况和线路改造情况，还要熟悉当地人文环境、了解风俗民情，否则在处理用户的涉电矛盾纠纷时很难对症下药，也没法有理有据地化解矛盾，做到矛盾不扩大、不上交。

　　2020 年 5 月某日，王方巨接到了一张投诉工单，反映供电所的电杆安装在用户家门口，给用户造成不好的心理影响，所以强烈要求移杆。王方巨随即拨通电话与用户取得联系，得知该用户是新上泉村的村民孙某。

　　在电话里，孙某向王方巨抱怨说，他一直在外做生意，两年来未曾回家。前两天回家后才发现，一根电杆直挺挺地立在他家对面的一块空地上，且位置正对着自家大门。这根电杆是谁让立在这儿，他至今并不知情，村里也没有人给他打电话说过这事儿。

　　按理说，电杆立在孙某家对面的空地上，这地儿与孙某家没什么关系，立杆对孙某也没什么妨碍，村里是没必要联系和告知孙某的。但是，因为经常调解村民之间的电力矛盾纠纷，王方巨对当地民风民俗多少有所耳闻，便猜测孙某投诉的理由可能与此有关。果不其然，孙某在电话里向他抱怨道，农村老习俗认为，门户正对着某种障碍物会触犯门神，家庭中将会有不顺利的事情出现。即使不讲这些乡村风俗，出门迎面就是一根电杆，怎么看都让人很不舒服，所以他坚决要求供电所将电杆移掉。

听了孙某诉说移杆的理由后，王方巨虽不认可但表示理解。有些民风民俗虽然有违科学，但承载了人们生活的理想和寻求精神安慰的人文情怀，体现了人们对安居乐业、发家致富、儿孙满堂的理想生活的向往和追求。如果不给予适当考虑和尊重，不但"电力老娘舅"的具体工作难以开展，而且周边群众对此也会产生不满情绪，日后和他们打交道，尤其是在调解电力矛盾纠纷时就会形成一种看不见的阻力。

了解事情原委之后，王方巨向孙某解释道："就我个人而言，很理解你的心情，也会向上级反映你的诉求。电杆是农网改造时安装的，如果存在村民不知情的政策问题，当时村里应当联系并告知你。至于为什么没有通知到你本人，可能因为当时村里工作头绪较多，难免顾此失彼，或者还夹杂有其他因素，我们姑且不去追究。既然已经造成了这个局面，你也不要太生气，我们后面争取处理好。"

王方巨心平气和的一番开解，让孙某肚子里的气消了一大半。孙某表示，只要能解决这个问题，他没有什么其他要求。

从与孙某的交谈中，王方巨感觉，对方也不是那种蛮横无理的人。估摸孙某情绪不会再反复，王方巨便与其约定好第二天前去现场勘察。

第二天上班后，王方巨就把情况向领导做了汇报，然后按约定时间到达了现场。勘察之后，他又到村委会去了解了相关情况。

原来，2018年农网改造时，孙某对电杆安装一事的确不知情，因而没能及时表达自己的意见。其实，供电所在农网改造前就明确要求村委会提前解决所有的政策问题。孙某对这件事儿不知情，这是村委会没有告知所致。也就是说，村委会在未经村民孙某同意的情况下，擅自做主通知供电所派施工人员在这个位置安装了这根电杆。现在要移杆，按照程序，也应由该村书记或村主任向澧浦供电所提交书面报告，再由澧浦供电所上报上级部门审批。

之后，王方巨向孙某告知了整件事的前后经过以及解决的程序。孙某表示理解并接受，当即联系村委会协商移杆一事。

由于村委会处理政策问题的失职导致了孙某投诉，村主任觉得很愧疚。之后，他亲自前往澧浦供电所向所长表示歉意，并希望澧浦供电所能够支持村里工作，尽快安排电杆移位一事，避免矛盾纠纷扩大乃至激化。澧浦供电所所长已听取"电力老娘舅"王方巨关于此事的汇报，他请村主任继续做好用户的情绪安抚工作，将矛盾消灭在萌芽状态，并表示移杆一事待走完全部审批流程后，会尽快安排施工。

在"电力老娘舅"王方巨、新上泉村村委会以及浬浦供电所所长等各方努力下，孙某家门口的电杆没几天便完成了移位，孙某表示非常满意。

这真是——

> 民俗虽无大道理，
> 其中哲理说不清。
> 遇到娘舅遵古训，
> 小事也当大事情！

刁蛮诬告找麻烦　娘舅据理做劝解

2019 年 3 月底，牌头供电所的工作人员正在唐仁村下面的殿前自然村进行供电业务扩展安装。在作业过程中，村民周某突然跳出来阻挠施工。她认为，供电所架设的低压集束线与她家的临时构筑物（实际为违章建筑）距离过近，存在安全隐患，且供电所将电表安装在她家的菜地边上，日后抄表、维修的工作人员会踩坏她的农作物，因此要求施工人员更换线路架设走向和电表安装位置。

施工人员耐心地向周某解释：供电所架设的线路与构筑物间距符合安全规定，且现在实行远程抄表，日后经过周某菜地去抄表的次数相当少；即使有时供电所需要进行维修等项目作业，相关工作人员也不会随意损坏农作物，让周某尽管放心。

但周某对此并不认可，执意要求改换线路架设走向和电表安装位置，甚至当众撒泼，闹得现场鸡飞狗跳。村干部也出面劝解，但她依然蛮横无理地阻止施工。多方出面沟通无果后，有人拨打 110 报了警。

派出所民警了解情况后，也向周某解释线路走向和电表位置不会对其利益产生影响，但周某依旧不依不饶。无奈之下，民警只能警告周某，如果她继续恶意阻挠供电所工作人员施工，将会以涉嫌妨碍公务将其拘留。

慑于民警的警告，周某没有再无理取闹，施工人员终于按既定方案完成施工。但是，民警一离开现场，周某便拨打了市长热线进行投诉，并在之后的一个多月时间里，先后 10 余次以信访、外线呼入等方式反映自己的诉求。

4 月初，周某的最新一次投诉被批转到"电力老娘舅"楼宝根这儿。按照程序，楼宝根便与供电所的一位台区经理到现场走访，先向村书记了解情况。村书记一听又是这个女人滋事，脑袋立时就大了，无可奈何地对楼宝根说："这女人是令四邻八舍都头疼的人。自从前几年此人因邻里纠纷获得对方几十万元赔偿之后，便尝到了打官司的'甜头'，于是把跟人打官司当成了职业。几乎告状告到上了瘾，对政府整个信访流程比司法所的调解员还要熟悉，进镇长、书记的办公室比走亲戚还要勤。为这件事情，她不断向镇长、书记等投诉、上访。你们可能还不知道，周某现在已经被列入镇信访黑名单了。"

得知周某原来是个"信访专业户"，楼宝根便电话联系周某，答复她说："第一，供电部门安装的线路与其构筑物间距符合安全规定，不存在安全隐患；第二，你家的临时构筑物属于私自搭建的违章建筑，本身也并不合法，不在法律保护的范畴；第三，供电部门业务人员在与村里协调确定供电业务扩展施工方案时，你本人就在场却未提出任何异议；第四，民警已经会同三方向你解释过缘由了。基于以上原因，我现在要正式通知你，你的这些诉求都是不合理的，请你不要再投诉了。不合理的诉求即使投诉，供电所也不会解决的。而且，因此引发的一切后果，你要做好我们反诉的思想准备。到时候，一切听从法律的判决！"

为了保留证据，防止周某日后矢口否认，楼宝根将与她的电话沟通录了音，并将周某的信息向 95598 全国电力服务热线的咨询投诉处理中心做了报备，请工作人员在接听周某投诉时给予相同的回答。

遇到此类刁蛮人寻衅滋事的流氓做派，楼宝根没有一味地迎合，不仅有理有据有度地回复了周某的无理诉求，还义正词严地给予其警告，让周某觉得无言以对、无机可乘。自此之后，周某再没有为此事去四处投诉了。

通过对这件事的处理，楼宝根深以为，如果用户诉求是合理合法的，供电部门工作人员应当从用户角度来思考问题、分析问题，去反思自己的工作，而对那些打着维权的旗号、为自己捞取不法利益的恶意投诉，"电力老娘舅"必须坚持原则、坚守职业底线，要挺得起腰、讲得出响话，有礼有节、据理力争。否则，一线员工的精力会被无谓地消耗在这种无理纠缠中，就无法全心全意地为小微企业当好优化用电方案的"电参谋"、为广大村民当好"电保姆"，就无法架好供电企业联系群众和服务群众的"连心桥"。这也是新时代、新形势、新任务下"枫桥经验"所要求的。

　　这真是——

　　　　　　　不怕纠葛如棋布，
　　　　　　　就怕遇见搅事徒。
　　　　　　　娘舅也有包公脸，
　　　　　　　秉公训诫告状户！

◇◆ 案例点评 ◆◇

一心为民解千愁："电力老娘舅"积极参与基层治理的"枫桥经验"

汪世荣（西北政法大学教授）　林昕洁（浙江大学博士研究生）

　　"枫桥经验"是以人民为中心的共建共治共享的基层社会治理经验，其基本做法是依靠和发动群众化解人民内部矛盾。要健全党组织领导的自治、法治、德治相结合的城乡基层社会治理体系，就需要各方参与、各尽其力、各担其责，并发挥各方智慧。国有企业是党执政兴国的重要支柱，在基层治理中更应承担起积极参与、协同治理的主体责任。国网诸暨市供电公司按照"人民电业为人民"的宗旨，围绕"打造人人参与、人人尽责、人人共享的基层治理共同体"的总体要求，紧扣"枫桥经验"群众路线的精髓和基层治理的目标，做好具有电力企业特色的基层服务工作，充分发挥政府、企业和居民的作用，维护好基层社会稳定发展，形成了"党建引领、群众路线、法治思维、源头治理、网格智治"20字工作法，成功探索出电力企业的"枫桥经验"，构建了电力企业参与"共建共治共享"基层治理的模式和机制。本章收录了"电力老娘舅"积极参与基层治理的28个案例，"电力老娘舅"通过依靠群众，探寻真相，以和为贵，以理服人，妥善化解了基层电力的各类纠纷。这些案例详细描述了矛盾纠纷的起因、经过以及具体解决方法，另外人物对话和内心变化的描述详细，生动、形象地展现出了"电力老娘舅"积极参与基层治理的调解魅力，其中有许多调解方法和技巧也为做好做优基层社会治理大文章注入了电力调解新思路。

一、依靠群众，多元共治

按照"共建共治共享"的基层治理要求，电力企业要融入基层治理，承担社会责任，及时解决问题或妥善化解电力矛盾纠纷，就必须积极作为，既不能将矛盾纠纷推给政府，也不能"单打独斗"，而是要让各相关社会主体都能参与其中，尤其是鼓励和支持人民群众参与基层电力治理，依靠群众的智慧和力量化解各类矛盾纠纷。一个人能力有限，电力矛盾纠纷的化解必须发挥多元共治的作用。当前，社会矛盾越来越综合化、复杂化，要在全社会形成"大调解"格局，动员各种力量参与矛盾纠纷的预防和化解。调解过程中，一定要善于借"力"，要与各职能部门、各调解组织一起形成合力，调动各方的积极性，突出"集中力量办事"这个优势，这样才能更好、更快地达到调解目的。

本章案例中，"电力老娘舅"与镇政府、派出所等部门的联合作战都取得了较为不错的效果。镇政府、派出所是政府机关，镇村干部、社区干部在本地有着较高的威望，由他们出面协调，村民也更容易信服。比如《娘舅半夜助村民　不是亲人似亲人》中的"电力老娘舅"得到了当地人大和政府部门的鼎力相助，迁坟工作开展较为顺利。还有在《遇到推诿不气馁　寻找路子终遂愿》中的"电力老娘舅"楼春新在和村主任沟通无果的情况下，尝试与村书记联系，最终让歪斜的电杆重新挺立起来。另外，对于执拗的当事人，"电力老娘舅"通过寻找其身边的亲戚朋友，比如当事人的长辈和子女去耐心沟通劝解，从而使矛盾纠纷成功化解。用《线缆入地引不解　苦口婆心显真情》中"电力老娘舅"胡海锋的话说："哪儿都有固执的人哩，他有时可能不相信政府的话，也不听左邻右舍的劝，但他身边总会有个他信得过的亲戚或者朋友，这个时候就得'对症下药'。找这些人去劝说，往往会事半功倍，这也是做调解工作的秘诀！"

在处理涉电矛盾纠纷的过程中，"电力老娘舅"们践行新时代"枫桥经验"，让镇政府、派出所等有关部门和镇村干部、社区干部、当事人亲朋好友等相关人员参与进来，分工合作，找出并直面矛盾纠纷的关键症结，循循善诱，以理服人，直至做通当事人的思想工作。可见，多方合力共治才能及时、妥善解决电力矛盾纠纷。

二、抽丝剥茧，探寻真相

在基层治理中，往往容易"只见树木，不见森林"，过多关注细枝末节而忽略根本原因。为此，我们需要改变思维方式，不能只看表面现象，还要深入调查了解矛盾纠纷背后的深层原因，否则会引发当事人的抵触情绪，无法真正化解矛盾。案例中的部分纠纷并非仅仅因为电力问题引起，在其背后往往存在更深层的因素，诸如家庭矛盾、邻里矛盾等，有些人试图借电力之事，和对方过不去，为难对方。处理这类案件，尤其是那些夹杂着其他矛盾的电力纠纷，就要避开矛盾纠纷的焦点，抽丝剥茧，进而找到纠纷产生的根源，寻求从根本上解决问题的最佳方案。

在《既要敢做红脸佬　也要会做和事佬》中，"电力老娘舅"钱志军在调解时对胡搅蛮缠的当事人，予以有理有据、义正词严的反驳，但是经多方了解，得知纠纷藏隐情，当事人可能患有精神疾病，随即做回"和事佬"，到社区为其争取经济照顾，最后当事人痛快写下保证书，不再纠缠。在《亲兄弟迁怒众人　老娘舅秉公行事》《闹事女儿乱投诉　娘舅依法软处理》等案例中，"电力老娘舅"就遇到兄弟不和、父女结仇的家庭内部矛盾。此时电力纠纷只是表象，当务之急就是先处理好棘手的家务事。"电力老娘舅"深谙用心沟通之道，真诚规劝，让双方回归正确认识，感受亲情的珍贵和重要。调解时，立足长远，将情、理、法有机结合，才能正确面对和处理好家务事，进而使电力纠纷迎刃而解。

三、以案说法，以理服人

基层是依法治国的基础所在。要充分发挥法治在基层治理中的作用，积极回应人民群众法治需求，善于运用法治思维和法治方式防范风险、化解矛盾、维护群众合法权益，让法治理念融入基层治理实践。在一般的矛盾纠纷中，当事人往往出于自我保护的需要，站在自己的角度，尽可能掩饰自己所犯的错误，强调对自己有利的一面。有比较才有鉴别，此时发挥法律的引领作用，通过典型案例让当事人有所参考，举一反三，联系实际，认清自己的权利和义务，才有助于矛盾纠纷的解决。

本章案例中，有不少人是因为不懂法而产生的矛盾纠纷，甚至有些人为争取更大权益，在明明知道自己没道理的情况下，借着不懂法的由头，采取一些不合理的手段，蛮横纠缠，无理取闹。要想引导群众积极参与基层治理，及时有效化解电力矛盾纠纷，就要做到以理服人，向其宣讲走调解或判决路径所需面对的不同成本和后果，以及电力相关法律政策，有效消除当事人抗拒对立的心理，降低当事人不切实际的预期，引导其解决问题的思路，从而达到良好的调解效果。在《铁塔竖立二十载　业主投诉起纠纷》中，"电力老娘舅"边向阳反复向业主代表和业主们解释铁塔移位的操作方案、政策和资金等问题，此后业主们再也没有拨打95598热线投诉，网上也再没有出现因为这事儿指责供电部门的帖子。

　　另外，无论是涉及《供电营业规则》的移表费用、停电赔偿，还是涉及《中华人民共和国电力法》的私自搭电行为，"电力老娘舅"们都做好沟通工作，耐心、清楚地向用户释明政策和规定。对于有违法故意的当事人，"电力老娘舅"义正词严、有理有据地说法讲法，并强调后果的严重性；对于没有违法故意的当事人，或违法情节轻微，且能够积极配合查处，认错态度诚恳的当事人，符合从轻处罚的有关规定的，予以从轻处罚，并做好规范用电的宣传教育工作。

　　典型案例的作用，不仅仅是处理类似矛盾纠纷的参考，还有助于帮助当事人理解调解结果的公正性，强调"一碗水端平"，支持并弘扬调解体现的"和合文化"，充分发挥调解的魅力。

四、以和为贵，邻里和谐

　　在基层治理中，要着力发挥德治教化作用，切实提高城乡居民道德修养和文明素质，为加强和创新基层治理工作提供丰厚道德滋养，更好地实现基层善治。"以和为贵"的处世哲学、"和合文化"等一直存在于"电力老娘舅"的心中，不断丰富和发展着电力调解思路，这些文化基因是不断推动"枫桥经验"发展的内在因素。在本章案例中，有很多电力纠纷是由邻里之间的矛盾引发的，正是邻里纠纷的存在，才导致电力纠纷的发生。因此，这些纠纷虽然表现为小纠纷、小矛盾，但调解费时、费力，需要认真研究、总结经验，有针对性地采取措施，才能取得良好的效果。

　　案例中的邻居不仅有普通邻居，还有兄弟为邻、好友为邻、厂房为邻、两村为邻、企业为邻。像同一支线上的企业，生产用电息息相关，因为利益牵扯而生出重重矛盾。《架线停电遭索赔　娘舅上门心比心》中，在"电力老娘舅"陈仲立的据理力争和诚意感召下，纺织厂老板终于明确表示放弃赔偿。俗话说，远亲不如近邻，即使存在特定关系的邻里，也难免有误会争执，发生矛盾纠纷，甚至出现村民集体阻挠施工或者有人拳打脚踢的肢体冲突。"电力老娘舅"以中华民族传统文化中邻里之间和睦相处为切入点对双方当事人做深入有效的思想工作，围绕情、理、法等方面进行劝解，并利用专业知识提出诸多解决方案供当事人比较、选择，最终使得双方愿意和平解决矛盾，消除隔阂，使亲情、友情和乡情得以延续。

五、设身处地，与民"共情"

基层治理的关键在于强调情感沟通在化解矛盾、争执中的独特效力，在以情感为纽带的关系网中，可以完成社会有限资源的充分动员、共享协作、互帮互助。本章案例中，"电力老娘舅"更多站在了当事人的角度去考虑问题，积极协助、抚慰孤寡。例如《遇到问题不推诿　积极协助抚孤寡》中，调解员关心帮扶困难家庭，不但自掏腰包资助当事人，还为其争取到了乡镇慰问金，安排供电所员工开展帮扶服务。从此，彻底解决当事人的问题和困难。通过这类家庭纠纷的调解，我们可以看出，"电力老娘舅"与当事人"共情"，体谅当事人的难处，让当事人把他们当作"自己人"，再通过合情合理、客观委婉的劝导，从而快速找到解决问题的办法，起到对症下药的作用。

在调解过程中，语言的力量不可小觑，它是情感沟通的重要法宝。用适当的语言进行说服、教育、批评、劝导，才能取得良好效果。一句同样的话，会因为出自不同的时间、地点和不同的人之口而产生不同的效果，这就要求在调解纠纷时，把握适当的时机，了解当事人的心理特点和需求，把话说到当事人的心坎上，把问题点到症结上，唯有如此调解才更有力。否则，说浅了无效果，说深了适得其反。

《平易近人树形象　将心比心换真心》中，"电力老娘舅"寿卢均说话暖心，做事贴心，感动得投诉人当场拿起电话回打95598全国电力服务热线主动认错。《无理取闹提要求　耐心劝导息事端》中，执拗的老人不肯将邻居的电表装自家墙上，"电力老娘舅"李坤在反复劝说后，设身处地为老人考虑，向其说明独居时邻里关系的重要性，并用远亲不如近邻这个道理打动老人。这番全为老人着想的话，使得老人和其女儿转变了最初执意要移表的想法。《篮球联谊显神通　洽谈桌上诸事平》中，"电力老娘舅"借助篮球友谊赛，联络双方感情，使彼此关系更加融洽。"电力老娘舅"们用这种打感情牌的方式进行沟通，让双方切实地融入"事"中，进而能够设身处地了解对方的难处并为对方着想，这样做工作就很容易收到事半功倍的效果。

总之，在国网诸暨市供电公司践行新时代"枫桥经验"的过程中，"电力老娘舅"根据自身调解经验，运用娴熟、高超的调解方法和技巧，为进一步提高调解队伍素质，成功化解基层电力矛盾纠纷、促进社会和谐稳定提供了有益借鉴，为基层社会治理创新注入了电力调解新思路，是电力企业参与社会治理，推动基层治理体系和治理能力现代化的生动实践。

第四章

源头预防社会矛盾

YUANTOU YUFANG SHEHUI MAODUN

娘舅感动亲兄弟　立杆撮合两家人

2021 年 9 月，在暨阳街道某村农网改造工程的施工过程中，施工队遇到了一个令人费解的难题。

施工队要架设进户线，选定在赵某千、赵某龙房屋附近竖立一根电杆。但是，这两户村民一致表示，坚决不同意在此挖坑埋杆，施工队只得停止施工。因为进户线无法架设，这一片区的农网改造工程也被迫暂时停了下来。

姚江供电所的“电力老娘舅”朱旗威了解此事后，考虑到该村离自己居住的村子不远，而且该村还有不少自己的老同学和朋友，于是他主动请缨，去解决这两家因立电杆出现的矛盾纠纷。

朱旗威和施工队的工作人员来到该村后，第一时间联系了该村村委会，向村书记了解这两户村民的基本情况，以及双方不同意立电杆的缘由。经过村书记一番介绍后，朱旗威得知，依照农网改造工程的方案，供电部门最初是想将电杆的位置定在赵某千的屋前，但遭到赵某千的反对。经过协商之后，供电部门调整了施工方案，将电杆的位置移至赵某千与赵某龙家的中间。而赵某龙听到这个方案之后立马跳起来，当即表示：“别人不愿意让电杆立在自己家门口，你们就让步同意，凭三两句话就想把这电杆改立在我这儿，这不是欺软怕硬吗？告诉你们，我也不是那么好说话的！在自己家边上立根电杆，别说我不同意，换成你们也不一定会同意！”听他那口气，像是对赵某千这个邻居心存很大成见。

说起来，这两人其实还是堂兄弟，但两家关系一直不好。这次是赵某千提出将电杆移到两家中间的，赵某龙可能觉得对方是故意来和自己"拉仇恨"的，因此反应比较激烈，态度也很坚决。按照这次农网改造工程的分工，村委会应当做好这些政策落实工作。但由于这两人积怨已久，村委会多次派人调解都没有结果。

在村里，遇到这种两家人新旧矛盾缠绕在一起的难题，确实令人头疼。但是，"电力老娘舅"的服务理念是"人民电业为人民，矛盾化解在基层，专业服务到家门"，为了保障农网改造工程顺利进行，就必须啃下这块"硬骨头"。想到这儿，朱旗威觉得身上的担子沉甸甸的。

当事人赵某龙，可以说是朱旗威的老熟人了。之前，朱旗威经常帮赵某龙维修家里的线路，双方关系处得比较好。所以他先去拜访赵某龙，想进一步了解两家究竟因为啥矛盾闹出这么大仇恨，看能不能找到解决问题的突破口。

看到老熟人上门，赵某龙当然是笑脸相迎。俗话说，人熟好办事。对于调解矛盾纠纷来说，如果彼此之间是熟人，相互就能敞开心扉，不用去猜测对方想法，也不必费那么多口舌，还容易抓住矛盾的症结，有的放矢地解决矛盾。

朱旗威进门后，屁股刚挨着凳子便毫不客气地说："我正寻思这次是谁给村里搞了这么大的事儿，原来是你这个老朋友啊！你说你平时也是个明白人，这次咋这么不明事理呢？都是一个村里的，那边还是你的亲戚，能有多大仇多大怨？说白了其实都不是什么事儿，彼此之间多让一些，不就把问题解决了吗？你说说你的想法，我听听，只要有道理，一定尊重你的意见！"

赵某龙听后，也向这位上门的老朋友敞开心扉："两家人那点矛盾早过去多年了。有些事也都是上一辈留下来的，其实我和赵某千之间真没啥。只是这个堂兄平时不与我来往也就罢了，见个面都爱理不理的，我就是想借移电杆这事儿，和他赌口气！"

朱旗威一听，便规劝他："你这样做反而把双方的关系越搞越僵了。儿女们也都慢慢大了，兄弟间闹成这个样子，跟下一辈咋交代？你实在没有必要置这个气的。"

劝说了半天，赵某龙终于吐了真言："说实在话，我也不想与堂兄闹成这样，这事现在也成了我的一块心病，但不知怎么处理，你刚好来了，替我想想办法嘛。"

朱旗威一听自己这个老朋友心里还是想与堂兄和解的，便爽快地答应道："这有啥难的！你放心，只要你有这个心思，我一定想办法让你们两家化干戈为玉帛。

电杆那个事都是小事，让你俩把家庭矛盾解决了才是大事哩。"

出了赵某龙的门，朱旗威寻思，自己与赵某千并不是很熟，还是得先找个能说上话的人，于是便到处打听村里谁与赵某千有交情。真是应验了一句老话，"踏破铁鞋无觅处，得来全不费工夫"，近在眼前的一个人还真让朱旗威找着了！原来，供电所同事赵益江就与赵某千关系比较好，赵某千这边的事儿由他去劝说再合适不过了。

朱旗威赶紧给赵益江打了个电话，让他到村里来有要事相商。待赵益江进村后，朱旗威便邀请了村书记，几个人一起前往赵某千家。在大家你一言我一语，动之以情、晓之以理的劝说下，又听朱旗威转达了赵某龙那边的和解心愿，赵某千也就释怀了，便放下了那些陈年旧怨，与赵某龙握手言和。

随着这两兄弟冰释前嫌，立电杆这事儿也就水到渠成地解决了。

这真是——

> 干戈何以化玉帛？
> 把脉还得熟郎中。
> 一纸汤头病根除，
> 娘舅都是好先生！

举报窃电本受奖　看似秉公却挟私

2022年9月某日，大唐街道蒲岱村村民杨某通过95598全国电力服务热线举报说，同村一户村民在违章建造的小房子里长期私接电线，怀疑其存在窃电行为。

草塔供电所工作人员接到举报后，立刻派人到现场检查。但由于窃电电线已经被剪掉，工作人员未能获得被举报人窃电的充分证据。

这时候，举报人杨某向供电所工作人员提供了她之前拍摄的被举报人窃电的照片和视频，并要求供电所工作人员对被举报人进行严肃处理。供电所工作人员分析杨某提供的照片、视频时发现，被举报人家中的两个家用电灯私接了电线，但被举报人并不是该房屋的实际使用人，实际使用人是被举报人的亲戚。最后，供电所根据相关法律与管理规定，对实际使用者进行了处罚。

然而，杨某不满供电所的处理结果，认为应当处罚被举报人而非被举报人的亲戚，还提出其窃电行为已持续十几年，供电所应该按照十几年时间对被举报人进行处罚。此外，杨某还要求供电所将处罚被举报者的书面文件给她一份。

但是，经工作人员查明，被举报人经常在外工作，根本就没有住在这间小屋里，实际窃电人是借住在这里的被举报者的亲属，所以处罚对象也应该是他的亲属。由于杨某主张的窃电时间没有证据支持，供电所根据现有的证据材料并对照相关规定来认定，也是合法合理的。至于处罚窃电者的书面文件，因涉及个人信息，按照相关管理规定是不能提供给杨某的，杨某只可以依法获知供电所对举报的处理决定。

虽然事情已经处理完了，但举报人杨某依然接连不断拨打95598全国电力服务热线，投诉草塔供电所"包庇"被举报人，并拒绝与供电所的工作人员进行沟通。

草塔供电所的"电力老娘舅"王文峰接到解决这起矛盾的任务后，首先想到的是怎样与举报人杨某取得联系，向她说明处罚依据和理由。好不容易打通杨某的电话，王文峰向她告知了处罚所依据的法律条文，并再三向她解释之所以这样处罚的理由，但是杨某仍表示不能接受供电所的处理结果，而且情绪激动地坚持要求供电所处罚被举报人，而且必须向她提供书面处罚文件。

放下电话，王文峰觉得这事儿很蹊跷。如果杨某是出于维护正义而举报他人，那在供电所制止了窃电行为且依法依规对窃电者做出处罚之后，她就应该偃旗息鼓了。为什么她一直不依不饶，而且一定要处罚被举报人而不是实际窃电者，莫非她与被举报人之间存在什么纠葛，想借窃电一事狠狠"整治"一下自己的"仇家"？杨某一直纠缠不休，是不是因为供电所的处罚没有达到她个人报复的目的？

想到这儿，王文峰觉得要彻底解决这件事，还是得查清举报人的动机，看其中是不是夹杂着其他私心，心病还得心药治，对症下药最重要。

于是，王文峰找到了村委会干部，向他们详细了解这两家的情况。

原来，杨某与被举报人本就有邻里矛盾。加上，被举报窃电的这间小房子是违章建筑，给杨某一家的通行带来很大不便。为此，她曾多次找政府相关部门反映，但都没有得到解决。于是，杨某改变了策略，找机会偷偷拍下了邻居窃电的照片和视频，然后向供电所举报邻居窃电，想等供电所做出处罚决定后，再拿着处罚文件去邻居单位举报，迫使邻居拆掉眼前这间碍眼的小房子。

然而，等供电所严格依法依规做出处罚之后，她发现事情并没有按照自己设想的方向发展，供电所只是处罚了实际窃电者（被举报人的亲戚），却没有处罚被举报人。这个处罚与她要"整治"的人一点关系都没有。精心做了这么多准备，却没能达到目的，她很不甘心，于是继续拨打全国电力服务热线，对这件事的处理纠缠不休。

了解到事情背后的原因之后，王文峰把情况向供电所做了汇报。在供电所领导的支持下，王文峰继续出面向杨某解释，尽量让她认识并理解：供电所处理解决的是用电问题而不是违章建筑，她不应该借窃电之名试图去解决两家因为违章建筑而产生的矛盾。同时，为了避免矛盾进一步发展乃至激化，王文峰也向杨某表示，供电所会将她提出的违章建筑问题反映给政府相关部门，帮助她尽快解决这个问题。

之后，王文峰兑现了自己的承诺，积极主动地协助她与相关部门沟通，以促使这个问题能够尽快得到解决。对供电所做的工作，杨某表示非常满意，之后再也没有为此事投诉供电所了。

这真是——

实名举报窃电事，
原来讨厌小房子。
长期举报供电所，
对症下药解心结。

伪造资料报施工　认真纠错表复位

　　2021年7月某日，暨阳街道郭家村用户郭某忠向暨阳供电所申请移表业务，并提供了住宅产权证明及身份证明等必要资料，还明确表示住宅产权完全属于自己，不存在需他人同意等法律或政策方面的问题。于是，供电所根据用户要求进行了移表施工。移表施工完成后，经验收，现场表计安装位置合理，无安全隐患，无损失情况，一切看上去似乎都很圆满。

　　然而，8月某日，供电所却接到同村村民郭某兴的举报，说郭某忠违规申请移表，并将表计安装在了他家墙上，要求供电所立即将表计拆除并恢复原位。接到举报后，供电所领导高度重视，立即组织专人审核移表流程，并赶赴郭家村实地了解情况。

　　从审核情况看，郭某忠提交的移表申请及资料齐全。所提交的申请按规定报请通过之后，供电所才安排移表施工，整个过程没有违反相关规定。但从村民、村委会以及街道等处了解到的情况却是：申请移表的住宅是争议住宅，郭某忠与郭某兴都声称对此住宅拥有使用权，双方已经为此多次闹得不可开交。

　　一起普通的住宅产权纠纷，现转化为涉电矛盾纠纷，并且有可能进一步激化，供电所被无端卷了进去，颇觉头疼。为发扬"枫桥经验"的精神，从源头上化解矛盾纠纷，供电所迎难而上，积极主动地会同街道、村"两委"多次与双方沟通，希望能妥善解决两家因表计移位出现的矛盾，但效果并不理想。9月某日，郭某兴又通过"2211"平台信访投诉，要求供电所拆除安装在争议住宅外墙上的电表。

供电所工作人员再次赶赴郭家村给郭某忠做工作："你当初申请的时候，我们再三要求你说清楚有无产权争议，你对我们隐瞒了真实情况。鉴于目前这处住宅存在着较大的争议，我们建议把表计恢复原位，等你们解决好住宅产权问题，到时再来处理表计移位的问题。"但郭某忠一口拒绝，并扬言说："这就是我的房屋，我有权处置。移表也是经过供电所同意的。现在已经移过来了，仅凭郭某兴几句话，你们就想移走，那是没有道理的。今天，没有我的同意，你们敢将表计移走，我就向派出所报警。"

正说着话，郭某忠就打电话报了警，派出所当值民警很快赶到了现场。看到供电所工作人员与郭某忠两方的对峙局面，民警做出的处理意见是——因为双方对该住宅存在争议，待两家解决争议后，供电所再进行二次移表工作。

供电所将表计恢复原位的计划就这样被搁置了起来。

树欲静而风不止。不久，供电所又同时收到了郭某兴的来信和信访局信访事项转办单。工作人员在第一时间用电话联系了信访人郭某兴，与郭某兴约定到供电所再次沟通。郭某兴如约来到后，提出了两个诉求：一是要求供电所联系郭某忠提供1987年土地使用证原件；二是要求供电所再次审核办理移表的相关材料是否齐全。

针对以上两个诉求，暨阳供电所再次联系郭某忠，要求他出具相关证明材料原件。郭某忠接到电话后来到供电所，按照要求提供了1987年土地使用证原件。同时，暨阳供电所再次审核了受理郭某忠移表申请时要求他提供的材料，认定材料是齐全的，办理手续的过程也合法合规。

根据上述情况，供电所工作人员对郭某兴的两个诉求当面做了答复。听闻对方所有材料都齐全，郭某兴表示不信，仍然坚持要求暨阳供电所立即拆除表计。但暨阳供电所认为，双方申请移表的住宅存在民事纠纷，根据公安机关的意见，待纠纷解决后，才能采取下一步措施。

2021年12月某日，郭某兴通过"12398"平台反映：郭某忠向供电所申请移表提供的是虚假材料，供电所审查不严，未经他同意将郭某忠家的表计安装在他家墙上；他多次通过95598全国电力服务热线向供电所提出将表计拆除的要求，但供电所均未解决问题。

这次，郭某兴向供电所提供了一份权威证据——法院于1995年做出的判决书。判决书表明在与郭某忠的房屋产权官司中，郭某兴是胜诉一方。据此，郭某兴指出，郭某忠向供电所提供的资料都是伪造的。

鉴于郭某兴拿出了法院判决书这个力证，供电所于 2021 年 12 月某日联系郭某忠，要求他必须在七日内提供争议住宅的不动产登记证及土地使用证原件。但这一次，郭某忠迟迟未能提交供电所要求的资料。

之前，因为郭某兴没能证明郭某忠向供电所提供的资料都是伪造的，且双方因矛盾纠纷由来已久对此事都有反应过激的表现，为慎重起见，无论是供电所还是派出所给出的意见都是先平息这处住宅产权纠纷，再解决移表问题。现在，郭某兴提供的法院判决书足以说明这起民事纠纷已经解决，也表明郭某忠先前申请移表所提供的资料存在不真实的成分。在这种情况下，供电所可以将表计移回原位，郭某忠对此无权阻挠。

于是，供电所做出了处理决定，将该用户表计移回原位，并让"电力老娘舅"杨丹军电话告知郭某忠。就这样，这个"移错了"的表计又回到了原位。

这真是——

利欲熏心为自己，
弄虚作假移表计。
娘舅纠错不留情，
电表复位平分歧。

大妈家中频跳闸 安全防护送到家

2021年6月某日，诸暨市枫桥镇栎桥村的王老太太正在自己家里准备晚饭，刚刚插上电饭煲的电源，家里就停电了。老太太跑进跑出折腾了半天，也无法恢复用电，情急之下，只得拨打电话向自己的儿子求助。老太太的儿子在绍兴工作，本来对老人独自居家生活就很不放心，听闻老母亲正在做晚饭，家里突然跳闸断电了，那是既担心又生气。怒火中烧的他用一纸信访件将问题反映到了有关部门，并要求将母亲家的电表移到公共场所或自己家里。

当天，枫桥供电所的"电力老娘舅"楼晓奇和陈仲立就接到了有关部门的通知，两人第一时间电话联系老太太了解情况。原来，老太太的儿子之所以提出移表诉求，是因为老太太家的电表及漏电保护器被装在了邻居家的院子里，而这户邻居又经常不在家，老太太家一旦停电，便不能及时恢复，这给老太太的生活造成了极大不便。

第二天，楼晓奇和陈仲立两人便赶往栎桥村老太太家中，与老太太交谈后得知电表是2019年装的，之前没有出现过这么频繁断电的现象。老太太向他们抱怨道："当初装电表的时候，我就告诉他们，不要把电表装在邻居家，因为不方便嘛。他们对我讲了一通线路铺设的道理，并保证绝对不会出现这么多问题。这几年，我家电表不知怎么回事老是跳闸，跳闸之后，我就得到邻居家去解决。他家如果没人，我就没法处理。时间长了，邻居觉得麻烦，我也受够了。之前也向你们反映过。这次你们必须给我解决这个事，把我家的电表和漏电保护器移到我自己家来。如果不行，移到公共场所也行。"听了老太太一番诉说后，陈仲立他们又把现场认认真真地检查了一遍，确定老太太家停电是表后漏电保护器跳闸所致，也向老太太表示了解情况后尽快解决问题。

楼晓奇和陈仲立后面了解到，老太太与邻居早先关系还比较好，如遇到极端天气或突发停电，老太太进邻居家院子操作漏电保护器即可。后来，也不知为了什么事情，老太太与邻居之间关系有了裂痕。再遇停电时，邻居对老太太进院子操作漏电保护器这事就表现得很不情愿，老太太自己心里也很不舒服，一心想把自己家的电表和漏电保护器移出来。之前，供电所接到老太太反映时曾上门处理，但经过现场勘察发现：如果装在公共场所则必须立杆，这显然行不通；如果装在老太太家，线路又要经过邻居家，邻居又不同意。因为这些问题和矛盾一时无法解决，移表之事也就这么拖下来了。

搞清楚缘由后，陈仲立他们心里有底了，要解决老太太家移表的问题，架杆的确不可行，还得借助邻居的房屋墙体。于是，陈仲立决定自己出面去做邻居的工作。一开始，邻居是不同意的，担心影响房屋的安全和美观，后来，陈仲立再三与邻居沟通，并承诺通过合理设计解决邻居担心的问题。最后，见陈仲立他们的线路规划设计的确不会对屋墙有太大损伤且也不影响美观，邻居也认可并表示同意。于是，陈仲立他们很快安排施工，顺利将电表和漏电保护器移到了老太太家。为了方便老太太使用，陈仲立他们将漏电保护模式更改为手动开关模式，还耐心细致地教会老太太使用的方法，并告知她日后若家中再发生跳闸情况，只要照此方法操作就可以了。

在与老太太交谈过程中，陈仲立了解到，老太太的儿子给她买了很多新式家用电器。她自己在家操作那些电器时，因为年龄大了记忆力差很多，再加上接受新事物也比较困难，不仅使用之后经常忘记断电，而且在操作上也不熟练，时不时出现插头冒火花的情况。正是这些经常会发生的小意外，导致家里的线路动不动便跳闸。

听老人述说之后，为了保证她今后能安全用电，楼晓奇和陈仲立把老人家里的电器一件件仔细地检查了一遍，在检查过程中还耐心地给老人讲解电器使用要注意的地方，并特意告知老太太："只有保持良好的用电习惯，才能用好电，用上安全电。否则，即使有这个漏电保护器，有时也是会发生事故的。"

看到"电力老娘舅"不但帮助自己解决了跳闸问题，还极其负责任地给她普及了很多安全用电知识，老太太连声向他们道谢。"谢谢你们！如果不是你们，我这停电问题还不知怎么解决呢。也多亏你们给我讲了这些用电知识，我以后会注意安全用电的。真是太感谢了！"

这真是——

大妈家中常跳闸，
事情虽小却闹心。
娘舅设法改防护，
一件小事见精神。

固执老人出难题　化解恩怨重接线

两三个月来，"电力老娘舅"方迪泰一看到一个电话号码心里就发怵，接也不是，不接也不是，左右为难。

这是上章自然村的一位老太太的电话号码。老人年近八十，育有两个儿子，一个儿子在国外，另一个儿子出于工作原因也一直不在家，常年就她一个人住在一间老屋里。

按理说，这样一位独居老人，应该是邻居们关照的对象。然而，随着年纪越来越大，老人经常做出一些常人不可理解的固执举动，将邻里关系弄得很僵。2016 年 12 月某日，她给姚江供电所打电话，要求把架设在她家外墙上的邻居家的接户线拆掉。原因也很奇怪，她"不想"让电线经过她家的墙。

这条接户线固定在她家外墙上已经很久了，老人突然提出要拆掉，莫不是她与邻居之间出现了什么纠葛？方迪泰接到投诉电话后，心里犯着嘀咕，随即赶往上章自然村。

老人的房子是 20 世纪 70 年代造的那种老房子，外墙为沙墙，正好位于前后三栋房子的中间。根据三栋房子的结构布局，要把 28 米长的电线从第一栋接到第三栋，只能借助位于中间的老人的房子。当年架线时，在征得老人的同意后，就在她家墙上装了一块接线用的小角铁支架，把邻居方某家的进户线经过她家外墙引了过去。

到了现场后，方迪泰初步了解了情况，便向老人询问为什么突然不愿意让邻居的线路经过她家外墙，老人回答："他家线装在我家房子墙上，我担心会把我的房子拉倒了。"方迪泰听了老人的话，起初觉得她多虑了，赶紧向老人解释道："电线绝对不会把您的房子拉倒的，我们架线的时候就充分考虑到了安全性。再说了，这么多年您的房子不是好好地立在这儿吗？"老人固执地表示，"你们说什么都没用，这线是一定要拆掉的"。

为了缓解老人的情绪，营造良好的沟通氛围，方迪泰与老人开始聊起他儿子在国外的事儿。一提到自己儿子，老人就有说不完的话，一下说了半个小时。方迪泰见气氛烘托得差不多了，便把话题转到了拆线这件事上，对老人说："您看，您两个儿子都不在身边，您平常生活还少不了邻居们帮衬。现在邻居家线路从您家外墙上过一下，您都不肯，到时需要邻居们帮忙时又怎么张得开口呢？"

听方迪泰这么一说，老太太若有所思，最后表示说线路可以先不拆。见老太太被说动了，方迪泰非常高兴，还给老人留下自己的电话号码，让老人遇到用电问题时，随时联系他。

过了两天，老太太打电话过来，起初方迪泰以为老人家里用电出了问题，就赶紧接听询问。谁料，电话一接通，老太太就说："你走了以后，我好好想了想，还是觉得这线安在我家墙上不安全，哪天会把我家院墙拽倒的，你还是得过来把线拆掉。"方迪泰一听老人变卦了，又立即赶往她家做工作。这次，任凭方迪泰费尽唇舌，老太太都不为所动，十分固执地要求立即拆掉这根电线，不拆就不让出门。

原来，邻居方某得知老人要拆掉他家线路，心里十分不满。因为是邻居，平常他对老人也蛮照顾的，经常帮老人拎重东西、代买个小物品、修理家用物件，谁料老人却给他家出了这么个难题。方某上门与老人沟通了半天，无论他怎么说，老人自始至终都不改口，话赶话间他与老人吵了起来。于是，老人又打电话把方迪泰叫过来了，要求立即把方某家线路从她家外墙上移走。

方迪泰安抚完老人后，又去做方某的工作："你们两家不要吵，吵架是解决不了问题的。咱们要慢慢做工作、想办法。"经过一番开导，方某向方迪泰表示，以后再不与老太太吵架了。话是这么说，但没过两天，因为老太太始终不改变自己的想法，方某气不过，两人又"开战"了。方迪泰再次被老人打电话"召唤"过去。就这样，方迪泰来来回回调解了十多次，其间还联合村干部一起上门劝解，同样无功而返。

直到临近年关，考虑到老人年纪大了之后认知受限，要改变她的想法非常困难，方迪泰就将突破口放在方某身上。这段时间，因为老太太工作比较难做，"电力老娘舅"方迪泰早就在琢磨怎么另辟蹊径解决这个问题。因为方案已经比较成熟了，他便向方某谈了自己的建议。在保证用电安全的前提下，供电所采用技术手段将导线直接从第一栋房子架设到方某家房墙上，中间不再经过老太太家房墙。见"电力老娘舅"胸有成竹，方某接受了这个方案。

过年前的农历廿二夜，困扰了三个月的难题总算得以解决。这一天，方迪泰还不忘把两户人家叫到一起，再一次劝和他们，希望他们能相互理解，忘记恩怨，再做好邻居。

这真是——

老人年迈很孤独，
投诉邻居犯糊涂。
娘舅宁肯多跑路，
十次上门去平复。

二人本是亲弟兄　一只电表移三回

　　东白湖镇是一个环境优美的生态重镇，工业企业很少，农产品及其加工业是主要产业，比如茶叶产业。茶叶是东白湖镇的主要特色产品，一直是当地村民的主要经济收入来源。一到茶叶采收时节，茶农们都要炒制茶叶，不仅用电负荷大增，而且对用电质量要求也比较高。为确保茶叶的质量，茶农们都会对自己家的用电设施进行改造。村民吴祖某就因炒制茶叶急需对家中电力进行扩容，他向供电所提出非居民用电新装申请，要求安装一个三相动力电表。

　　作为茶农的"电保姆"，提供优质电力服务，助力乡村振兴，是电力企业义不容辞的社会责任。接到申请后，供电所工作人员立即前往吴祖某家勘察现场并商议安装方案，拟将吴祖某的电力线路安装在其兄弟吴保某家房墙上，并确定了墙头铁（支架的一种）的安装位置以及线路的走向等。

　　因为涉及吴保某家房墙，所以施工方案必须征得吴保某的同意。当工作人员向吴祖某提出此要求时，吴祖某一口答应说："你们放心，我弟弟这儿肯定没问题，我这就喊他过来。"吴保某被叫到现场，听供电所工作人员介绍了施工方案后，表示知悉并同意，工作人员随即回单位准备安排施工。

　　几天后，供电所的"电力老娘舅"陈鹏君和陈绿安来到施工现场，按照两兄弟确认的方案开始施工。就在工程基本完成时，吴保某却突然"反悔"，死活不同意把哥哥家的线路装在自己家房墙上，并拦住施工人员不让离开，要求立即把已经固定好的电力线路一并拆掉！陈鹏君他们一时觉得很不解，对他说："你不是同意这个方案的吗？你同意了，我们才安排施工的。现在施工都已经基本完成了，你怎么又不同意了呢？这还是你亲哥哥家的事儿，不能说变就变吧。"

吴保某强辩道："我昨天没反应过来，今天想明白了，所以不同意了。""电力老娘舅"们还想再做做工作，吴保某却丝毫不予理会，对他们说："依照法律规定，这是我家的墙壁，我有权同意也有权不同意。让你们拆就赶快拆掉，如果你们不拆的话，我会去投诉你们，到时候你们还得拆！"

一般来说，这种政策问题需要用户自己先去沟通处理。如果需要的话，"电力老娘舅"可以居中调解，促使双方达成一致。但如果双方没有沟通成功，施工队是不能进行施工的。像眼前这种情形，线路即便已经架上去了，一旦涉事一方坚决不同意，那也得拆除。虽然不情愿，但陈鹏君和陈绿安也只能将安装好的线路统统拆掉，并告知吴祖某把他弟弟的工作做通后再联系架线。

过了几天，吴祖某又一次打来电话，告知陈鹏君他们，兄弟俩已经沟通成功，请他们上门为他家再次安装三相动力电表。为了避免出现上次那种情况，陈鹏君给吴保某打电话确认："你哥说你已经同意我们施工，这事情是真的吗？"吴保某当时在电话那头言之凿凿地回答："没问题，我这次真的同意了，你们来施工吧。"

于是，陈鹏君带着施工人员，在吴保某家墙壁上架好线路。眼见马上可以为吴祖某家通电了，吴保某突然又反悔，要求施工人员赶快拆掉电力线路。吴保某出尔反尔，让施工人员颇感无奈，吴祖某生气地上前说了吴保某几句，吴保某却与哥哥吵了起来。陈鹏君见状赶紧将他俩劝住，让他们再好好协商一下，之后，又一次拆掉了辛辛苦苦安装了大半天的电路。当时，天已经暗下来了，施工队照着灯才将线路顺利拆除。

随后，陈鹏君和陈绿安多次上门与吴保某沟通协调，但吴保某态度很坚决，调解没能成功。哥哥吴祖某已经置办好了茶叶加工设备，但却为了一个电表不能开工生产，整天心急火燎的，不停地找陈鹏君、陈绿安为他想办法。

陈鹏君和陈绿安也为吴祖某着急，但与吴保某沟通又没有效果，于是决定采取迂回战术。他俩打听到东白湖镇另外一个村的书记与吴保某是连襟，就立即联系了这位村书记，向他讲明情况。这位村书记是个热心肠，也乐意跟着两位"电力老娘舅"做一回"连襟老娘舅"，去做吴保某的思想工作。

因为彼此比较熟悉，见到吴保某后，村书记毫不客气地说："不就是在你家墙上安个支架、架根线，对你家又没有多大影响，你干吗要一而再再而三地横加阻拦？你哥家安装三相动力电表是为了炒制茶叶。家里都准备好炒制茶叶的设备了，如果不通电，茶叶设备就无法使用。你说说你这是啥意思？"

在陈鹏君、陈绿安两位"电力老娘舅"以及村书记苦口婆心的劝解下，吴保某终于同意让吴祖某家的电力线路通过自家墙壁。供电所工作人员很快组织好施工，顺利地将吴祖某家的电力线路接通，总算解决了他家的电力增容问题。

这真是——

> 同胞兄弟如手足，
> 遇事难为又何苦。
> 一只电表装三回，
> 多亏邻村好支书！

兄弟移表闹别扭　门前垃圾是事根

　　大多数纠纷，看似跟用电有关，其实这只是事物的表象。大千世界，表现各异的邻里矛盾，其实包含着许多说不清道不明的方方面面。如兄弟、妯娌、婆媳之间的是是非非，很多平时不好明说的都闷在心里，一直等待着发泄的突破口，一旦遇到导火索，必然会一起爆发。于是，原本与电力毫无关联的事，便借着用电、装表、走线等被牵扯了进来。所以，要想化解电力矛盾，得追根溯源，找到纠纷背后的真实原因，只有解决好了这些深层次问题，电力矛盾才能迎刃而解。

　　三都社区前宅村的郦某兄与郦某弟为移电表一事，闹得不可开交。郦某兄与郦某弟本是一母同胞的亲兄弟，由于生活小摩擦，郦某兄故意将家中杂物堆放在郦某弟门前，让对方出行不便，借此给对方添堵。郦某弟一直找不到报复的办法，便以移电表这事儿为借口，闹得两家水火不容。

　　无奈之下，郦某兄拨打95598全国电力服务热线，请求“电力老娘舅”出面解决发生在两兄弟之间的这宗“公案”。“电力老娘舅”章迪丰接受调解任务后，随即赶往现场查看实际情况。

　　原来，这兄弟俩的房子都是他们父亲的遗产，家中两只电表当初是安装在同一个地方的。后来两兄弟分家产的时候，只是把房产分割了，电表没有动。装有两只电表的房子分给了郦某兄。后来，因为这间房子是店面房，郦某兄想将自家房子租出去开店铺，发现电表在那里很碍事，不便于装修店铺，便向供电所提出移走自己店铺内两只电表的要求。然而，这两只电表中有一只是郦某弟的，移表须征得郦某弟的同意。双方要先协商好，供电所才能移表。但当郦某兄向郦某弟提出此事时，郦某弟坚决不同意将该电表移位，两人为此事吵了起来，而且闹得很厉害。

现在，兄弟俩已将移表这件事投诉到了 95598 全国电力服务热线。作为"电力老娘舅"，章迪丰决心把这件事处理好，以免兄弟俩为这件小事激化矛盾，日后不好相处。于是，他便特意前往郦某弟家中，想说服郦某弟同意电表移位。

但是，郦某弟却是个偏性子，任凭章迪丰如何劝说，他都坚决不同意移表，但也不说理由，横竖就是不准动他家的电表。谁要是不经他同意动了电表，他会继续投诉，甚至不惜闹上法庭。鉴于郦某弟还在气头上，不能控制自己的情绪，章迪丰也不能强人所难，只好暂停协调，待两人心平气和后再商议此事。

过了几天，章迪丰又找到郦某弟，在劝解当中趁机询问郦某弟不同意移表的原因。经过半天耐心沟通，章迪丰终于得知，兄弟俩此前发生了点小摩擦，郦某兄故意将自己家的杂物放置在郦某弟的家门前，影响了郦某弟的进出。郦某弟对此心有不悦，但未能找到适当时机发泄出来。正好，这次郦某兄出租商铺请求自己移表，郦某弟铁了心似的坚决不同意移表，就是为了报复郦某兄之前的做法。

一听背后是这么个原因，章迪丰一下子有了主意，随即找到了郦某兄，劝他把堆放在郦某弟门前的杂物移走。郦某兄为了尽快移走电表装修房子，也答应移走杂物，但提出郦某弟必须先将电表移位，免得将来对方反悔。

郦某兄的这个要求遭到郦某弟的反对，郦某弟提出只有郦某兄先清理掉杂物，自己才同意移电表。就这样，原本刚有点进展的沟通协商，一下子又陷入了僵局。

章迪丰明白，双方这样做都是为了赌气。对郦某弟来说，移走电表并没有太大损失，但他就是要借这件事表达对郦某兄堆放杂物的不满；而郦某兄明知自己堆放杂物是不对的，但觉得先清理了杂物就表明自己认输了，出于面子考虑也不愿做出让步。

章迪丰决定从郦某兄处突破，就对他说："你们兄弟之间有手足之情，为啥会走到今天这种互相为难的境地？我觉得，做兄长的应当大度一点，主动去解开两人之间的疙瘩。移走堆放的杂物，这会丢了你啥脸面？而且，这些杂物原本就是你堆放的。否则，你弟弟坚持不移走电表，你们两家的积怨会越积越深的，我想，这是你们谁都不愿看到的。如果你一意孤行，我们也没法继续做工作了。

谁都不肯让步的话，移表这事儿就搁在那儿吧，我们实在是解决不了。你自己再想想吧，我随时等你的回话……"

过了三四天，章迪丰再次前往郦某兄家了解情况。没等章迪丰开口说话，郦某兄便利索地表示，愿意尽快清理掉放置在郦某弟家门前的杂物。章迪丰觉得很高兴，便将这一好消息告诉郦某弟，郦某弟立即表示自己愿意移走电表。

第二天上午，"电力老娘舅"章迪丰带着工作人员去移电表。兄弟俩一起清理了堆放在郦某弟家门前的杂物。这一幅其乐融融的画面，让"电力老娘舅"一下子放下心来。

这真是——

为移电表动了真，
矛盾后边有原因。
娘舅打开两把锁，
说和兄弟一家人。

一根电桩惹纠扯　娘舅牵线湮旧事

诸暨市科璐公司向大唐供电所申请了充电桩业务，当进入验收送电环节时，诸暨市新华厂的法定代表人章某向供电所工作人员表示不同意送电，理由是诸暨市科璐公司的充电桩安装在他的产权区域内。由于章某的阻止，供电所工作人员无法完成送电任务。

随后，科璐公司的法定代表人朱某前往大唐供电所询问"电力老娘舅"赵铁锋："我可是经过合法正当的程序申请了充电桩业务，为什么不给我们送电？"与此同时，大唐供电所也接到了章某通过95598全国电力服务热线打来的投诉电话，他说："我邻居安装的充电桩不规范，安装的位置属于我的产权区域。"

赵铁锋接到双方的反映与投诉后立即着手处理此事，他首先赶往新华厂向章某了解情况。面对赵铁锋的询问，章某毫不掩饰地道出了阻拦对方的理由："我为什么要举报他？我就是看他不顺眼，他这种人良心不好。本来这块地是我的，但是他通过自己的关系把这块地变成了他的。"听完章某所说之后，赵铁锋明白了，章某是因为土地纠纷心存不满，想通过举报来给朱某制造麻烦。

要想搞清楚事情全貌，不能仅听章某的一面之词。于是，赵铁锋又去朱某处了解情况。朱某却告诉他："章某纯粹是恶人先告状，他就是个地痞流氓，一直在抢别人的东西。这块地本来就属于科璐公司，章某怎么能说这是他的！"朱某还回忆说，章某父亲曾因为两人的土地纠纷与自己公司员工发生过激烈的肢体冲突。

于是，赵铁锋再次前往章某处进一步了解情况。听赵铁锋介绍完在朱某处了解的情况，章某却说："科璐公司安装充电桩的这块地，就是属于我们公司的。我父亲去跟朱某沟通时，他安排人把我父亲打了。"

眼见双方公说公有理、婆说婆有理，都没有坐下来协商的意思，赵铁锋于是联系了现任的村书记与双方进行沟通，但依然没有效果。赵铁锋本来还想与村书记一起再去做两人的工作，但朱某一听就拒绝道："这个书记没什么能力，反正我这边是不会听他的，章某也不会听他的。"

赵铁锋追问道："在这种情况下如果要沟通的话，你们双方最认可谁来做中间人？"朱某说："在我取得土地产权证时的老书记，这个人我是认可的。"

赵铁锋一听，只要有双方都能认可的人就好办，于是他找到老书记，请老书记帮忙调和双方矛盾。老书记欣然答应，他先去找了朱某，后又在赵铁锋的陪同下找到章某，与章某聊了一两个小时，告诉章某说："把送电这件事解决好，对两方都有好处。你们双方都建了一些不合规的建筑，如果继续把这件事闹大，你们到时候都不好受的。"赵铁锋也趁热打铁劝说："土地纠纷是你们另外的一个纠纷，你们可以去打官司或者寻求其他的途径解决，但你不能借我们供电部门去压科璐公司，以解决你们土地方面的纠纷。你也得为我们供电部门想一下，我们现在没有完成送电任务，压力也是很大的。"

再三权衡利弊后，章某终于松口了，他提出："如果科璐公司的充电桩换个位置，我就同意送电。"赵铁锋立即将章某的意见告诉了朱某。

得知章某已经做出退让后，朱某向赵铁锋表示，自己也退一步，比如向章某道歉，以利于"电力老娘舅"继续做好对方的工作。至于换地方安装充电桩，因为现在把周边都租出去了，一时还真找不到合适的地方。

为了促成双方和解，赵铁锋又前往章某处转达了朱某的歉意。章某听后，之前坚持供电桩换位置的态度也有所软化。赵铁锋见状打电话给朱某说："我们与章某已经说得差不多了，你得亲自去跟章某道个歉。反正你们双方在事情处理上都存在一些问题，这次就让两个人以前的恩恩怨怨过去算了。"

看"电力老娘舅"把工作做到这个份上，朱某觉得再不出面就过意不去了，于是说："这样好了，既然他态度松动了，我们自己带着诚意再去和他沟通。沟通好后，你们供电所到时给我们做个见证人。"几天之后，朱某打电话告诉赵铁锋："我和现任书记一起去和章某沟通了，也谈得差不多了。"于是，赵铁锋立即起草了一份协议，让双方都在上面签了字。

就这样，这场闹得沸沸扬扬的供电桩纠纷，在"电力老娘舅"的见证下，双方最终握手言和，科璐公司的供电桩送电任务也得以顺利完成。

这真是——

事中隐有事中事，
借题发挥闹意气。
为栽电桩去协调，
新事旧事一笔销。

邻居建房乱扯筋　娘舅接线连亲情

上余村村民甲某在房屋翻建完工后，向供电所反映自己家的线路很乱，希望供电所派人帮忙整理一下。

"电力老娘舅"王磊到现场后，发现村民甲某家的电线不仅存在脏乱差问题，几处连线还很不符合安全用电的设计要求，存在严重的安全隐患。为防范电力风险，王磊提出要对整条线路重新规划，使其不但安全规范，而且外观整齐好看。甲某听后当然高兴，立即表示同意。

随后，王磊对现场进行了勘察，他发现改造整条线路还涉及邻居乙某家的连线。甲某与乙某是前后邻居，乙某家位于甲某家前方，两间房屋处在一条直线上。如果一起整改这条线路，要么将甲某家线路经乙某家引入，要么将乙某家线路经甲某家引入，无论采取哪条路径，都得利用其中一家外墙架设电线。

当王磊把自己的方案告诉两人时，甲某和乙某都表示不同意这个方案。原来，虽然甲某和乙某是前后邻居，但两家关系并不太好。这个情况可把王磊给难住了。按照两家房屋周边的村道以及现场进户线的走向，从前后两个方向为这两家接电都是最经济有效的方案。如果选择绕道，还得经过就近的一户人家。这样一来，增加施工成本不说，关键是再牵扯一户人家进来，要花费更多时间和精力去做其思想工作。再说为自己家接电，尚且不愿意同时照顾一下邻居，那跟自己利益毫不相关的事儿，人家愿意做吗？

于是，王磊决定还是采用最初的方案。听说这两户人家以前关系挺好的，最近两年才闹得跟仇人似的。如果想做他们的工作进而缓和两家的关系，就得弄清楚他们之间到底因何闹到今天互不待见的地步。

王磊特意走访了村里几个熟人，得知事情其实很简单。原来，甲某翻建房子时房顶造得比乙某家高了一点，按照农村的一些旧讲究，乙某便有点不高兴。在施工中，乙某曾向甲某侧面提出这个问题，甲某没有理会，双方便发生了激烈的争吵，当时还差点打了起来。两家的梁子就这样结下了。

搞清楚了事情原委，王磊觉得这件事情倒不难解决。为了做通两家的工作，王磊多次上门与他们沟通协商。开始，王磊做通了其中一家男主人的工作，但女主人却表示坚决不同意。因这家夫妻俩意见不能统一，两家的协商工作也没法开展。过几天，等这家夫妻俩意见统一起来，要到另一户人家去协商时却找不到那家的人。王磊好不容易把两家请到一起了，但没说上两句话，两家就谈崩了……

王磊想了又想，觉得请两家的亲戚或者朋友出面帮助协调，说不定会打破目前的僵局。

经过多方打听，王磊首先找到乙某的女婿，给对方讲清事情的枝枝蔓蔓，并恳求说："我之所以找到你，只是为了让你做做老岳父的工作，让两家尽量早点用上电。邻居房子已经建起来了，即使当初人家没照顾老爷子的想法，时过境迁，总不可能让对方推倒重盖吧？大家还得做邻居，至少目前这个线路铺设还得搞嘛。这样闹下去，又能有啥结果？邻居间低头不见抬头见，越闹越生气，两家的日子还过不过？按道理，我们这些'老娘舅'只管接线用电，既然遇到了这些问题，那也得说和解决，你看看能不能亲自上门一趟，让老爷子消消气？"听了王磊掏心窝子的这番话，乙某的女婿大受感动，当即表示："冲你这片好心，我也得尽力做好老岳父的工作。"

接着，王磊多方打听，得知甲某有个弟弟，自己也恰好认识，于是他亲自找到这个人，开门见山地说："你哥盖房时没与邻居沟通好，闹得人家很不高兴。现在房子盖起来了，自己要用电，何不后退一步让邻居跟着整改一下线路做个顺水人情？你能不能出面跟你哥说说，邻里之间，退一步天宽地阔，最好不要与对方硬杠嘛。如果你去把我这话传到了，他还是以前那个态度，你就不用管了！我们是为他架线通电来的，又不是社区干部天天跟着处理邻里矛盾。反正我们天天有活干呢，等到他们两家几时自己沟通好了，觉得这个电还得接，我们再来也不迟！"

　　这个熟人一听，觉得事情也确实是这个理儿，世上哪有这种难为劝架人的事儿呢？他马上向王磊表态，一定去好好劝劝自己这个老哥哥。

　　接下来，王磊这个“电力老娘舅”前后六七次上门调解，加上双方亲戚背后不断助力，甲某和乙某都觉得脸上挂不住了，最后一起回话说：“电力老娘舅”觉得咋走线合适就咋安排，他们不再在这件事上给“电力老娘舅”添麻烦了。

　　在接下来的线路铺设中，没有哪户人家再提出反对意见，大家高高兴兴地配合施工队完成了线路整改任务。

　　事后，王磊总结了两条感想分享给同事们。用他的话说，要做一个合格的“电力老娘舅”，首先，一定要牢记“人民电业为人民”的服务宗旨，哪怕自己多吃苦，也要尽最大可能为用户做好服务；其次，“电力老娘舅”与用户沟通时，一定要保持不偏不倚的中立立场，不能将自己的观点强加于他们或者偏向于某一方。只有这样，用户才愿意与“电力老娘舅”说心里话，接受“电力老娘舅”的意见或建议。

　　这真是——

房前屋后两邻里，

为建新房争高低。

娘舅接线消积怨，

和好一对好邻居。

邻里不和闹意气　娘舅巧用激将法

十二都村村民孟某的房子在一场大火中被烧毁需要重建。在新房重建过程中，供电所为了保证孟某家临时用电，将电表安装在了孟某家附近的一条线路上。

过了一段时间，孟某家新房造好了一层，孟某向供电所提出申请说："我们家一直在外面租房，现在我家造好了一层，我们要住进去了，需要把之前临时安装的电表移回来。"在帮孟某移表过程中，"电力老娘舅"石浩发现，接线居然成了一个大难题！

要想安装电表，需要将线路接通。石浩首先询问孟某，是否可以在其家门前立杆架线？孟某表示，不同意在自家门前安装电杆架线，认为这样会影响他家的观感。于是，石浩打算通过在其他村民房子的墙体上架线来帮助孟某家接电。

石浩先是找到与孟某家隔着一条小路而且距离最近的邻居，本来想问题可能不大，因为孟某曾是村里的电工，为大家提供过用电服务，应该有一定人缘。谁料"电力老娘舅"进门向这位邻居征求意见时，这位邻居一连说了三个"不行"，看那口气和态度，这件事压根儿就没有商量的余地。

虽说碰了硬钉子，但石浩没有气馁。因为周围还有十来户邻居，虽然位置不如这家理想，但也可以作为替代性解决方案。一户说不通，还有第二户、第三户……总有一户可以做通工作吧？想到这，石浩觉得很庆幸，幸亏有这十来户人家可供选择，否则这事情还不知要拖到什么时候。然而，出乎意料的是，石浩问遍了这十来户邻居，竟然没有一户愿意在自己家房墙上架线来帮助孟某家接线。

石浩傻眼了，这到底是怎么回事？孟某的人缘怎会这么差！他赶紧找村干部进一步了解情况。

深入了解之后，石浩得知，孟某在重修新房的过程中，多占了一点房前路边的村集体土地，导致新房边上的小路从笔直变得弯弯曲曲。与他隔路相望的邻居因此心存不满，尽管他俩原本是连襟关系，但也为此开始争吵。双方互相抓住对方的短处不放，从相互攻讦到破口谩骂，甚至产生过激烈的肢体冲突。随着矛盾纠纷日益加剧，双方便开始互相告状，不断向相关部门上访，闹得四邻八舍都不得安宁。

原来，沿着这条路居住的十来户人家，多多少少都有私占路面搭建小厨房等违章建筑的情形。由于这两户人家不断信访，镇上来人到现场处理时，发现了这些违章建筑，于是督促这十来户人家把搭建在路边的这些违章建筑全都拆除了。邻居们将这事儿迁怒于孟某他们，认为是他们告状惹的祸。在这种情形下，这些邻居别说是"借墙"去帮助孟某接线，看他的笑话都等不及呢！

打听清楚事情的缘由后，石浩也颇感无奈，只好放弃墙上架线的方案，决定立杆架线。可是，电杆立在哪里呢？孟某不愿意把杆立在自家门口。要是立在别处，无论将电杆选在附近哪一处地方，总会有邻居站出来提出不同意见，不是认为占了他们出行的道路，就是认为会影响他家的"风水"等等。总之，没有一家愿意让这根电杆立在自家附近。

借邻居家院墙架线不行，立杆架线也不行，这可怎么处理？石浩只得请村书记出面一起做邻居们的工作。然而，村书记与大家沟通协商了多次，这事儿还是没有任何进展。

事已至此，石浩觉得，孟某与这些邻居的关系在短时间内是不可能缓和的，要解决孟某家接线问题只能从他自家考虑了。石浩便与孟某商量说："你也是村里的老电工了，咱们供电所工作人员的难处你也不会不清楚。你看你和你的连襟家置气，两家关系搞得这么僵不说，还到处告状招惹了这么多邻居跟着看热闹。你看，这事情已经很难办了。现在，从邻居家院墙接线这条路已经行不通了，而且这么多邻居都不同意把电杆立在自家附近。所以，唯一的办法就是把电杆立在你家门前这块空地上了。即便你觉得难看，我们也没办法了。再说，你家接这线动静闹得这么大，如果最后没有接通，街坊四邻是不是就真的看笑话了，你是不是也没脸面？这些情况你自己最清楚，还是好好考虑一下吧。"

　　最后，孟某思量再三，觉得这事一点退路都没有了，只好无可奈何地同意将电杆立在自家门前空地上，这才顺利地安装好了电路接上了电。

　　这真是——

移电遇到蹊跷事，

连襟两个闹意气。

斡旋工作几头难，

只能采用激将计。

预期研判找拐点　提前介入显奇效

近年来，随着香榧等经济作物的丰产丰收，东白湖镇乡村经济得到振兴，百姓经济收入也随之不断增加。东白湖镇一带的榧农腰包鼓起来之后，开始流行翻建老房子或者空倒房。那些长期闲置或已经废弃的房子翻建后，或用来改善人居条件，或用来存放香榧。因此，供电所不时接到接电移电的业务，左邻右舍也为之常起摩擦。

东白湖镇位于山区，地形特殊，住户稠密。几十户人家的房屋依山而建，屋连着屋、墙挨着墙地拥簇在一起，错落无序、杂乱无章。这户人家的屋顶，可能会出现在另一户人家的门道边或者院基的一角，穿插其中的道路曲折狭窄，电力线路通道选择余地较小。在这种情形下，翻建老旧房子往往牵一发而动全身，一拆一建，无形中牵出了众多的家庭恩怨和邻里矛盾，给后续表计安装的政策问题处理带来了很多难点。

上培自然村地处东白湖镇东南角，与嵊州交界，经济来源以香榧为主。香榧种植面积约 3000 亩，是周边有名的经济作物种植村。前不久，该村陈姓兄弟俩在翻建祖宅的过程中，两妯娌就为一点鸡毛蒜皮的事情大打出手，惊动了村"两委"甚至派出所，矛盾已到了不可调和的地步。

"电力老娘舅"陈绿安是浬浦供电所东白湖镇西岩片区的台区经理，刚好也是该村的老住户。回老家时，他听说这两兄弟吵嘴打架搅得四邻不安的事后，立即联想到两家在房子翻建结束后必然会提出安装表计的申请。现在兄弟之间出现了这么激烈的矛盾，将来电力线路通道问题可怎么解决呢？为了避免日后表计安装走线成为麻烦事儿，陈绿安决定提前介入，争取做到对隐患早发现、早控制、早解决，尽量避免到时可能出现的不必要的矛盾纠纷，影响到后期的接电走线工作。

于是，他主动联系了村"两委"干部，对具体情况做了详细了解。之后，他又分头找那两个兄弟聊了聊，打探一下他们对今后装表接线的想法。果不其然，靠近供电点的那一户在话语中就已经透露："哼，他们难为我，我也不让他们好过。等着嘛，装表接线时他们肯定得找我，到时候，我也不是那么好说话的！"

听到这儿，陈绿安心想，这事儿要尽早尽快解决，否则，双方矛盾会越来越深，到时自己的工作也会非常被动。他把这一情况向副所长陈鹏君做了汇报，取得所领导的支持之后，便将自己了解的情况与村"两委"干部进行了沟通交流。

为解决两兄弟在房屋翻建过程中产生的矛盾纠纷，村干部们就已焦头烂额，一听他们有可能在用电架线时再次闹腾，村干部们马上又紧张起来，立刻将陈姓兄弟俩请到村调解办来协商这事。

兄弟俩本来就因先前的矛盾针锋相对、互不相让，谈到这事儿又话不投机。两句话还没说完，兄弟俩便怒火中烧，吵了起来，只差动手了，幸好被村干部们及时制止了。第一次协商就在双方的争吵中不欢而散。

看到这种情形，陈绿安意识到，兄弟俩的矛盾已经非常深了，现在根本坐不到一起，要分头给他们做思想工作。村干部做工作效果不好，可以找那些能说上话的亲戚或朋友去劝解他们试试。

于是，陈绿安调整了调解策略，邀请了那些跟兄弟俩关系比较好的同村同宗的村民，一起上门去做这两兄弟的思想工作。陈绿安对两兄弟动之以情、晓之以理地耐心劝说道："都是一母同胞的兄弟，本来没有多大的事儿，却闹得不可开交，实在没有必要。大家都在一个村里，以后还要相互帮衬。俗话说，打虎亲兄弟，上阵父子兵。以前的事儿就让它过去吧，你们今后得好好相处，不要在装表架线这件事上彼此相互为难，让村里人看笑话。这件事，如果你们之间不能协商好，我们供电所就不能施工，到时两家都要受影响。所以，你们自己得好好掂量一下。"

经过陈绿安与村里亲朋好友多次上门劝说，这两兄弟终于放下往日恩怨，面对面地坐在了一起，心平气和地协商起用电架线的事情。在台风登陆的前一天，陈绿安和两兄弟会同村干部确定了两兄弟家的用电方案。最后，供电所按照他们商定的方案给这两户人家顺利装上了电表。

正是对这种可能出现的矛盾的正确研判，以及采取提前介入的做法，才有效地预防了兄弟俩用电矛盾的发生，为电力企业"枫桥经验"又增加了光彩的一页。

这真是——

> 未雨绸缪走在前，
> 对症施药搞研判。
> 完成一件麻烦事，
> 枫桥又添新经验。

矛盾萌芽便铲除　前瞻预判搞服务

　　"'电力老娘舅'要全心全意为人民服务，不仅要有前瞻预判矛盾的能力，更要有尽早发现问题、积极主动解决问题的工作态度，这样才能做好源头治理，让电力企业'枫桥经验'落实在每一个工作环节中，让千家万户得到优质的用电服务体验。""电力老娘舅"楼春新是这样说的，也是这样做的！

　　2018年农网改造期间，楼春新前往新旭村查看变压器改造的情况，发现有一个区域的变压器这次没进入改造名单。他马上联想到，自己做台区经理的时候，天气进入盛夏的某一天，这个村民打电话向他咨询说："为什么我家的空调打不开啊？能不能帮我看一下。"

　　当时，楼春新觉得很奇怪，因为整条线路电压都很正常，心想是不是用户家里空调出了问题？随即，他赶往村民家查看现场，观察了空调运行情况之后，觉得应该是电压不够。如果是电压不够，那就是变压器的问题了，需要更换变压器才能解决。变压器更换不是当时就能解决的事儿，但是这个情况却被他牢牢记在了心里。

　　此后两年，每到天气最热或最冷那段时间，就会有人打电话反映空调打不开。他多次细心观察之后发现，反映问题的这些村民都共用着一台变压器，而且他们距离这台变压器都比较远。尽管这台变压器只管着几十户村民，但一到盛夏或寒冬时节用电量大增时，就会出现电压不稳定的现象。这些处于线路末端的村民的正常用电就会受到影响。他心里就一直在寻思："得向领导反映一下，找机会把这台变压器更换一下。"

正好赶上这次农网改造，楼春新恰好又负责变压器整改这块儿。楼春新查看到新旭村变压器改造情况时，下意识地想起了这事儿，却发现变压器整改名单中居然没有这个区域的变压器。

这是怎么回事？可能是主管部门统计时忽略了这件事情。如果不趁这次机会将变压器换大，那么线路末端用户遇到低电压的情况，将一直延续下去。再说，随着社会生产发展，这些用户用电量增加的情况会更频繁地出现，用户的抱怨不满也会越来越多，到时会让"电力老娘舅"更加难以应对。更何况，电力系统损耗也会因此增加。只有将这个地方的变压器换大，才能从源头上解决问题。想到这儿，楼春新立即打电话给供电所所长反映这个情况，要求对这个区域的变压器进行整改。

因为农网改造不是供电所一家的工作，涉及多个部门、环节和流程。为慎重起见，所长向他详细地询问了这片区域的用电情况。

楼春新向所长打包票说："我很熟悉这片区域的情况。因为变压器的原因，老百姓一到用电高峰经常出现不能正常用电的情形。以后，随着大家生活水平的提高，每家每户的家用电器都在增加，如果不更换变压器，这片区域的电压会更加不稳定。一旦出现用电故障，老百姓就会三天两头打电话投诉，到那时再解决难度就更大了。所以我建议，趁着这次机会把变压器换了，一劳永逸地解决这个问题，群众正常用电保证了，也不会天天为此闹意见了。"

听了楼春新一番话后，所长心里有了底，对他的建议表示非常支持，随即联系工作人员去现场重新勘察，将修改设计方案的申请报告上报给上级部门，并亲自到多个部门去协调和推进这件事。

最后，这片区域的变压器得以顺利更换，村民们反映空调打不开的情况也成为历史。

我们可以设想，如果楼春新没有把群众反映的"空调打不开"这件事一直记在心上，他就不可能在查看变压器整改工程时发现这片区域整改设计的问题；如果因为施工已经开始，改变原设计方案的难度又很大，供电所领导和楼春新他们就放弃了这方面的努力，那群众之后还会为这件事不断投诉，到时只会越来越麻烦，说不定还会发酵成难以解决的大事情。

然而，有"电力老娘舅"在，就没有上面这些"如果"。正是"电力老娘舅"

们秉承和发扬对人民高度负责的精神，深入基层一线调查和了解情况，及时发现并积极主动地解决问题，才从源头上避免了电力矛盾的出现或升级，也才有了电力企业"枫桥经验"的辉煌篇章！

这真是——

农网改造已实施，
发现工作有漏遗。
亡羊补牢犹未晚，
人民利益放第一！

时过境迁本无事　查阅档案藏隐情

这是许多年前的一件事了。

草塔供电所协助供电系统修建一座输电铁塔，需要占用五泄村的一小块山坡地。供电所按照国家有关规定，已经对五泄村做了经济赔偿。赔偿数额是供电所与村"两委"协商的，至于赔偿金最后怎么分配，供电所是不会插手的。多年后，该村村民邴某找到供电所的"电力老娘舅"周旭军，要求查阅当时修建这座铁塔时供电所与村里达成的协议。

村民提出的这个要求，按照档案管理的有关规定，周旭军完全可以让他按照程序去提出申请。可是，村民亲自找到供电所询问这件事，何况，这都是很多年前的事情了，一味地要求村民走程序似乎过于"冷冰冰"了。周旭军想了想，还是满足了对方的要求。

过了没几天，邴某又熟门熟路地找上门来。这次他提出的要求很古怪，要求查阅近十年供电所与村里签订的所有关于征地赔偿和有偿劳务的合同。周旭军这次倒是认真地打量了一下来人，邴某虽然穿着不讲究，但说话文绉绉的。这次周旭军仍然不厌其烦地找出所里涉及五泄村的为数不多的合同件，让对方一一过目。

过了十多天，邴某又一次找上门来，这次提的要求更离谱了，要求周旭军为他提供邻村与供电所签订的合同，他要比对一下，看看自己村里的这些干部有无"贪腐"问题。

　　这个时候，周旭军警觉起来了。他耐心地给对方解释了档案管理的相关规定。作为个人，要求一个单位为其提供涉及个人和集体权益的集体或者单位间的合同，需要走一些组织程序，而且这也不是个人提出要求就能随便翻阅的。对方虽然没有强求，但临走时还是表示了遗憾。

　　被拒绝之后，邴某许多天都没有上门。这个时候，周旭军多了一个心眼，觉得一个村民既然和村干部有这么大的矛盾，一定有说不出口的"冤屈"，心里才会时时惦记这事儿。一天，他有事去五泄村，顺便向熟人打听了一下这个邴某的家庭情况，不问不知道，一问吓一跳。原来，这个邴某居然是十多年前持猎枪杀害了与自己妻子有染的奸夫，在周围制造出轰动事件，最后被法院判处无期徒刑的那个人！

　　村里人还告诉周旭军，这个人是个"老高中生"，说话办事表面看起来文质彬彬的，但心理上却有一定的问题。他在服刑期间表现尚好被减刑，后因身体有病，又被村里保外就医了。出狱之后，面对村庄家家办家庭企业已经发家致富的大变革，这个人的心理不免有些失衡。在服刑前，邴某掌握的劳动技能仅限于种点瓜果蔬菜，出来后连个智能手机都不会使用，一时间也无法适应新的生活，只能上街摆摊出售自己地里种的那点瓜菜，挣点小钱勉强维持生计。入狱前，邴某尚年轻，并未生育儿女。出狱后，他一个人孤单地生活了一段时间，经常流露出自己今天的境遇都是因为社会不公的念头，常为一丁点小事迁怒于左邻右舍，还靠整天告状上访来刷自己的"存在感"，成了从村里到镇上最令人头疼的"上访户"。几年前，供电所在五泄村修建铁塔，邴某当时还在监狱服刑。他出狱后查阅相关档案材料的目的，可能是想给村干部找麻烦。

　　了解邴某这个情况后，周旭军便暗暗关注起这个男人来，甚至每次路过镇上的蔬菜市场，他也会有意查看有无那个熟悉的身影。有一天中午，天突然下起了大雨，周旭军突然发现供电所门外有一个蹬三轮车的男人身影很像邴某，便跑出门帮他将车子推进所里。果然是他！周旭军马上帮邴某将车子里的瓜菜放在雨棚下，让他去自己的办公室喝茶暖暖身子。后来，看到天气不好，他叮嘱邴某就不要把菜推回去，免得一路受累，反正明天天气好了还得上镇里来把菜卖掉。之后，邴某再来镇上时会特意给周旭军带来一捧新鲜的蔬菜。

　　在两人不多的唠嗑中，邴某告诉周旭军，他一直查村里的这些事，就是为了告这些"贪官"。周旭军劝他说："你也不要整天这样闹了，村里这些干部对你很不错呢。你在监狱里病了，村里人联名帮你保外就医；为了让你有一份工资收入，村干部还安排你给村里打扫村道。你说说，他们哪点对不住你呢？至于以前那些事儿，不管别人是否有错，你说你就没错吗？一条人命呢！现在既然到了这一步，你还得好好生活下去才对。你的年纪又不是很大，靠着自己劳动积攒一点钱，找个老伴也不是没有可能的事儿。再说，咱们这儿经济发展得这么好，你说你天天把工夫花在和人打官司上，这样下去，哪个人愿意跟你一起过日子？"

郑某根本没想到，这位"电力老娘舅"竟知道自己这么多事儿，当时啥话也没说，便出去卖自己的菜了。大约过了一个多月，郑某种的西瓜一时卖不掉，就找周旭军帮忙。周旭军二话不说，动员同事和亲戚朋友，很快帮郑某把滞销的西瓜都卖掉了。

从此，郑某和周旭军成了无话不说的好朋友。用他本人的话说，跟周师傅在一起，哪怕是说几句闲话，人的心也一下就畅快了。而且周师傅一直把自己当成一个好人，那自己也得做一个好人。

据说，郑某从此以后再也没有找过村干部的碴儿，每天扫完村道就去种菜，左邻右舍都觉得他像换了一个人似的。

这真是——

> 社会治理要治本，
> 需要关注重点人。
> 遇到暖心老娘舅，
> 唤醒痴汉良善心！

负载过大出事故　索赔无据做工作

"专变"，即专用变压器，是只供某家用户专门使用的变压器。

店口镇的"专变"用户较多，前些年经常出现"专变"故障引起线路故障或者影响供电所全部线路的情形，因此引发的电力矛盾纠纷不在少数。对于这些繁杂的矛盾纠纷，"电力老娘舅"们凭借认真的工作精神、专业的工作能力和耐心的工作态度都设法一一化解了。

2018年，某轻纺企业的法定代表人向店口供电所反映，因频繁停电，企业生产无法正常进行，损失严重，要求供电所给予赔偿。像这种因停电投诉供电所并要求赔偿损失的事儿并不多见。接到投诉后，供电所立即派"电力老娘舅"宣鑫兴致电企业了解情况。

经过一番电话沟通，宣鑫兴了解到，这家轻纺企业的生产设备停止运转并不是停电造成的，而是由于整个电路不稳定，生产设备上的装置频繁保护性断电引起的。轻纺企业的生产设备对电压平稳要求尤其高，如果电路出现一个电压波动或者一个闪跳，生产设备的保护机制就会发挥作用促使设备自动停止运行，从而导致那些正在流水线上生产的产品都报废掉。

店口供电所的供电服务网覆盖了海亮股份、万安科技、盾安环境等多家上市公司以及众多民营中小微企业。供电服务区域内厂家多，电力需求大，而且不同厂家的专业设备对供电要求也不一样。据统计，店口镇的企业"专变"用户有

1400 多个。一条电力线路上面，可能会挂很多个"专变"。因为容量有限，企业又多，一旦某一家企业没有按照规范用电，电力线路就容易过载，进而影响到这条线路上其他"专变"用户电压的稳定性，从而发生厂区内的生产设备故障。同一条电力线路上，如果有一个用户出现这种故障，就可能导致整条电力线路甚至整个变电所的线路停电。此外，为了保障正常供应电力，使用发电车时也会停电，因为发电车接电和拆电时都要停一次电。

因为是线路上的用户用电引发的故障，而不是供电所造成的电路故障，按照规定供电所是不赔偿的，同时也无法追究引起闪跳的用户的责任。至于发电车保供电导致的停电，这都是提前通知过的，按照规定供电所也不予赔偿。对于线路故障造成企业的电器损坏，保险公司可以理赔。至于停电促使企业生产设备停运从而导致产品报废所产生的损失，因为是间接损失，按规定保险公司也不给予赔偿。

这次电路不稳是因为另一家企业的变压器过载，影响了整个供电所的 20 条线路，引发该轻纺企业的多台设备停机。而一台设备的一次停止运行就会造成 3 万—5 万元的损失。

查明轻纺企业设备停止工作的缘由后，宣鑫兴立即将赔偿规定向轻纺企业的法定代表人做了解释。但这家轻纺企业的法定代表人表示不接受，仍坚持要求供电所给予赔偿。于是，宣鑫兴与保险公司工作人员多次前往该轻纺企业，向其法定代表人解释清楚相关规定以及保险合同中的赔偿要求，并向轻纺企业列举之前发生过的相似案例的处理结果。事实胜于雄辩。这家轻纺企业的法定代表人最终表示，不再向供电所索要赔偿了。

事情虽然过去了，但店口供电所为避免类似情形再次发生，开始采取"专变"管控措施，以防止企业变压器过载，从而减少短路造成的电网波动。对于必须停电的特殊情形，店口供电所都会提前发通知，提醒企业和居民用户采取避险措施，以避免造成经济损失。由于店口供电所针对性地采取上述服务措施，近几年店口镇停电现象有所减少，维护了电网平稳，为企业生产提供了用电保障。

"电力老娘舅"宣鑫兴从处理这件事情中收获的体会是：化解电力矛盾，要提前做好沟通工作，耐心、清楚地向用户解释政策规定，让用户心服口服，只有这样才能实现调解的"案结事了"。

　　这真是——

　　　　　　　　线路专变挂载多，
　　　　　　　　一家故障惹灾祸。
　　　　　　　　殃及池鱼要赔偿，
　　　　　　　　娘舅出马息怒火。

村委会违规搭电　依法规严中留情

2013 年 12 月底，大唐供电所监控中心的值班人员发现，直埠镇直埠一村配电线路出现了 10—15 度的线路损耗，比正常线路损耗高出 5—6 度。虽然这数字不大，但电力安全无小事。究竟是某处线路出了问题，还是有人窃电呢？为了搞清楚缘由，大唐供电所决定派一名工作人员去直埠一村调查。

"电力老娘舅"傅磊接到供电所指派后，随即前往直埠一村实地调查情况。经过实地走访和现场勘察，傅磊发现，直埠一村的这个"耗损"并非意外。原来，这个村有一户"特殊"人家，用电一直没有接入电表，而是在村庄电力总线上搭了一根线，正是这种表外搭线致使配电线路产生了多余损耗。

通过进一步了解，傅磊发现，在这起违规违法用电事件的背后，藏着当事者张某难以言说的苦衷。而村干部在处理这件事时，措施虽然"合理"却不甚"合法"。村民张某的情况比较特殊，2007 年他才从西北某地返回直埠一村，错过了 1999 年第一次农村电网改造。返回故里后，张某因没有在当地补办户口，所以在第二次农村电网改造时也无法入表。错过两次机会，致使其用电问题一直无法得到解决。张某为此事隔三岔五去找村干部，让村干部设法解决他的生活用电问题。

村干部也觉得，尽管张某在村里没有户口，但他原来确实是村里的人，现在又生活在村里。不说他为此事三番五次地找上门，就从保障群众的基本生活需求来讲，不解决他的生活用电问题于情于理也说不过去。如果他为此寻衅滋事，闹得四邻不得安宁，也会影响村里的和谐稳定。于是，村委会讨论一番之后，就让电工在村里电力总线上搭了一根线，通过表外运行方式解决了他的用电问题。

正是因为这条表外运行的线路，该村配电线路上才出现了线路损耗，而这"不大"的线路损耗又被供电所值班人员的"火眼金睛"所捕获。经过傅磊认真追查，这起违规违法用电事件就这样浮出了水面。

对于这件事，傅磊认为虽然张某的情形算不上"窃电"，村委会默许其私搭电线也情有可原，但就事情本身性质而言仍属于违规违法。当然，出现这样的事情，各方都有不可推卸的责任。因此，当务之急还得先解决张某的用电问题。

为此，傅磊决定去张某家做一次家访，弄清其个人情况。由于事前无法联系，傅磊决定直接到他家找人，结果扑了个空。翌日，傅磊决定再次前往直埠一村张某家中探访，不巧的是，张某依旧不在，但这次他妻子在家。

于是，傅磊明确告知张某妻子，供电所这次派自己来，就是专门处理他家私搭电线这件事的。他严肃指出，不论是谁同意他家在总线上搭线，这种做法都是违规违法的。这不仅会造成配电网线路的损耗，更重要的是极易造成用电安全隐患，依规要予以处罚。考虑到事出有因，供电所这次可以从轻处理。傅磊让她转告自家男人，做好接受电力部门后续处理的思想准备。说完这些话，傅磊又本着为用户着想的服务精神对张某妻子说："你们原本就是村里的居民，现在又住在这里，用电问题还是要给你们解决的。不过，你要填写一张安装电表的申请书，批准后我们会派人给你们接电的。"接着，傅磊给张某妻子写了一张详细的备料单，以便他们提前准备好安装电表所需的材料。

考虑到张某家庭情况的确特殊，傅磊又去村委会就张某安装电表一事与村干部沟通。村干部承认，之前用表外搭线的方式解决问题的做法确实不妥，他应当向供电所检讨。因为张某在当地没有户口，村干部表示，村委会将为张某出具居住证明，以方便其申请安装电表。同时，他也希望供电所考虑张某情况的特殊性，在安装电表条件审核上予以特殊处理。鉴于张某一直未能享受国家农网改造福利，村委会还向傅磊承诺，张某装表费用由村集体来承担。

几天后，傅磊第三次前往张某家，就安装电表一事去征求他本人的意见。这次，傅磊终于见到了张某。张某表示，他妻子已经将傅磊的话转告给他了。这么多年来，他家违规用电确实也是没有办法的事，他本人并没有恶意窃电。既然供电所找上门来，他本人愿意补缴一些电费，也同意入表。他已经将装表所需的材料准备好了。

然而，事情难免会有一些波折。第二天，当"电力老娘舅"傅磊及施工人员前去入户装表时，张某又不知什么原因，表现得极不配合，还刁难傅磊及施工人员，甚至要求将电表单独装在他家里，否则就不同意装表。

2014年以后，农村电表都必须统一装在集表点，不能在村民家中单独安装电表。供电所当然不可能因他家情况特殊就破这个例。为了顺利装表，傅磊又给他做了大半天思想工作，宣讲了电力政策，最后终于完成了装表施工。

后来，根据村委会的意见并结合该户人家的实际情况，大唐供电所决定对张某之前私接电线用电的行为暂不处罚，但需追缴已用电费。可是，村里一时无法确定该户村民窃电的准确时间，供电所依照《供电营业规则》第一百零三条规定，替张某计算出最少的追缴数额，张某也接受了供电所的处理决定。

这真是——

回归故土入户难，
用户数年未通电。
表外搭线犯法规，
法规面前情依然。

家庭生变欠电费　娘舅调解化纠纷

　　用户陈某系店口社区工业区私营业主，其工厂占地面积为 4000 多平方米，员工有 100 多人，工厂每月产生 80000 多元的电费，算是社区的生产用电大户。2021 年，陈某个人婚姻状况发生了变化，与妻子甲某离婚，跟乙某正式登记结婚。前妻与现任妻子各自占用一部分厂房进行生产，厂区管理混乱，责任不明确，电费无人缴纳，还出现了支付纠纷，严重影响了店口供电所的电费收缴工作。

　　店口供电所的"电力老娘舅"倪太和作为该厂电费收缴的第一责任人，及时介入进行调解。经初步调查，他了解到，陈某的前妻甲某与现任妻子乙某都想更多地占有陈某的财产。甲某认为，陈某的产业系婚内夫妻共同财产，故自己应当对陈某工厂享有权利。为防止陈某工厂被乙某侵占，甲某发动自己的亲戚朋友，将她购置的机器设备搬进陈某厂房，占用了一部分厂房开始加工生产。乙某得知后，也动手搬设备占厂房。之后，甲某与乙某为厂房电费缴纳的事情还发生过矛盾且有肢体冲突。派出所民警多次进行现场调解，均没有实质结果。陈某看到自己婚变整出的这场闹剧，没想着怎么去积极协调解决，反而躲得无影无踪。

　　按理来说，用户如果不缴电费，供电部门就可以拉闸停电，可拉闸停电必然会影响生产。陈某这个工厂有 100 多个员工，如果没活可干，就会影响到 100 多户家庭的正常生活。除此之外，其他七位租用厂房的用户也得同时停机，这影响面就太大了。一时间，这事情成了店口社区人人茶余饭后的谈资，人们都静观这件事情的结果，想看看供电所怎么解决这个问题。

倪太和明白，在错综复杂的矛盾面前，首先要做的就是厘清主要矛盾和次要矛盾，解决主要矛盾才是实质性解决问题的根本。因为电费纷争是用户积攒日久的家庭矛盾的外在表现，所以电费问题如果处理不慎，就会激化原有的家庭矛盾，甚至不排除引发一场更大的矛盾冲突。

为了摸清事件的来龙去脉，倪太和与所里几位"电力老娘舅"先后三次前往陈某工厂了解情况，初步查清陈某工厂共有三个电费缴纳主体，即前妻甲某、现任乙某以及陈某厂房内的其他七位租户。甲某认为，陈某的工厂及设备均系两人婚姻关系存续期间的夫妻共同财产，并且离婚后陈某每年收的房租也没有分给自己，故自己生产产生的电费应当由陈某支付。另外，甲某认为每月电费与实际产生的用电数存在较大的出入。乙某则认为，甲某与陈某已解除婚姻关系，所以甲某生产产生的电费应该由甲某自行支付，自己肯定不能替甲某付这个钱。至于陈某厂房内的其他七位租户，他们认为，户主拖欠供电所的电费与租户无关。何况，他们此前每月缴纳的电费已经偏高，这次也不会按照以前金额缴纳的。

先后三次上门了解情况，"电力老娘舅"倪太和终于大致搞清楚了这场电费纠纷的前因后果。他觉得解铃还得系铃人，让陈某本人出面配合供电所调解厂区内三方用户矛盾才是解决问题的关键。于是，倪太和利用自己的人脉关系到处寻找陈某，最终在某小区内找到陈某。他先通过电话与陈某沟通，取得了陈某的信任后又与其当面进行交流。

倪太和先向陈某讲明，依照规定，用户无故拖欠电费，供电所多次上门催缴无果后有权关闸停电。但如果事情真发展到关闸停电的地步，每个当事人的利益都会受损。供电所之所以没这么做，也是为用户着想。接着，他对陈某说："眼下厂区三方用电，有两方是你的前妻和现任妻子，还有七位都是老主顾，如果停电耽搁了生产，他们对你这个人会咋看？到时候，为了缴电费又闹出更大的纠纷，最后还不得是你出面收拾这个烂摊子？遇到问题，我们要积极面对，躲是躲不掉的。我们也知道你在这件事中的难处，也愿意协助你一同解决好这件事。"

陈某听倪太和把话说到这个份上，终于认识到自己的消极"躲避"给供电所工作带来了很大麻烦，也对"电力老娘舅"时时处处为用户着想的好意表示感激。与陈某协商好后，"电力老娘舅"倪太和与陈某、甲某、乙某以及厂房内其他七位租户就电费缴纳问题坐在一起，面对面地进行协商。经过沟通，陈某、甲某、乙某以及厂房内其他租户均认同倪太和日后作为工厂内的电费收缴人，并要求抄表员在每期抄表后向他们公布电表的起止度数、均价及损耗电量，并当场承诺一定履行这次共同达成的书面协议，配合"电力老娘舅"的电费收缴工作。

　　这真是——

　　　　　　　　尽心尽职老娘舅，
　　　　　　　　责无旁贷理思路。
　　　　　　　　原是一锅滚水汤，
　　　　　　　　化作一圆平安镜。

本是叔伯一家亲　一只电表起纠纷

2021 年 7 月某日，店口供电所的"电力老娘舅"宣海苗收到 95598 全国电力服务热线发送的一条意见短信，用户反映在店口供电所营业厅办理电表销户业务时，被营业人员告知需要其他房屋继承人共同签字后才可以办理电表销户手续，但用户对此表示不理解也不能接受，因而提出投诉。

宣海苗看到短信后，立即与店口供电所营业员取得联系，进一步了解具体情况。营业员告诉宣海苗，该用户姓叶，曾多次到店口供电所咨询办理电表销户、更名、过户等业务，但叶某提供的材料无法证明该房产属于其独有，又不能提供其他继承人的签字资料。如果仅凭叶某一面之词，盲目办理电表销户业务，可能会损害其他继承人的利益，故未为叶某办理电表销户业务，叶某由此拨打 95598 全国电力服务热线投诉。

初步了解情况后，宣海苗便与叶某通过电话取得联系。从电话沟通中，他感觉叶某有些偏激和冲动，同时认为仅通过电话一方面不容易深入交流，难以把事情原委搞清楚，另一方面也不能有的放矢地做对方的工作，于是宣海苗便约叶某到办公室面谈。叶某也没有推托，答应见面深聊。

当天，叶某与妻子一起来到店口供电所。从对方的倾诉中，宣海苗得知，叶某的奶奶去世后，叶某与其大伯母陈某一家因遗产分割不均产生了矛盾。这些矛盾大都已通过公安机关和法院的调解得以解决，只有一间房屋的电表过户问题一直没有得到妥善处理。关于争议电表，叶某认为，这是登记在爷爷名下的，如果让陈某继续使用，可能会损害自己的利益，因此主张销户。

宣海苗向叶某解释道，如果房屋是共有，作为房屋的附属设施，在没有得到其他共有人同意的情况下，是不能对房屋附属设施进行擅自处理的，因此店口供电所工作人员没有为其办理电表销户业务是合情合理合规的。

尽管宣海苗向叶某宣讲了政策和法律的相关规定，但叶某仍然不放弃自己的主张，坚持要求销户。见此情形，宣海苗决定去一下现场，看看究竟是什么情形以及能否化解这个纷争。

经过现场查看，宣海苗了解到，这两家祖上遗留房屋四间，属于叶某和陈某共同所有。在这四间房屋中，当时安有两只电表，争议电表登记在叶某爷爷（已过世）名下，实际使用人则为陈某，另一只电表登记在叶某母亲名下，实际使用人为叶某。

看完现场之后，宣海苗有了主意，把户名为叶某爷爷的电表过户到陈某名下，这不就能解决叶某的担忧了吗？但是，叶某与陈某两家为争遗产闹了这么久矛盾，叶某肯定满肚子怨气，恐怕不会轻易同意过户的。

为了妥善解决这个问题，宣海苗又去两家进行了走访，发现陈某家就在叶某家隔壁，仅一墙之隔，原来是一个锅里吃饭的一户人家，分家后便成了低头不见抬头见的邻居。在走访中，宣海苗看到叶某的小孩刚出生，家中共四口人，就从孩子养育、家庭和睦方面入手，与叶某进行了推心置腹的谈话。他说："我比你大几岁，以过来人身份劝你几句。你不应该意气用事，不要陷在两家的恩怨之中。作为家里的顶梁柱，你应该多为自己母亲、妻子、孩子考虑，为电表这么个小事闹得老少不得安宁，实在是不值得……"沟通中，宣海苗趁机向叶某提议，能否考虑将争议电表过户给陈某，这样既可以解决叶某所担心的安全问题，也避免了两家关系因此事继续恶化。

经过宣海苗一个下午的劝说，叶某一家终于表示，"电力老娘舅"提出的电表过户方案不是不可以，但要他做这个让步，其大伯母必须向他们家道歉。

见叶某口风终于有所松动，宣海苗赶紧联系陈某及其女儿，把争议电表过户给陈某的方案以及叶某的真实想法告诉她们。一开始，陈某及陈某的女儿表示："叶某这个人出尔反尔，我们不相信他的话。我们只求有电用，不需要电表过户。"

为了做通陈某及其女儿的工作，一连几天，宣海苗一方面向她们宣讲用电的法规要求，另一方面又将自己与叶某沟通的情况反馈给她们，尽力打消她们的顾虑。

就这样了，在宣海苗锲而不舍的努力下，这两家终于被拉到了一起，在村委会办公室签订了一份彼此相互谅解的协议书。而且双方都表态说，以前是一家人，以后还是一家人。就此，这场因电表引发的家庭矛盾得到了圆满解决，叶某与陈某两家都为此向宣海苗表达了谢意。

类似这种涉电矛盾，宣海苗处理解决了很多。在宣海苗看来，不管是什么矛盾纠纷，只要认认真真听取双方的诉求，设法在不同意见里找到共同点，并实实在在从为老百姓解决问题的角度去做工作，那"电力老娘舅"这个角色就会得到老百姓越来越多的认可。

这真是——

本是叔伯一家亲，
何必遇事讲认真。
难得娘舅留心意，
说和两家懵懂人！

兄弟失和出难题　娘舅出面解纠葛

　　事情发生在 2021 年。有一天，璜山镇璜山村一位村民拨打 95598 全国电力服务热线反映，自己将 100 元电费错看成了 10000 元，并且已经通过手机支付了，请求供电所给予退款。

　　璜山供电所的工作人员接到电话后，马上上网核查，证实该用户的投诉属实，便电话告知该村民，多缴退费是合情合理的，手续也不复杂，但得本人亲自来认证办理，还需提供相关证明材料。证明材料中最重要的一项是电表户主的身份证件，电表户主是谁就得出示谁的身份证件。谁知道，该村民回复供电所说，自己无法提供电表户主的身份证件。

　　原来，该村民有一兄长，在父母去世前，一大家人都住在这间老房子里。后来，父亲去世，兄弟二人分房居住时达成协议，谁照顾母亲日后的生活，家里留的这间房子就给谁。最后，母亲选择跟着小儿子生活，按照协议，房子就过户到小儿子名下了。其兄长获得了弟弟的 5 万元建房补偿，另外建房并搬出老房。

　　最初，村里在办理家用电表安装时，其兄长以自己的名义为老房子申请了一个电表。所以，在供电所的系统中这个电表是登记在哥哥名下的。按照规定，电表的销户、移位、过户等，需要提供其兄长的身份证。现在办理退款手续同样也要提供其兄长的身份证。

　　但是，该村民申请更改房屋的户主信息时，没在意电表的户主信息也需要一并更改备案。这次缴错电费后，因为退费需要提供电表用户的身份证件，该村民便去其兄长家要其身份证件。但因当初两人分家时闹过纠葛，其兄长趁机刁难，放话说这事跟钱无关，谁也别想拿着自己的身份证去办事！因为其兄长不愿意提供身份证，两兄弟又一次闹起了矛盾。老母亲看在眼里急在心头，曾出面劝说过大儿子，但其兄长并没有顾及老母亲的情面，依然不愿拿出自己的身份证。无奈之下，该村民只得向璜山供电所如实反馈了这个情况。

为了帮助用户解决困难，避免两兄弟为此事再起纠葛，璜山供电所的一位台区经理亲自去村里调解，但没有成功。台区经理只得将此事反映给了璜山供电所的"电力老娘舅"祝其新，祝其新向供电所领导做了汇报。供电所所长联络派出所民警与祝其新一道去了该村民兄长家进行沟通调解。

在与村民兄长聊家常过程中，祝其新了解到，两兄弟产生纠葛的根源还是因为当初的分家。虽然分家时两兄弟约定，无论谁搬出老房建新房，另一方都得支付5万元作为建房补偿，但该村民支付兄长这笔钱时少给了1万元，其兄长实际只得到了4万块钱。后来，该村民兄长向其讨要剩余的约定款项时，两兄弟产生过激烈的争论，该村民兄长对此一直心存芥蒂。这次，借着弟弟求自己办事的机会，兄长想以不提供身份证为要挟，让弟弟把自己应得的那1万元依约付给自己。

祝其新明白了对方的心结后，便给该村民兄长做思想工作，希望其能展示兄长的气度，包容自己的亲兄弟，不要为了这件小事影响手足之情。其兄长听到这番劝说后，对"电力老娘舅"的这番苦心很感动。不过，他表示兄弟之间钱多钱少原本不是个大事，可自己这个弟弟事后的一些做法真的不好向外人诉说，也让他这个兄长很不理解。这次，一定得让他这个弟弟认个错，不然以后两人真的无法相处了。

祝其新觉得该村民兄长讲得也有道理，便与供电所所长一起去该村民家中与其沟通，真诚地规劝该村民说："我们原本不想介入你们兄弟间的家庭私事。但是，处理退电费这件事情又不得不牵扯你们过往的纠葛。按照咱们中国的传统，长兄如父。你作为弟弟，应当充分尊重兄长才是。不管你家兄长说的那些是真是假，我想也不都是空穴来风吧？亲兄弟毕竟还是亲兄弟，没必要把事情闹得这么僵。依我的看法，对方无非是想让你认个错而已，你看看能不能趁着这事补偿一两千元给你兄长，彻底解决双方的矛盾。如果你同意，我们会和你兄长沟通好。"

为了能解决自己的难题，该村民即便不乐意也只得同意"电力老娘舅"提出的这个"道歉＋补偿"的建议。

　　做通了该村民的工作后，祝其新和供电所所长再次前往兄长家，将会谈结果告知了他，并劝他作为兄长应当大人大量，给自家亲兄弟留点面子。其兄长倒也很爽快，愉快地接受了这个解决方案。最后，该村民拿着兄长提供的身份证，去供电所营业厅顺利地拿到了多缴的电费。

　　这真是——

　　　　　　　　　用户缴费很粗心，
　　　　　　　　　错把百元当万金。
　　　　　　　　　退款遇到家务事，
　　　　　　　　　娘舅说和两家人。

建房要求移电表　耐心说服消恩怨

为解决居民电表报修服务的困难，打通城乡居民用电"最后一公里"，国网诸暨市供电公司推动建立了"两个平台"：城区是"96345社会服务信息平台"，由社会电力维修人员提供电力服务；农村是"村级便民服务中心"，由村电工提供电力服务。

一天，暨南街道洋湖村的村电工向牌头供电所的"电力老娘舅"楼春新反映，下文山村有位村民因为房子翻建需要将电表移位。他要求自家新房子建好后，安装自家电表时最好将邻居家安在他家的另一块电表移走。

楼春新去看村电工的电表移位方案时，村电工私下向他解释，这两户人家虽说是不出五服的本家，但因上代人之间的积怨，彼此之间存在矛盾且至今还未消除。

楼春新查看现场之后发现，如果要把邻居家的电表移走，这工程量不是一般的大，而且受地形环境的制约，其中两个墙担还得打到另一户人家的外墙上。这活儿能不能做下去另说，这"舍近求远"的做法显然违反了电力施工规定。看来得想方设法化解老辈人留下的恩怨，劝说用户收回移走邻居家电表的要求，才是目前解决这个问题的最佳方案。

于是楼春新向村电工打听，村里有谁与两家关系要好，村电工笑眯眯地对他说："你还是问对人了，这村里也就我和他们都能说上话。"

楼春新把自己的这个想法同村电工一说，让村电工先分头做做两家人的工作，试探一下有无协商解决问题的可能。村电工当然了解两家人根深蒂固的恩怨，觉得自己这个时候去说和也是白搭，不愿做这个伤脸不讨好的和事佬，但禁不住楼春新"死皮赖脸"的"纠缠"，最终，村电工勉强同意了楼春新的建议，不过要求楼春新一起去，因为左邻右舍的，有些话自己这个熟人不便直说。楼春新拍胸脯道，只要村电工能将自己领进门，他只需敲敲边鼓好了，其他惹人嫌弃的话由自己来说。

楼春新不愧是老牌"电力老娘舅"，进门后坐下来闲聊了一番，才把话头引到正题上："大家都是年轻人，上一代的恩怨总归是上一代的事情嘛。俗话说，远亲不如近邻，何况你们既是亲又是邻，以后相互帮衬的事情肯定不会少。我进门来也看见了，你家的房子是才建成的新房子，虽说是原拆原建，但如果你这个邻居趁机给你找事，先不说你这个房子造不造得起来，起码有一些闲路要你跑的吧？我们之所以登门找你协商这件事，主要是听说你在村里口碑还不错，俗话讲得好，拆台不如补台，大家相互体谅一下，问题也就解决了。原本没啥事儿，就因为上辈人留下来的小恩怨，而且是亲人之间的纠葛，你建房却要移走人家的电表，你这节外生枝闹出这么一出，让对方面子往哪里放？以后大家是不是都有的闹啦？再说，移走电表虽然是一个小工程，但问题是，这样一来电路不仅要绕行，还要在你家墙头加两个墙担，不但把你家墙搞得不好看，绕来绕去还整出许多电线，你说，划算不划算？"

楼春新设身处地的一番劝说，加上村电工在一旁不断帮腔，村民起初还较着劲，最后还是有所触动，但仍然抹不下面子。楼春新趁热打铁，又动员了村主任去做工作，村电工又多次跟着敲边鼓，那位村民最终不再坚持原来的要求，同意让邻居的电表继续装在他的房墙上。因为这件事得到合理解决，两户人家的关系也不像以前那样紧张了。后来听说，在那位村民建房子时，邻居还给他家拎灰桶，做了几天小工呢。

通过这件事情，楼春新也有了更多的心得体会：随着新农村建设逐步推进，人民生活水平日益提升，拆建房子引发的邻里纠纷也相应增加。其中一些涉电矛盾，对"电力老娘舅"来说是避不掉的，还得想法子去解决。为了弘扬新时代"枫桥经验"，营造和谐的"电环境"，"电力老娘舅"在工作中要以用户为导向，善于换位思考。对那些背后是家长里短的电力纠纷，要善于查找根源，要依靠基层组织和群众力量，做到"做一次调解就多一位朋友"。只有这样，解决电力纠纷时才能做到小事不出所、矛盾不上交，真正践行新时代"枫桥经验"。

这真是——

> 左邻右舍存积怨，
> 细小事情起纠缠。
> 东边日出西边雨，
> 道是无情却有情！

邻里矛盾莫冲动　剪断电线不可取

2022 年某天，抢修电话骤然响起——"喂，是供电所吗？我家断电了，是隔壁邻居把我家的电线剪掉了！"电话那边传来了气鼓鼓的声音。隔着话筒都可以听出来，村民甲某情绪相当激动，扬言如果供电所工作人员不上门来主持公道，他就自己去处理了！

浬浦供电所的"电力老娘舅"朱巍接到电话后，一边安抚村民甲某，让他不要意气用事，一边承诺供电所会尽快安排人员和车辆上门解决。朱巍认为如果村民甲某反映的情况属实，为了避免他闹出其他纠纷，当务之急是要安抚好他的情绪。朱巍让甲某提供他的电话号码、住址、户名等相关信息，并告知对方，这件事已经不是简单的邻里纠纷，即使邻居之间有嫌隙也不应该破坏供电设施，供电部门绝不会听之任之的。经过朱巍在电话中的一番抚慰，甲某的情绪暂时稳定了下来。

朱巍自进入电力行业以来，还从未遇到过如此棘手的问题，内心还真有些发怵。他担心自己不能协调好，便把情况向所长做了汇报，同时向所长讨教解决此类事件的做法或技巧。经过所长面授机宜、一番指点后，朱巍这才信心满满地与同事驱车前往甲某家。

在路上，朱巍先电话联系上该村的村干部，和村干部沟通了这件事，这也是所长刚才特意叮嘱过的重要事项。他与村干部交流了相关情况后，觉得这件事情比较复杂，已经不是一般的电力矛盾纠纷。为避免在解决纠纷的过程中，分不清主要矛盾和次要矛盾，眉毛胡子一把抓，陷入当事人一些琐碎的争吵中，他邀请了解情况并有威信的村干部参与解决此事。朱巍这一请求得到了村干部的支持。

朱巍到了村头，村干部已经等候在那儿。朱巍表示，两家人之间的邻里矛盾已经发展到出现破坏供电设施的行为，必须按有关法规给予违法村民训诫，至少得让违法村民承认错误。这样既教育了其他人，又为村干部后续调解两家的邻里矛盾创造条件。至于两家的邻里矛盾，村干部在调解时如果需要"电力老娘舅"出面，他一定鼎力协助。村干部听了朱巍的话，觉得只要"电力老娘舅"出面，事情就好解决。事不宜迟，他们便一起赶往被剪断电线的甲某家中。

一行人刚进大门，就见甲某正情绪激动地叫嚷谩骂，言语辛辣、尖酸，不堪入耳。看到"电力老娘舅"朱巍与其后紧随的村干部，甲某将自己的情绪克制住了一些，语气也逐渐平和下来。经过与甲某沟通，朱巍也初步了解了事情的前因后果。

原来，甲某家的电线经过村民乙某家。事发当天，双方因为一丁点儿邻里矛盾发生了争吵。争吵当中，乙某便以甲某家的电表安在自己家里相要挟，在甲某的言语刺激下，居然拿起钳子真的剪断了甲某家的电线。

情况了解清楚后，朱巍便用眼神示意村干部一起去屋外商议对策。朱巍对村干部说："看来事情就是这么个情况了，咱们先去乙某家里做工作，晓以利害，尽量劝说他配合我们接好电线，给甲某通上电。至于两家的矛盾，我看问题并不小，还得你们村干部出面想办法解决。"村干部对他的看法也表示赞同。于是，朱巍一拨人又来到了乙某的家中。

乙某脾气比较暴躁，看到村干部一行人进了门，便认为是甲某告恶状把这些人给招来了，起初还粗语相向，脸色很不好看。朱巍与同事亮明了身份后，态度严肃地对他说："你可能知道，私剪电线是破坏电力设施的行为，不管事情因何引起，你这个行为已经触犯了电力法律法规。今天，如果你能在思想上认识到自己私剪电线的错误，向供电所工作人员当面认个错，并主动接好电线，这件事儿还有从轻处理的余地。否则，我们大家就一起等派出所来处理此事！"

一同进门的村干部也趁机对乙某进行批评教育并耐心劝解，乙某最后终于认识到，自己私剪电线这件事已经不是邻里矛盾了，他不但当场承认了自己的错误，而且同意立即为邻居接通电线。

通过处理这起纠纷，朱巍这位初出茅庐的"电力老娘舅"也悟出了一个道理：

在处理涉电矛盾纠纷的过程中，践行新时代"枫桥经验"，要让社区或村干部参与进来，找出并直面矛盾纠纷的关键症结，不仅要以理服人，还要保证公正、不偏不倚，才能及时、妥善地解决矛盾纠纷。

这真是——

两家斗气剪电线，

懵懂违法惹事端。

供电村社齐出动，

枫桥经验美名传！

新屋接电遇难题　娘舅引线两家欢

2022 年 7 月某日，"电力老娘舅"石浩接到辖区应店街镇洋渔山村张某伟打来的电话，称自家房屋翻建过程中曾与邻居发生了一些矛盾，致使今天新装电表无法接电。眼见新屋乔迁之日将近，他心里十分着急，特来求助"电力老娘舅"出面解决。

挂掉电话后，石浩立即联系洋渔山村网格员张某波，一起赶赴现场了解情况。到了现场，发现情形很混乱。当事人双方均在场，情绪都十分激动，特别是两家女主人，你一言我一句，彼此毫不示弱，场面有点失控。于是，石浩给村书记打电话，让对方出面制止双方的争吵，以便就地解决问题。村书记很快来到现场，劝退了两家女主人。

石浩向双方当事人、村干部、左邻右舍分别了解情况后得知，张某伟家翻建房子时，增加了新房子的高度。虽然这是别人家的私事，但令几户邻居十分反感。他们认为，按照村庄某些旧风俗的说法，张某伟随意改变自家房子高度，会影响到邻居家的"风水"。于是，邻里关系开始恶化。

张某伟的房子翻建好后，由于家里电器设备增多需要另外增加 2 根电线，而接新线就要在邻居房子的外墙上安装集束线和支架。供电所去施工时，邻居张某明坚决不同意在自家外墙施工，并扬言："不管谁接都可以，就张某伟不能接。"石浩曾为此前去调解，但因张某明态度相当坚决，调解没能成功。

既然张某明不愿意配合，石浩考虑也可以让电线经过张某伟屋后那户村民的房子外墙再接线入户，但同样受到这位村民的拒绝，而且声称："这个电线不好架的，会影响到我家风水。"后来，石浩发现，这户村民房前是一片空地，如果电线从他家过来，还得经过空地，这样一则距离过大，二则电线悬在那儿影响村容。因此，石浩便没有再坚持这个方案。

这两个方案都被否决后，石浩又考虑直接在张某伟家附近立一根电杆。但是，电杆运到现场以后，才发现张某伟家旁边是篮球场，而篮球场旁边是沙地和水渠，电杆没法固定，事情就这么走进了死胡同。

石浩只好回过头来与村网格员一起找张某明继续沟通，想再做做张某明的工作。但张某明老婆说："房子属于我们的，我们反正不同意，你们绝对不可以把线架设在我们家外墙上。"村书记、村主任也去与张某明沟通，但张某明家仍不同意，并表示："如果让张某伟家的线从我们家接过去，那我们在邻居们那儿就没脸面了。"就这样，石浩又陆续去现场调解了五六次，事情还是没有进展。眼见张某伟新屋乔迁之日将近，大家都很着急。

由于与张某明多次沟通，石浩也认识了张某明的哥哥。有一天，张某明哥哥家有线电视有点故障，想请石浩去帮忙修理。石浩请了广电站站长一道去他家，帮他把有线电视修好了。电视修好后，张某明哥哥想请石浩帮忙检查一下表后线，看看是否都符合安全要求，石浩也愉快地答应了。经过检查，石浩发现，张某明家的电表是装在他哥哥家的，表后线将近30米长，而且张某明哥哥装修房屋时，为了美观，居然将表前线和表后线都装在装修后的天花板顶棚里了。看到村民这种危险做法，石浩赶忙提醒说："你家这个做法只图装修好看，却十分不安全呀！你想，房顶全部是木质结构，一旦长时间使用空调、取暖器等大功率设备，极易造成电线发热引燃木板，最终造成火灾事故！而且，这些表后线出现问题引发的火灾，保险公司是不予理赔的，不仅如此，若殃及邻居，还需要你自己担责呢。"

张某明听闻此事后，也赶紧来向石浩咨询该怎么解决这个问题。石浩给他出主意说，可以帮他更换更大容量的电线以及新电表，这样就可以保证用电安全了。大容量电线装在张某明家前排砖混结构小屋上最安全。只不过这样一来，线路要从他自家正屋的外墙接到邻居张某伟家，再回到自家砖混结构小屋。

听到这一方案，张某明不免担忧起来：自己不让张某伟家利用自家墙头接电，现在他自己得用人家的了，张某伟也肯定不会同意的。

石浩看到他面露难色，立马开口向他保证说："远亲不如近邻，这话是很有道理的。邻里之间，就得有谦有让，谁也不知道自己什么时候有求于邻居。依我看，这个事情完全可以沟通解决。我来想办法让新的走线一次性解决两家的安全用电问题，而且外观上也会令你们两家满意的。"

于是，石浩又去了张某伟家，将自己一次性解决两家问题的折中方案跟他说了，在一旁的张某伟母亲却因为要在自家外墙上安装支架对此方案提出了异议。石浩就对老人家说："你家接电本身也需要安装支架作为支撑点，你多安装一个支架又没吃亏。"最终，在石浩的耐心说服下，张某伟家也认可了这个方案。

待施工人员接好线后，两家人看到笔直的集束线和崭新的表箱都高兴地笑了，不好意思地对石浩说："为了我们两家这些鸡毛蒜皮的小事情，害你跑了这么多次，真难为情咯！"

这真是——

> 房脊加高惹人嫌，
> 乔迁装电遇困难。
> 娘舅打开两把锁，
> 各取所需俱欢颜！

两邻赌气剪电线　娘舅热心解纠纷

　　郭店村的陈某和骆某原本是好邻居，国家修高速公路时，两家的房屋院落都在被征收之列。拆迁时，因为国家补偿涉及两家院基的大小，两家人在落实"四指"（农村院基四个方位的距离和范围）之间产生了芥蒂。安置后，两家人恰好还是邻居，在装修过程中又屡次发生冲突，镇干部出面调解了几次，最终都没有结果。就这样，两家人旧的矛盾没有化解，又不断发生更加激烈的新冲突。在骆某新居装修过程中，陈某居然故意剪断了骆某家的电线。于是，原来那些小吵小闹的矛盾纠纷一下子升级为两家人拳打脚踢乃至棍棒相向。

　　原来，作为邻居的陈某，一直认为骆某在拆迁补偿中占了自己便宜，因此心理极不平衡。现在两家人依然低头不见抬头见，但陈某一见骆某心里就很不舒服，气也不打一处来。为了能出心头这口积攒许久的"恶气"，他便一直在找对方的碴儿，想趁机报复一下这家人。这一天，终于找到了一个机会。当他知道骆某要请工人开始装修房子，便以对方装修器械的负荷太重，其接户线与自己家太近，容易引发安全事故为由，便把"路过"自己家墙壁的骆某家的接户线剪断了！

　　骆某正诧异怎么突然停电了，过来查看发现是陈某把线剪断了，于是不依不饶，从大吵大闹到大打出手，两家的矛盾冲突很快激化了。见两家人情绪都非常激动，手里拿着家伙乱打一气，村民周某担心他们这样闹下去会出人命，随即拿出手机向自己的老熟人——"电力老娘舅"陈仲立求助："阿立师傅，你快来，我们这里要出人命了……"

一般情况下，遇到这样的事情，大家第一个想到的应当是乡镇干部和当地派出所。但在当地，大家遇到一些难解的纠纷，无论事件是否与用电有关，只要是需要请人调解的事儿，第一时间想到的都是"电力老娘舅"陈仲立。

陈仲立正在吃饭，接到周某打来的求助电话后，感到事态严重，便立即赶往事发地点。陈仲立到达现场后，看到自己的两位老熟人陈某和骆某依然端着锄头、举着木棒对峙着，随时都会发生第二次冲突。

陈仲立赶紧上前喝住双方，让双方放下手中的家伙。好在陈某和骆某都给面子，先后丢下手里的东西，走近陈仲立争相诉说自己的委屈，要求陈仲立给评评理，为自己主持公道。

陈仲立了解事情原委后，毫不客气地当面批评陈某说："你的理由不够充分嘛！如果觉得邻居装修用电量大，感到不安全，你就给我打电话，你又不是不知道号码！首先，私自剪线是你的不对，你必须承认这一点。再有，这是新走的接户线，在设计时已经充分考虑到了家庭用电负荷。而且接户线与房屋的距离也是符合安全要求的。不过，为了打消你的疑虑，我一会儿可以再为你们检测一下……"

接着，他又批评骆某说："他剪了你家电线，这的确损害到了你的利益，可你为啥不向供电所反映？自己带人打上门来，又落个啥结果？硬是把有理的事给闹得没理了！记住，没有百年的父子，却有千年的邻居呢！你们俩都是我的朋友，我真的都不好意思说你们，走，先把电线接上再说……"

经过陈仲立的现场调解，陈某和骆某各退一步，这起恶性事件就这么轻轻松松解决掉了。

陈仲立经常挂在嘴边的一句话是："我是一名'电力老娘舅'，为用户解决用电纠纷是我的职责。"在基层从事电力工作30多年，陈仲立经常在工作之余无偿帮用户接电灯、修电线，与用户们都建立了鱼水之情，成为大家充分信任的"老熟人"，也难怪他能顺利解决陈某与骆某之间的矛盾纠纷。陈仲立现在是负责近8000户群众用电的台区经理，每年为用户们义务调解矛盾纠纷100多起，而且每处理一次纠纷就多了几位好朋友，搞得一出门，到处都能遇到老熟人。

这真是——

违规断电惹事端，
引发械斗乱场面。
紧急关头喊熟人，
一声断喝息尘烟！

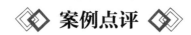

案例点评

治标又治本："电力老娘舅"源头预防社会矛盾的"枫桥经验"

余钊飞（杭州师范大学教授）　代冰洁（杭州师范大学硕士研究生）

新时代"枫桥经验"是在党的领导下，由枫桥等地人民创造和发展起来的化解矛盾、促进和谐、引领风尚、保障发展的一整套行之有效且具有典型意义和示范作用的基层社会治理方法。"枫桥经验"实际上是一种价值导向，强调"矛盾不上交、就地解决"，强调基层社会必须坚持依法治理、系统治理、源头治理、综合治理。新时代的"枫桥经验"重视构建共建共治共享的社会治理制度，着力在基层实现自治、法治、德治相结合。

本部分所展示的22个生动鲜活的案例，聚焦于从源头预防社会矛盾。"电力老娘舅"以"人民电业为人民，矛盾化解在基层，专业服务到家门"为工作理念，积极热情地投入为人民服务的事业中。面对群众的难处、急处，他们保持耐心、贴心和细心，从细微之处发现隐患，从源头化解矛盾纠纷。他们站在群众的立场，与群众感同身受，才能锲而不舍，不解决群众的问题决不罢休，从而达到将矛盾纠纷化解在源头、化解在基层的目标。

一、追本溯源，对症下药

仔细阅读分析这24个案例，其实不难发现，很多矛盾以电力纠纷的形式呈现出来，但其根源往往不在于电力问题，而是另有"隐情"。有的是因为双方当事人"宿怨"由来已久，有的是以"窃电之名"试图解决违章建筑所产生的矛盾，还有的因对垃圾堵路不满而拒绝移表来发泄不满。矛盾根源于日常生活，电力纠纷只是表象。在处理这类矛盾纠纷时，若是只关注表面的电力纠纷，而不去深究矛盾的真正根源，那只能是治标不治本。矛盾没有解决，隐患一直存在，"春风吹又生"，假以时日，矛盾将会以另外的形式再次呈现出来。

"电力老娘舅"在调解处理电力纠纷时，并未"浅尝辄止"，并不仅仅关注电力纠纷本身，而是以从源头彻底化解矛盾为目标。在调解过程中，向村干部、当事人的亲朋好友等详细了解当事人双方的"新仇旧怨"，厘清矛盾纠纷的来龙去脉，通过透彻分析和精准判断来确定纠纷的成因，然后对症下药。深究矛盾纠纷背后的根本原因并非易事，不仅需要"电力老娘舅"们通情达理、洞悉人心，还需要心明眼亮、明察秋毫。《娘舅感动亲兄弟　立杆撮合两家人》中，"电力老娘舅"朱旗威便是从当事人赵某龙的语气中听出电力纠纷存在隐情，找到了问题的症结所在。《时过境迁本无事　查阅档案藏隐情》中，"电力老娘舅"周旭军敏锐地察觉到当事人郱某在要求查阅档案过程中的反常表现，及时了解情况并跟进，最终将可能发生的矛盾纠纷化解在萌芽状态。

二、以法为本，依法治理

"法治兴则民族兴，法治强则国家强。"基层社会治理体系和能力的现代化离不开法治保障，基层社会治理也必须坚持依法治理。"电力老娘舅"在调解处理电力纠纷时，始终以法为本，将法律法规作为调解的依据，对纠纷调解起到了积极的效果。

《举报窃电本受奖　看似秉公却挟私》中，举报人杨某因邻里矛盾举报他人窃电，但供电所工作人员严格根据举报人提供的照片、视频材料上显示的偷电日期和相关法律及管理规定，对实际窃电者进行处罚，并根据杨某的反常表现顺藤摸瓜，找到了矛盾的根源所在。若是供电所仅凭杨某的一面之词就对被举报人进行处理，不仅不能使真正窃电者受到应有的惩罚，还可能加深双方当事人之间的矛盾。正是因为严格以法为本，依法处理，才为后来真正化解矛盾纠纷创造了良好的条件。《村委会违规搭电　依法规严中留情》中，"特殊"村民张某在村庄电力总线上搭线用电的行为虽然"合理"但不"合法"，"电力老娘舅"傅磊考虑到张某的特殊情况，认为虽然张某的情形够不上"窃电"，村委会默许其私搭电线也情有可原，但就这件事本身性质而言仍属于违规违法，因此供电所决定对张某之前私接电线用电的行为暂不处罚，但需追缴已用电费。

在此类私接电线用电窃电而引起的纠纷中，"电力老娘舅"都充分考虑了个案的不同情况，但是依法处理是底线。私接电线用电窃电存在很大的安全隐患，在处理这类问题时要充分凸显法治的作用，为村民安全用电、合法用电起到示范和引导的作用。"电力老娘舅"考虑到个案处理对类似纠纷的防范作用，充分发挥个案的引导和教育作用，发挥调解案例的示范作用，起到了"类型化"解决问题的效果。

三、动之以情，晓之以理

讲"人情""感情"是中国社会难以绕开的运行基础。费孝通先生曾指出，传统中国社会的治理是通过两条平行的轨道进行的，也称之为"双轨制"：一条是自上而下的中央集权的专制体制轨道，另一条是自下而上的以乡绅等乡村精英为主体进行治理的自治轨道。乡村精英主要靠家长权威、道德传统、风俗习惯和人情伦理等在乡土社会治理中发挥作用。在"枫桥经验"成为基层社会治理典范的过程中，充分体现了"仁爱""和谐""礼治"等以儒家文化为代表的中华传统文化的核心理念，发挥其在现代社会治理中的柔性引导作用，蕴含着丰富且高超的中华优秀传统文化智慧。

"电力老娘舅"在调解处理矛盾纠纷的过程中，坚持以"枫桥经验"的内涵为价值引领，充分运用"仁爱""和谐"等传统文化理念，弥合当事人间的裂痕，对当事人动之以情、晓之以理，与当事人同频共振，从而实现纷争的有效化解，修复当事人之间的关系，化戾气为祥和。

《建房要求移电表 耐心说服消恩怨》中，楼春新反反复复地做当事人的思想工作，跟他摆事实、讲道理。首先，站在当事人的角度，劝说他远亲不如近邻，若他能与人方便，也能避免将来邻居故意找麻烦。其次，分析他若是一定要移走邻居的电表，不只是邻居会颜面无光，他自己的墙上也会因电路绕行而不美观，更会受到村里其他人的异样眼光。通过层层递进的劝说分析，终于转变了当事人的态度。乡土社会中，邻里之间往往非常重视和谐的人际关系，浓厚的亲情、友情和乡情，各种关系盘根错节，因此赋予了纠纷解决结果极强的社会连带性。

在这个案例中，"电力老娘舅"正是抓住了乡土社会的这一特点，给当事人剖析事实、分析利弊，最终打动了当事人，成功化解了矛盾纠纷。

四、感同身受，一心为民

调解工作是一项需要技巧的工作，需要熟悉法律法规、通晓人情世故，还要掌握平衡情、理、法的分寸。但更多的时候，调解工作需要一心为民服务的热忱和耐心，投入极大的时间和精力，真正做到感同身受，才能设身处地地为民众排忧解难。调解技巧和方法的运用，必须服务于调解目标的实现。

本章案例中，很多情况下"电力老娘舅"已经完成了本职工作，但本着"人民电业为人民"的服务宗旨，他们还付出了额外的努力。《大妈家中频跳闸 安全防护送到家》中，楼晓奇和陈仲立经过排查，发现老太太家频繁跳闸停电是漏电保护器的问题，按照规定供电部门不用承担这方面的维护责任。但是，为了老太太的用电安全和方便，他们不但帮忙解决了漏电保护器跳闸的问题，更是将老太太家里的每一件电器都仔细地检查了一遍，并耐心地给老人讲解电器使用要注意的常识，普及安全用电知识。

在这些案例中，群众遇到的问题看似都是小事，但身处其中才能感受到这些"小问题"给生活带来的困扰和不便。若是"电力老娘舅"在调解工作中，缺乏耐心、贴心和细心，以完成本职工作为目标，对群众的难处视而不见，任其发展，那么"小问题"最终可能酿成"大祸患"。"电力老娘舅"站在群众的立场考虑问题，感同身受，在妥善处理"小问题"的同时，也把"大祸患"消灭在萌芽状态。

五、联合各方，形成合力

俞可平认为，善治是国家治理的理想状态，它要求治理主体多元化，同时多元主体能够协同合作。"电力老娘舅"在调解处理纠纷的过程中，充分调动各方力量，尤其是村委会、村干部以及矛盾纠纷当事人的亲朋好友，通过他们去做当事人的思想工作，往往能取得事半功倍的效果。调解过程中充分发挥各方面的作用，形成调解合力，对于纠纷的最终解决具有决定性的意义。

《邻居建房乱扯筋 娘舅接线连亲情》中，"电力老娘舅"王磊分别联系了甲某的兄弟和乙某的女婿，并给他们分析事件利弊、讲明道理，然后通过他们分别去劝说甲某和乙某。经过"电力老娘舅"和双方亲朋好友的共同努力，甲某和乙某终于冰释前嫌。采取这样的迂回办法，避免了双方在有抵触情绪的情况下，一见面就谈崩的尴尬局面，为矛盾的化解留下了余地。《邻里矛盾莫冲动　剪断电线不可取》中，当事人因邻里矛盾而产生破坏供电设施的行为，已经不是一般的电力矛盾纠纷，因此"电力老娘舅"朱巍邀请了解情况并有威信的村干部共同解决这起纠纷，通过对当事人进行批评教育和耐心劝解，使当事人充分意识到私剪电线是破坏电力设施的行为，触犯了电力法律法规，令当事人当场承认错误并采取补救措施。"电力老娘舅"在处理这起纠纷的过程中，积极邀请村干部参与进来，充分调动各方力量，形成调解合力，并以法律为底线，在必要时刻运用法律武器保障人民利益、集体利益，取得了良好的调解效果。

六、防范风险，源头化解

"矛盾不上交"是"枫桥经验"的显著标志之一，矛盾纠纷源头治理是社会治理的一个重要方面，其目标是防范风险，从根源上解决矛盾冲突，实现"源头治理"。

"电力老娘舅"参与调解的目的在于推动矛盾纠纷化解在源头、解决在基层，这就需要他们根据过往积累的调解经验以及对类型化矛盾纠纷的规律总结，对可能发生矛盾纠纷的场合进行预判，必要时提前介入，以取得矛盾纠纷化解的最佳效果。《预期研判找拐点　提前介入显奇效》中，陈绿安通过陈姓兄弟积怨已久的现实情况，预判到二人未来可能在电力线路通道的问题上产生矛盾，于是提前介入，联合村干部、二人的亲戚朋友等多方力量，晓之以理、动之以情，做通了二人的思想工作，为后期接电走线的顺利进行扫清了障碍。《矛盾萌芽便铲除　前瞻预判搞服务》中，楼春新时刻将村民反映的电压不足的情况记在心里，在农网改造时及时将这一情况反映给了所长，对变压器进行了更换，也将群众因用电不便而投诉等隐患扼杀在了萌芽状态，化被动为主动，一劳永逸地解决了这一问题。

国网诸暨市供电公司"电力老娘舅"的调解实践充分体现了人民调解在基层社会治理中的重要作用，通过平等、民主、协商、说服、教育等方式，耐心做好纠纷双方当事人的思想工作，疏导和化解纠纷，避免矛盾的激化和事态的扩大，尽可能把矛盾纠纷化解在基层、化解在源头。此外，国网诸暨市供电公司"电力老娘舅"的调解实践，也为企业坚持和发展新时代"枫桥经验"提供了成功范例。企业是社会治理的重要主体之一，在行业领域矛盾纠纷的化解中，企业的作用不可替代。要坚持和发展新时代"枫桥经验"，必须充分重视企业的作用。企业在经营过程中，要因地制宜、对症下药，善于发现本企业可能面临的各类风险隐患，对矛盾纠纷进行预测预防预判，并凝聚各方力量及时化解。国网诸暨市供电公司坚持和发展"枫桥经验"，充分发挥"电力老娘舅"的作用，通过深入细致的调解实践，为基层群众提供了高质量的电力服务，为社会治理做出了自己的贡献，也为企业发展营造了良好的环境。

后 记

2005 年以来，由汪世荣教授领衔的西北政法大学基层社会治理创新研究团队坚持对"枫桥经验"及其创新发展进行跟踪研究，取得了一系列丰硕成果，形成了"枫桥经验"及其创新发展研究的西北学派。2017 年，西北政法大学基层社会治理创新研究团队开始关注国网诸暨市供电公司坚持和发展新时代"枫桥经验"的探索实践。经过长期调研、总结和提炼，在出版《企业"枫桥经验"研究：国家电网诸暨供电公司的实践》这部电力企业"枫桥经验"理论篇的基础上，又开始编写其实践篇——《"枫桥经验"：人民调解的中国样本（企业案例卷）》。

2022 年 4 月起，西北政法大学基层社会治理创新研究团队的老师和学生们在汪世荣教授带领下，多次赴国网诸暨市供电公司进行调研。在国网诸暨市供电公司大力支持和协助下，项楚、殷晨、赵晨、宁晓丹、接艺、卢立凤六位同学查阅档案材料、赴供电所调研、采访"电力老娘舅"等，收集整理了 140 多个"电力老娘舅"调解案例。汪世荣、朱继萍教授筛选之后，将其中的 100 个案例确定为典型案例，并委托陕西省渭南市作家协会副主席谢天祥进行改编。改编完成后，汪世荣、朱继萍教授将案例汇编成册，并根据各方提出的修改意见，先后进行了三次修改，并由汪世荣、朱继萍、余钊飞、李傲四位教授对各章案例做了点评，最后经汪世荣教授审定全稿后交付出版社。

本书在编写过程中得到了国网诸暨市供电公司的领导和干部的鼎力支持。毛年永主任在肯定项目成果的同时提出了很好的修改建议，季亚飞、姚理松、侯志光等同志在参与前期收集整理和后期修改工作的同时，还为项目顺利完成提供了细致周到的服务，周均、杨碧峰、张捷、何嘉宁、吕航、周树昊、傅钦东、陈佳楠、许洋、谢梦婷、王列刚、章奇斌、朱金、陈璐怡、楼智炯、王金坤等也参与了调研和资料整理工作，在此一并表示衷心感谢。

非常欣慰的是，在本书出版前夕，习近平总书记专程到枫桥经验陈列馆调研，重温"枫桥经验"诞生、演进历程，了解新时代"枫桥经验"创新发展情况。这是对"枫桥经验"的高度重视，必将对推广新时代"枫桥经验"产生巨大的推动作用。

因为时间短促，这本反映"电力老娘舅"践行新时代"枫桥经验"的调解案例集，在收集、整理和编写等方面难免存在不足，敬请读者批评指正。需要说明的是，本书所编案例中的人物姓名均为化名，如有雷同纯属巧合，万勿对号入座。

编　者

2023 年 10 月